CREANDO RELACIONES ARMONIOSAS

CREANDO RELACIONES ARMONIOSAS

La forma más poderosa de conectar con los demás desde el corazón

EDICIÓN REVISADA
TRADUCIDA AL ESPAÑOL

ANDREW LECOMPTE
con la colaboración de
Sonia Delgado de la Fuente

Weston, Massachusetts

Publicación original en inglés realizada por Connections Press, P.O. Box 443, Weston, MA 02493
Copyright © 2000, 2025 por Andrew LeCompte

PRIMERA EDICIÓN EN ESPAÑOL, 2025
Monterrey, N.L., México

Todos los derechos reservados. Ninguna parte de esta publicación puede ser reproducida en ninguna forma o por ningún medio, ya sea electrónico o mecánico, incluyendo fotocopias, grabaciones o cualquier sistema de almacenamiento y recuperación de información, sin el permiso por escrito del autor, excepto en el caso de citas breves incluidas en una reseña.

El autor agradece profundamente el permiso para reimprimir lo siguiente:

Historia de Apreciación. Copyright 1992 por Jo Ann Larsen. Reimpreso con permiso de Jo Ann Larsen. Todos los derechos reservados.
Extracto de *On Becoming A Person*. Copyright 1961 por Carl Rogers. Reimpreso con permiso de Houghton Mifflin Company. Todos los derechos reservados.
Adaptación de *"A Soft Answer" de Safe and Alive*. Copyright 1981 por Terry Dobson. Reimpreso con permiso de The Putnam Publishing Group. Todos los derechos reservados.
Historia del prisionero. Copyright 1992 por Marshall B. Rosenberg. Reimpreso con permiso de Marshall B. Rosenberg. Todos los derechos reservados.
Extracto de *To See Differently*. Copyright 1990 por Susan S. Trout. Reimpreso con permiso de Three Roses Press. Todos los derechos reservados.
Extractos de *How Can I Help? Stories and Reflections on Service*. Copyright 1985 por Ram Dass y Paul Gorman. Reimpreso con permiso de Alfred A. Knopf, Inc. Todos los derechos reservados.
Extractos de *What We May Be*. Copyright 1982 por Piero Ferrucci. Reimpreso con permiso de The Putnam Publishing Group. Todos los derechos reservados.
Extracto de John A. Bargh. Artículo principal en T*he Automaticity of Everyday Life, Advances in Social Cognition, Volume X*, 1997, editado por Robert S. Wyer. Reimpreso con permiso de Erlbaum Associates. Todos los derechos reservados.

Para comprar más libros visite https://connectionspress.com
Para agendar una sesión de capacitación contacte a Connections Press.

Traducción al español: Paulette Pagani y Sonia E. Delgado de la Fuente
Diseño de portada: Sonia E. Delgado de la Fuente
Diseño de texto: Rafael Mier y Homero Hinojosa

ISBN: 979-8-9887483-1-1

A mi esposa,
Brenda Gonzalez Asis

Introducción a la edición revisada

Estoy publicando esta edición revisada de *Creando Relaciones Armoniosas* en respuesta a la demanda popular. Los individuos y las parejas desean tener relaciones más estrechas y mejores, pero no saben cómo alcanzar esto. Sin embargo, el simple deseo de mejorar la relación, junto con las destrezas comprobadas en este libro, es suficiente para transformar la relación. ¡Y la otra persona no necesariamente tiene que cooperar! Si tú te aproximas a la otra persona con estas destrezas, obtendrás una transformación positiva.

Este libro ha ayudado a miles de personas a comunicarse más amorosa y efectivamente. En este libro aprenderás acerca de la "verdadera empatía" que es la clave para comprender y comunicarse con las personas. Con ello experimentarás la felicidad y la alegría de unas relaciones armoniosas.

Tuve muchas experiencias de vida después de haber escrito la primera edición de este libro, algunas buenas y otras malas. En agosto del 2017 fui estafado y perdí todo mi dinero. Me sentía particularmente triste y solo. Entré a internet, a un sitio para personas mayores de cincuenta años. Creé un perfil en el que describí mi situación con total honestidad. Al final, mencioné que había escrito este libro. La primera persona en contactarme fue Brenda. A ella le interesaba un hombre que había escrito un libro sobre relaciones. Nos encontramos en un restaurante y hablamos. ¡Ella también era una comunicadora empática! Nos enamoramos, nos casamos y ambos hemos sido más felices de lo que jamás hemos sido en nuestras vidas.

Andrew LeCompte

Contenido

Prólogo. Un testimonio   13

Introducción   19

Capítulo uno.
¿Qué es lo que sale mal?   31

Capítulo dos
¿Qué nos hace ir en la dirección equivocada?   45

Capítulo tres
El juez   57

Capítulo cuatro
Resolución armoniosa   75

Capítulo cinco
Escuchar con Empatía   93

Capítulo seis
El habla consciente   123

Capítulo siete
La verdadera empatía y el enojo   155

Capítulo ocho
El perdón   179

Capítulo nueve
Creando relaciones íntimas dichosas   197

Capítulo diez
Cómo conectarse con los adolescentes   217

Capítulo once
Ser influyente en el trabajo   229

Capítulo doce
Conversando con tu Juez   243

Resumen   257

Referencias   273

Bibliografía   285

Reconocimientos

Estoy profundamente en deuda con Marshall B. Rosenberg, Ph.D., por desarrollar y enseñar el modelo de Comunicación No Violenta.

También estoy agradecido con todos los participantes de mis talleres y clases que, al compartir sus sentimientos, esperanzas y experiencias, han contribuido a refinar el proceso de comunicación presentado en este libro.

Los nombres de las personas mencionadas en las historias personales han sido cambiados para proteger su privacidad. En el campo de la psicología social, me gustaría honrar la investigación pionera de John A. Bargh, Ph.D., de la Universidad de Nueva York.

Quisiera agradecer especialmente a mi perspicaz colaboradora, Sonia E. Delgado de la Fuente, por su monumental asistencia en la creación de esta edición revisada en español.

PRÓLOGO
Un testimonio

En septiembre de 2018, después de casi veintisiete años de matrimonio, me encontré firmando un acta de divorcio en un tribunal de México. Tomar esta decisión fue increíblemente difícil, pero se había vuelto claro que ya no había nada más que pudiera hacer para salvar la relación. Pedirle el divorcio a mi esposo fue el paso más difícil de mi vida.

No tenía trabajo, ya que me había dedicado a mi familia y mi hogar, y estaba aterrada. Busqué la mejor asesoría que pude; algunas cosas resultaron como esperaba, mientras que otras no.

En medio de este caos, los pilares que me sostenían colapsaron, y tuve que aferrarme a un poder superior y a mi fe, a mi amor por mis hijos y, lo más importante, a mí misma.

Mi autoestima estaba por los suelos y albergaba muchos juicios negativos hacia mí. Hasta ese momento, había vivido según lo que me habían enseñado y las expectativas de los demás: casarme, formar una familia y tener un matrimonio para toda la vida. Durante algunos años fue maravilloso, pero al final ya no funcionaba para mí. Llegué a tocar fondo. Había perdido parte de mi identidad, mi estatus, bienes materiales y amistades. Mi vida había dado un giro de 180 grados y ya no estaba segura de quién era ni de lo que quería.

Como Andrew explica en este libro, todos estamos condicionados por nuestra cultura, familia, religión, sistemas educativos y gobiernos. En algún momento, necesitamos asumir la responsabilidad de nosotros mismos y de nuestro bienestar. La crisis nos ofrecen la oportunidad de reevaluar, hacer una limpieza interna y reconstruirnos basándonos en nuestros valores y creencias fundamentales. De reinventarnos. Todos tenemos la capacidad —y la elección— de convertirnos en la mejor versión de nosotros mismos. Como dijo Carl Jung: "Hasta que no hagas consciente lo inconsciente, éste dirigirá tu vida y lo llamarás destino".

¿Cómo recuperamos nuestro poder personal y nos reconectamos con nuestra brújula interior? Debemos aprender a navegar la incertidumbre y el cambio mientras nos mantenemos conectados con nuestros valores y tenemos claro hacia dónde queremos ir. Esta habilidad se cultiva actuando en alineación con quienes realmente somos. No es una meta fija, sino un proceso continuo —una forma de vida que se construye día a día—. Tuve que desarrollar nuevos hábitos constructivos.

Nuestro sentido de valía originalmente fue moldeado por qué tan bien cumplíamos con las expectativas de los demás. Si fuimos alentados positivamente o criticados y castigados por nuestros errores eso tuvo un efecto profundo.

Nadie puede dar lo que no tiene y aquí en México — como en muchas culturas donde prevalece el machismo— tanto hombres como mujeres pagan un alto precio. A los hombres no se les permite mostrar emociones o vulnerabilidad; el enojo es a menudo la única emoción aceptable. Eso los lleva a buscar suavidad, comprensión y amor en las mujeres, pues son incapaces de dárselos a sí mismos. Por otro lado, las mujeres, dada nuestra naturaleza de cuidado, fuimos tradicionalmente enseñadas a depender de los hombres, a servirles y satisfacer sus necesidades —con frecuencia poniendo sus necesidades por encima de las nuestras— . Esto creó dinámicas tóxicas en las relaciones, ya que provenían de la necesidad, no del amor.

Este modelo ya no funciona en el mundo de hoy. Las mujeres hemos tenido que desarrollar nuevos modelos que nos permitan integrar nuestro poder personal, intereses y sueños. Los hombres también necesitan abrirse a las emociones y aprender a expresarlas mejor. Ambos géneros están buscando equilibrar sus lados masculino y femenino.

En los seis años desde mi divorcio, me he enfocado en sanar mi relación conmigo misma, hacer un inventario de mi vida y reconocer lo que me servía y lo que necesitaba soltar. He asumido la responsabilidad de mi situación actual y me he alejado del papel de víctima.

Una parte fundamental de este viaje ha sido desarrollar un diálogo interno positivo. El libro *Creando Relaciones Armoniosas* de Andrew LeCompte me ofreció herramientas valiosas que me ayudaron a entablar conversaciones conmigo misma, volver a un estado neutral y recuperar la claridad mental.

Mientras luchaba por hacer las paces con mi pasado y con la relación con mi ex esposo, el libro resultó ser la respuesta que había estado esperando. Me abrió los ojos a la posibilidad de comunicarme de una manera diferente. Me ayudó a ver los errores que había estado cometiendo. Me di cuenta de que cada vez que hablaba con mi ex esposo terminaba criticándolo o culpándolo, empeorando la situación y creando más distancia.

Comencé a reconocer que, a pesar de considerarme una persona espiritual que buscaba el perdón, realmente estaba albergando muchos resentimientos y me sentía justificada al tener la "razón" y juzgarlo.

Todo cambió cuando finalmente decidí soltar el enojo y el resentimiento. Este cambio me permitió considerar algo previamente inimaginable: acercarme a mi ex esposo, iniciar una nueva fase de comunicación y pedirle ayuda con algunas cosas que necesitaba.

Gracias a meses de colaborar con Andrew en la traducción al español de su libro, integré herramientas valiosas y un modelo de Comunicación Consciente. Esto me permitió, primero, identificar mis propias esperanzas y luego entender las de mi ex esposo.

Mientras recorrí el camino de conectar con mi corazón y experimentado la transformación que trae la gratitud, me acerqué a mi ex esposo y acordamos reunirnos en un restaurante una tarde.

Por primera vez en muchos años, al verlo no sentí ganas de lanzarle un sartén a la cabeza. Me sentí en paz y genuinamente me alegró saber que estaba bien.

Mi deseo genuino de agradecerle por toda la ayuda económica que me había dado a mí y a mis tres hijos, en los años posteriores al divorcio — y que gracias a eso habíamos podido estar bien— cumplió su esperanza de ser reconocido y apreciado. Y esto abrió su corazón.

El libro *Creando Relaciones Armoniosas* identifica el concepto clave de las "esperanzas" que son los estados relacionales positivos que nuestro corazón y alma anhelan experimentar. Yo tenía la esperanza de ser apreciada por el trabajo que hacía como madre, cosa que mi ex esposo pudo reconocer. Así mismo tenía la esperanza de recibir apoyo y él, amorosamente, intervino para ayudarme en una situación personal.

Este libro me enseñó a expresar mis esperanzas de una manera adecuada. Cuando me acerqué le expliqué mi situación y le pedí que, por favor, continuara enviándome dinero, al menos durante un tiempo para apoyar mi periodo de transición. Mi ex esposo respondió abierta y voluntariamente y la comunicación se restauró. ¡Un milagro había ocurrido!

Me había preparado con los pasos de la Comunicación Consciente. Fui muy cuidadosa de no repetir los errores señalados en el libro que hacen que la otra persona se ponga a la defensiva. Había hecho mi trabajo interno y, finalmente, llegué a un lugar donde podíamos escucharnos y comunicarnos. Pude expresar claramente mis esperanzas y solicitudes y logré ser escuchada.

Han pasado varios meses desde entonces y puedo decir que estoy increíblemente agradecida. Nuestra relación mejoró y ha tenido un impacto positivo en nuestros hijos. Nuestra familia comenzó a sentir los efectos de esta apertura y liberación.

Durante este período de restauración de la comunicación, una amiga me invitó a dar una charla en Monterrey, México. Mientras preparaba la charla, me di cuenta de que mi propia historia era inspiradora porque venía de mi experiencia personal. Aunque sentí algo de ansiedad, invité a mi ex esposo a asistir y llegó justo a tiempo.

Esa fue la primera vez que escuchó mi versión de la historia. Mis palabras fueron honestas y vinieron desde mi corazón. Pude ver en sus ojos que las recibió con gratitud.

Al final de la charla, durante un ejercicio, me acerqué a él y le pregunté si se sentía cómodo de compartir con el público que él estaba presente. Aceptó de buen modo, aunque un poco nervioso. ¡El resultado de este compartir fue maravilloso! Las personas se sorprendieron y aplaudieron al ser testigos del resultado del testimonio que había compartido. Fue poderoso e inspirador.

Estoy profundamente agradecida con Andrew porque ha sido una figura clave en mi proceso de aplicar este método de escucha y Comunicación Consciente. Aprendí herramientas que me permitieron moverme a un nivel superior.

Estoy agradecida de que se haya inspirado en compartir su libro con el mercado hispano y que me haya invitado a colaborar con él para divulgar sus enseñanzas. Me siento honrada e inspirada por transmitir lo que ha sido tan valioso para mí y para miles de personas que han aprendido y aplicado las herramientas de la Comunicación Consciente.

Sonia E. Delgado de la Fuente

Introducción

Dificultades en las relaciones

Piensa en una relación o un conflicto que hayas tenido con alguien y que no tuvo un final feliz. ¿Qué fue lo que más te molestó acerca de esta situación? Recuerda lo que hizo la otra persona. ¿En qué estabas pensando y cómo te sentiste? Si eres como la mayoría de nosotros, has estado agonizando acerca de estas relaciones dolorosas y te has preguntado qué salió mal. Culpaste a la otra persona, y en secreto, en el fondo de tu corazón, te has culpado a ti mismo.

Aún así, tú eres una persona compasiva y, aún cuando tus sentimientos fueron lastimados y dijiste cosas que lamentaste, en lo más profundo realmente te importaba la otra persona y deseaste que las cosas hubieran salido mejor. Si pudieras regresar la película de la vida y reparar el daño, lo harías.

Ahora tienes la determinación de no repetir los mismos errores. Haces un gran esfuerzo por mantener tus relaciones saludables y enriquecedoras, lidiando con los asuntos a medida que aparecen en tu vida cotidiana. He aquí algunas de las situaciones con las que tal vez te estés encontrando:

- Cada vez que tú y tu pareja tienen que tomar una decisión en la que sus necesidades entran en conflicto, sientes que siempre sales perdiendo. Ya sea cuando ambos están molestos y necesitan apoyo, cuando tienen que elegir a dónde ir para un fin de semana largo o decidir quién necesita un automóvil nuevo, sientes que tus contribuciones no son reconocidas y que estás recibiendo menos de lo que mereces. Como resultado comienzas a sentirte mal contigo mismo y con la relación.

- Tu jefe critica algo en lo cual trabajaste arduamente, luego de que te quedaste tarde en la oficina y usaste tu tiempo personal. Es probable que te sentiste juzgado y molesto. Estás preocupado sobre tu futuro en la compañía.

- Una amiga se queja continuamente. Cuando conversan por teléfono cronometras los minutos para determinar cuánto tiempo de la conversación habla. Ella te agrada, pero comienzas a sentir resentimiento en esta relación porque sientes que tú no importas.

- Cada vez que decides acometer un gran cambio, como cambiar de carrera para hacer el trabajo que amas, tus padres te dicen que nunca tendrás éxito y te aconsejan quedarte en el trabajo que asegura un salario estable. Te sientes decepcionado de no recibir el amor y el apoyo que estabas esperando y deseas nunca haberles dicho nada.

La pregunta es: *¿Cómo puedes asegurarte de no terminar con otro conflicto o pérdida dolorosa en tus relaciones?* Este es un tema central porque estamos cuestionando nuestra esencia: si somos buenas o malas personas. Concebimos una autoimagen a partir de cómo somos en nuestras relaciones y esta concepción determina cada aspecto de nuestras vidas.

Al reconocer la importancia de esta interrogante en mi propia vida me embarqué en una búsqueda que duró veinte años para encontrar respuestas verdaderas. En los últimos cinco años tuve éxito encontrando y refinando un modo simple pero poderoso de entender y sentir empatía por las personas, que fue más allá de todas las demás metodologías. Los resultados se encuentran en este libro. He aquí mi historia...

Cómo aprendí a comunicarme

Por experiencia propia conozco bien lo que es una comunicación ineficaz. Crecí en una familia donde el orgullo radicaba en tener un padre médico y una madre influyente en la política local. Ambos eran brillantes e intelectualmente críticos. Pero éramos completamente incapaces de hablar sobre nuestros sentimientos y esto marcó profundamente mi infancia.

Los arrebatos de ira de mi padre me aterrorizaban. Mi recuerdo más vívido es el de recibir azotes con un remo de madera en el garaje. Estas experiencias me llevaron a creer que yo era una mala persona. Aislado, ni siquiera sabía que había otra manera en la que podía relacionarme.

Desarrollé un agudo sentido crítico y, en la escuela secundaria, por mi habilidad para señalar los defectos de los demás me gané el apodo de "El Cínico". Recuerdo que, cuando un compañero tiró su bandeja de comida en la cafetería, aproveché el silencio para decir: "Bien hecho, manos de mantequilla". Las risas me hicieron sentir una efímera satisfacción, pero aquel chico me odió.

Ansiaba tener una novia bonita que me rescatara de mi constante sensación de insuficiencia. Fantaseaba con que su amor y apoyo incondicional me darían la seguridad que necesitaba. Pero era demasiado tímido para siquiera hablar con las chicas que me gustaban. Y mucho menos para invitarlas a salir.

Mis amistades tampoco eran mejores. En la universidad compartí el apartamento con un amigo, Raymundo, hasta que su hábito de dejar los platos sucios en el fregadero me superó. Incapaz de confrontarlo, apilé todos los platos —sartén incluida— sobre su cama. Poco después, decidí que él no era buena compañía y me mudé a otro departamento.

Mirando atrás veo que no solo era incapaz de comunicarme; también desconocía por completo lo que pasaba dentro de mí. Vivía reaccionando y ocultaba mi dolor interno con comportamientos adictivos.

Cuando tenía diecinueve años, mi hermano mayor, Tony, se quitó la vida. Él era la persona con la que me sentía más cercano. Me sentí devastado, pero mi familia, como siempre, evitó hablar de sus sentimientos. Aquella noche compartí una habitación de hotel con mi padre. Recuerdo haber llorado al recordar la cercanía que tenía con Tony. Mi padre, incómodo, me preguntó: "Andy, ¿estás bien?". Incapaz de conectarme a nivel emocional respondí: "Sí, estoy bien". Y reprimí mi llanto.

Esa represión tuvo consecuencias graves: sufrí mononucleosis infecciosa, desarrollé una úlcera y comencé a tener ataques de pánico. Olas de terror me recorrían, así que tenía que ir a un lugar seguro de inmediato. No comenté con nadie acerca de estos ataques; temía que estuviera volviéndome loco y que me encerraran en una institución psiquiátrica. Aguanté así un año y medio hasta que los ataques lentamente aminoraron.

Si bien no tenía muchos amigos, tuve la fortuna de ser un buen estudiante. Obtuve una licenciatura en Historia en la Universidad de Wisconsin y una maestría en la Universidad de California, logrando varias becas en el camino. Sin embargo, la felicidad en mis relaciones me seguía sacando la vuelta.

El primer cambio positivo en mi vida llegó a principios de los años setenta. Por insistencia de una novia, comencé a practicar la meditación. Esta práctica me permitió tomar consciencia de mis pensamientos y observar cómo mi mente generaba ideas por sí sola. Descubrí que existía un "yo consciente" capaz de observar esos pensamientos sin ser controlado por ellos. Esta nueva perspectiva me reveló algo fundamental: tenía la capacidad de elegir cuáles pensamientos albergar y cuáles dejar ir. No necesitaba ser gobernado por mis emociones ni por mis reacciones iniciales hacia los demás.

Poco después me di cuenta de que la forma en que había estado viviendo no me hacía feliz. Renuncié a mi programa de doctorado en Historia y decidí estudiar Psicología. Dos autores tuvieron un impacto profundo en mí durante esta etapa: Carl Rogers y Viktor Frankl.

En *On Becoming a Person* (*El Proceso de Convertirse en Persona*), Carl Rogers describe el poder transformador de la "consideración positiva incondicional". Validó algo que todos hemos sentido en algún momento: lo increíblemente sanador que es ser escuchado y entendido por alguien que nos percibe desde lo mejor de nosotros. Estas ideas resonaron profundamente en mí. Anhelaba la validación personal de que era una buena persona y deseaba vivir ese nivel de conexión en mis relaciones.

Por otro lado, Viktor Frankl, en *El Hombre en Busca de Sentido*, expresó una verdad trascendental: "La última de las libertades humanas es elegir nuestra actitud personal ante cualquier conjunto de circunstancias, elegir nuestro propio camino". Estas palabras me motivaron a buscar esa misma convicción significativa en mi vida. Sin embargo, entendí que había una gran diferencia entre leer las palabras de Frankl e integrarlas verdaderamente. Él alcanzó este conocimiento tras sobrevivir años en Auschwitz, perdiendo a casi toda su familia. Frankl también señaló que existen otras formas, además del sufrimiento, para descubrir el sentido de la vida. Yo estaba decidido a encontrar ese significado de la manera más directa posible.

Me sumergí en programas de psicología experiencial intensivos participando en terapia individual, de pareja y de grupo. Me formé en cursos de asertividad, análisis transaccional y educación para padres y obtuve una segunda maestría en Psicología Humanística y Desarrollo Organizacional. Estas experiencias me llevaron a trabajar capacitando ejecutivos, ayudándolos a desarrollar habilidades para dirigir personas de manera más efectiva.

Profesionalmente alcanzaba el éxito, pero mi vida personal seguía siendo un caos. Mi matrimonio era un reflejo de ello. Me enamoré de una mujer con fuertes convicciones humanísticas, pero tras casarnos me di cuenta de que carecía de herramientas para comunicar mis sentimientos o necesidades en situaciones íntimas. Temía mostrarme vulnerable, creyendo que ella me rechazaría si así me comportaba. Esta incapacidad me llevó a acumular resentimientos y a proyectar sobre ella mis propias limitaciones. Terminé convenciéndome, equivocadamente, de que ella no era capaz de amar. Terminamos divorciándonos después de algunos años.

Esperaba que al separarnos mis problemas desaparecieran, pero lo que encontré fue un vacío. Sin energía ni propósito caí en una profunda depresión que incluyó ataques de pánico y pensamientos suicidas. Cuando toqué fondo recordé que tenía un hijo maravilloso que necesitaba de mí. Decidí que no podía rendirme y comencé a buscar respuestas con mayor determinación.

La terapia me ayudó a descubrir que había reprimido mi dolor durante años. Me comprometí a liberar esas emociones. Creé una "carpeta para llorar", llena de fotos de mi hijo y mi hermano Tony quien había fallecido. Escribí acerca del día en que mi hijo aceptó por primera vez ponerse su mejor traje de los domingos sin causar revuelo con la esperanza de que sus padres se mantuvieran juntos.

Escribí sobre cuán bien me sentí el día que le gané a mi hermano en el ajedrez y también de mi estado de exaltación cuando por fin le gané en la lucha libre. Tony dijo que me estaba volviendo demasiado fuerte para él. Fue unos años después que recordé que él tenía un coeficiente de inteligencia de genio, era seis años mayor que yo y era el capitán invicto de su equipo de lucha. Él me había dejado ganar en el ajedrez y en la lucha libre porque me amaba. Recordar escribir estos momentos significativos me permitió finalmente poder llorar. Tras hacerlo cuantiosamente, sentí un profundo alivio. Los ataques de pánico cesaron y nunca más volvieron.

También fui a grupos de apoyo y comencé a desarrollar una vida interna. En uno de estos grupos conocí a Carlos, un hombre con un pasado tan tortuoso como el mío. Pero él ahora estaba feliz y sereno. Lo noté porque cuando contó su historia lloró sin sentirse avergonzado. Tomé toda mi valentía y le pedí ser mi patrocinador (un miembro de mayor experiencia que guía a otro de menor tiempo). Se convirtió en mi buen amigo, en el primer hombre con quien podía ser completamente honesto y no sentirme avergonzado de mostrarme débil o temeroso. Carlos también iba a reuniones de estudio del libro *A Course in Miracles (Un Curso de Milagros)* y me invitó a participar.

Las reuniones del curso me dieron una comprensión sobre ciertos aspectos y enseñanzas importantes: Que en esencia yo era bueno y que mi percepción errada de las otras personas me lleva a tener conflictos con ellos. Perdonarlos me llevaría a la paz interna. Cuando el curso dice "perdonar", eso quiere decir dejar de juzgar a los demás con base en evidencias incompletas y en su lugar ver y aceptar la bondad dentro de ellos. El curso me dio una mejor comprensión sobre mi mente, haciendo conexiones con mucho de lo que ya había aprendido. Sin embargo, aún no sabía cómo aplicar este conocimiento abstracto en situaciones de conflicto emocional en las relaciones.

En 1993, mi maestro de música me entregó una presentación grabada en video del Dr. Marshall Rosenberg, fundador del Centro para Comunicación No Violenta. A medida que observaba a Marshall interactuando con las personas tuve la sospecha de que él tenía lo que yo estaba buscando. Decidí participar en uno de sus talleres intensivos de fin de semana.

El Dr. Rosenberg escuchaba atento, con intención en la mirada, el cuerpo quieto y abierto. Me conmovió su habilidad de conectarse a un nivel de sentimiento con los participantes y facilitar la sanación de viejas heridas. Hizo un juego de roles con una mujer joven que deseaba perdonar a su padre moribundo que había abusado de ella. Marshall la ayudó a expresar lo que realmente sentía, que a pesar del enojo por el trauma que había experimentado a manos de él, a pesar de su tristeza de ser incapaz de encontrar la felicidad con los hombres, ella aún lo amaba. A medida que Marshall actuaba en el rol de su padre, yo pude entender también cuánto amaba el padre a su hija y cuán terrible se debió sentir por lo que le había hecho. A medida que el viejo dolor surgía de nuevo en ella, era liberado y reemplazado por amor y todas las personas en la sala se conmovieron profundamente. Este proceso de sanación de esa mujer nos ayudó a todos.

Ese día vi en el modelo de Comunicación No Violenta de Marshall un camino para conectar desde el corazón. Observé cómo esta forma de comunicarse transformaba las actitudes de las personas. Las ayudaba a pasar de lo que parecían ser diferencias irreconciliables a un espacio de comprensión y aprecio mutuo. Era un ejemplo vivo de lo que significa amar incondicionalmente. Tanto quien había causado daño como quien lo había recibido encontraban un terreno común de humanidad compartida. Esto iba mucho más allá de todo lo que había aprendido sobre comunicación y me ofreció una manera concreta de aplicar los principios que había estudiado en *Un Curso de Milagros*.

Al año siguiente completé el programa de Marshall Rosenberg llamado Capacitación para Facilitar la Comunicación No Violenta, en Suiza. Fue una experiencia que me cambió la vida. Aprendí que no nada más Marshall Rosenberg podía transformar la percepción y resolver los conflictos profundamente arraigados de manera armoniosa. Cualquier persona podía comprender y aplicar estas destrezas. Esto me motivó a comprometerme conmigo mismo para volverme un experto para poder enseñarlas.

Cuando regresé a los Estados Unidos, mi vida personal mejoró drásticamente. A medida que practicaba estas destrezas fui volviéndome más consciente, tolerante y feliz. Ahora me encuentro en una relación de pareja. Mi relación con mi ex esposa ha cambiado también: los sentimientos de amargura fueron sustituidos por apertura para cooperar de manera positiva. En una ocasión ella me invitó a la fiesta de inauguración de su nueva casa. Tras veinte años de no hablarnos restablecí la conexión con mi viejo amigo Raymundo. Además la maestra de mi hijo me dijo que lo escuchó diciéndole a un amigo: "Tengo un padre maravilloso".

He adaptado el modelo de Comunicación No Violenta a un programa de comunicación consciente, integrando una perspectiva más amplia a nivel psicológico y espiritual. En 1995 fundé una organización de capacitación en Comunicación Consciente y entrené a facilitadores. Como resultado de ello, muchos cientos de personas han podido experimentar la dicha y satisfacción de transformar sus relaciones. Mi interés continuo en el estudio de la psicología social me ha llevado a entender con mayor claridad las razones por las que actuamos como lo hacemos. También he aprendido cómo ser más conscientes de lo que sentimos, las maneras para expresarlo y cómo escuchar las esperanzas de otros, aún cuando ellos mismos no las identifiquen.

Una nueva psicología

Este no es otro libro más sobre comunicación que imparte enunciados preestablecidos y formatos artificiales que no producen cambios verdaderos. Este libro va al origen, a la fuente.

Creando Relaciones Armoniosas ofrece una nueva comprensión sobre el modo como nuestras mentes funcionan. Aprenderás una verdad sorprendente: tu mente inconsciente controla tu vida. Los juicios inconscientes equivocados provocan discusiones y peleas perjudiciales que son completamente innecesarias.

Si bien esto es alarmante, también son buenas noticias porque no puedes cambiar algo de lo cual eres inconsciente. Este libro te mostrará cómo reconocer tus juicios inconscientes para poder trascender los conflictos y formar conexiones positivas con las personas.

No basta con reformular los juicios inconscientes; debes lograr un cambio a nivel de consciencia. *Creando Relaciones Armoniosas* te mostrará, paso a paso, la manera para lograrlo..

Te adelanto tres ideas:

1. Reconocer tus juicios inconscientes a medida que vayan surgiendo.
2. Volverte consciente con técnicas específicas para encontrar tu centro.
3. Comunicarte con los demás de modo que ellos se vuelvan conscientes.

Este libro te enseñará a conectarte con lo bueno en los demás. Este es un objetivo diferente del buscado de forma recurrente en la comunicación. En una comunicación típica, ambas partes operan inconscientemente. Incluso si se utiliza un lenguaje nuevo, el inconsciente permanece en control.

Para ilustrar esto imagina que tu amiga Nancy dice: "Me estoy cansando de que Francisco no toma en cuenta mis ideas por considerarlas ingenuas. Él prefiere ignorarlas y seguir con su propio plan".

Tu respuesta empática hacia Nancy fue: "Parece que estás enojada con Francisco porque nunca toma en cuenta tus ideas". Aunque esta respuesta tiene una buena intención, refuerza el juicio de Nancy hacia Francisco, llevándola a creer que él es el problema. Esto solo alimenta su frustración y la hace centrarse más en culparlo, lo que probablemente provocará que él se ponga a la defensiva. Como resultado, el conflicto se intensifica en lugar de resolverse y Nancy sigue lejos de alcanzar su objetivo de ser escuchada.

Existe una manera más efectiva de abordar esta situación. Una verdadera respuesta empática sería: "Nancy, ¿te sientes frustrada porque deseas que tus ideas sean tomadas en cuenta?". Este enfoque ayuda a Nancy a conectar con sus propias necesidades y a enfocar su atención en lo que realmente quiere, en lugar de quedarse atrapada en un juicio negativo hacia Francisco. Al reconocer que su verdadero deseo es ser escuchada y que sus ideas sean valoradas, Nancy se ha reconectado con su intención positiva. Ahora puede comenzar a reflexionar sobre cómo expresar sus necesidades de una manera que facilite lograr su objetivo.

Conectarse con las buenas intenciones en la otra persona es la verdadera empatía.En este proceso, la mente consciente de la otra persona se despierta. Esto transforma la situación y permite llegar a una resolución en la que ambas personas ganan. Esto puede parecer demasiado simple, pero es muy poderoso.

Este libro te enseñará a invalidar tus juicios inconscientes utilizando tu pensamiento consciente y luego a escuchar y hablar de una forma nueva que sea simple, pero efectiva.

Lo que te ofrece este libro

Los conflictos ocurren a diario y muchas veces no se manejan de la mejor manera, lo cual conlleva a sentimientos de ira, enojo, frustración, y a veces, hasta a la violencia física. Los juicios y opiniones inconscientes son la causa de esto. Sin consciencia de cómo invalidar tu inconsciente, permanecerás atrapado en ciclos de ataque y defensa.

He aquí la solución: usando un lenguaje claro y ejemplos entretenidos, *Creando Relaciones Armoniosas* te enseña cómo mejorar conscientemente todas y cualquiera de tus relaciones. Te comparto unos beneficios que podrás aprender:

- Cómo volverte consciente cuando una decisión inconsciente te está llevando hacia un conflicto.
- Cómo usar la desactivación consciente para crear en su lugar una conexión positiva.
- Cómo escuchar efectivamente para detectar lo que la otra persona está sintiendo realmente y cuál es su verdadera intención.
- Cómo manejar los sentimientos, particularmente el enojo y la culpa.
- Cómo permanecer centrado y no tomar de forma personal el lenguaje de ataque de los demás.
- Cómo hablar poderosamente sin juzgar, coaccionar o atacar.
- Cómo llevar a cabo procesos de comunicación desafiantes.
- Cómo resolver conflictos a la vez que mejoras tus relaciones al mismo tiempo.

La comunicación consciente alienta a las personas a abrirse para comunicar sus sentimientos y las intenciones positivas que están detrás de esos sentimientos. Conectarse a este nivel más íntimo da como resultado relaciones profundamente satisfactorias. Este libro te mostrará cómo responder conscientemente –incluso en medio del calor de una situación de conflicto— y cómo mejorar drásticamente tu conexión con todas las personas en tu vida.

Comencemos.

Lo que perturba la mente de las personas no son los eventos sino su juicio sobre dichos eventos.

—EPICTETO

CAPÍTULO UNO
¿Qué es lo que sale mal?

Piensa en la última vez que tuviste un conflicto con alguien, una interacción que salió mal y sobre la cual no podías dejar de pensar después. Bernardo, un ingeniero que estaba en una de mis clases por la tarde, contó esta historia acerca de una comunicación no verbal. ¿Puedes adivinar cómo se sintieron las personas?

La historia de Bernardo

El sábado pasado Bernardo le pidió a su hijo que lo acompañara mientras ajustaban el motor de su auto. Lo que debía ser un arreglo rápido terminó demorando dos horas y su hijo comenzó a aburrirse.

Para animarlo, Bernardo prometió que antes de regresar a casa pasarían a rentar una película en la tienda que estaba enfrente. Pero al salir del taller, el tráfico estaba intenso. Sentados en el auto, esperaban una oportunidad para cruzar la calle, un coche detrás de ellos los presionaba para que avanzaran.

Finalmente, un espacio se abrió. Bernardo pisó el acelerador, pero justo en ese momento un auto retrocedió desde el estacionamiento de la tienda de videos y bloqueó el paso. Bernardo frenó de manera brusca quedando atrapado frente al tráfico que venía en dirección contraria. Una camioneta se acercaba a toda velocidad. "¡Nos va a chocar!", pensó Bernardo.

La camioneta frenó justo en la ventana del lado de su hijo, emitiendo un bocinazo ensordecedor. Mientras salía del carril, Bernardo notó que el conductor de la camioneta volvió a tocar el claxon, esta vez con más insistencia, y pareció gritar algo desde su ventana. En ese momento, Bernardo deseó tener un auto como el de James Bond, con un cañón para fulminar al tipo y a su camioneta.

En una discusión grupal, Bernardo describió cómo se sintió:

- Avergonzado, por haber hecho una maniobra imprudente frente a su hijo.
- Asustado, porque puso en peligro sus vidas.
- Enojado con el conductor de la camioneta por tocar el claxon de forma repetida.

Analicemos lo que podría haber pensado el conductor de la camioneta. Puede ser que el segundo bocinazo fue una especie de castigo moral. Como si el conductor estuviera declarando: "Lo que hiciste estuvo mal. Necesitas aprender a manejar mejor". Esta reacción implícita sugería que Bernardo había actuado de manera egoísta o sin considerar a los demás.

"Yo no soy mal conductor", insistió Bernardo, "¿Cómo iba a saber que ese auto iba a retroceder en ese momento? ¡Parecía estar sin ocupantes!" ¿Por qué Bernardo se sintió tan molesto? Porque ser juzgado duele. Sentir que alguien emite un juicio negativo sobre nosotros, especialmente uno incorrecto, puede ser profundamente irritante. Pero, por supuesto, nosotros nunca hacemos eso, ¿cierto? Siempre somos razonables y bien intencionados.

Margarita y Cristina

En otro grupo, Margarita, una artista gráfica, compartió una experiencia similar. Recientemente había comprado un bolígrafo especial para usar en su oficina. Su hija Cristina, de trece años, lo había probado y le mostró emocionada lo bien que quedaba su caligrafía.

A la mañana siguiente, Cristina salió apresurada para tomar el autobús de la escuela. Más tarde, cuando la madre buscó el bolígrafo, no lo encontró. Frustrada, revisó cajones y escritorios. Recordó cuánto le había gustado a su hija el bolígrafo y asumió que su hija lo había llevado a la escuela para impresionar a sus compañeros. Cuando Cristina regresó a casa, Margarita la confrontó:

—Estoy muy molesta porque te llevaste mi bolígrafo. ¿Dónde está?

—¡No lo tengo, mamá! No me lo llevé.

Más tarde, Margarita encontró el bolígrafo debajo de unos papeles. Se sintió avergonzada por haber asumido lo peor de su hija.

¿Qué aprendemos de estas historias?

Las experiencias de Bernardo y Margarita ilustran patrones comunes:

- Las personas casi siempre creen saber qué motiva las acciones de otros.
- La mayoría de las veces están equivocadas.

El conductor de la camioneta pensó que Bernardo era un conductor negligente. Margarita asumió que Cristina había tomado el bolígrafo de forma intencionada. Ambos reaccionaron basándose en suposiciones, y estas suposiciones les llevaron a juicios que aumentaron el conflicto.

Jennifer y Pablo se pelean (sus palabras)

Jennifer y Pablo llevaban dos años casados. Se amaban y se apoyaban mutuamente, pero una discusión reveló lo fácil que es malinterpretar las intenciones de la otra persona.

Un día, el jefe de Jennifer criticó su trabajo. Ella salió de la oficina furiosa, pensando: "¡Qué idiota! No puedo esperar a contarle a Pablo". Al llegar a casa, encontró el auto de Pablo en la entrada y sintió alivio. Entró apresurada y le contó lo ocurrido.

"¡Estoy harta de Esteban! Dediqué dos horas para escribir algo que me pidió urgentemente. Era algo tonto; parecía un poco fuera de tema, pero de todos modos dejé de lado todo mi trabajo e hice lo que me pidió y lo único que me dijo fue: 'Esto no sirve'. ¡Es un idiota!".

Pablo, tratando de ayudar, respondió: "Si ya desde el principio te pareció extraño lo que te pidió, ¿por qué no le preguntaste qué quería exactamente?". Jennifer explotó: "¡Así que todo es mi culpa! Ustedes los hombres siempre son tan inteligentes y yo soy la mujer tonta que no entiende nada. Déjame decirte algo: ¡No soy estúpida! ¡Y no necesito tus críticas!".

"Tranquila", dijo Pablo. "No te estoy criticando. Pero si siempre reaccionas a la defensiva, puedo entender por qué tienes problemas en el trabajo".

Molesta, Jennifer respondió: "Escucha señor sabelotodo: cuando quiera tu opinión sobre mi trabajo, te la pediré. Hasta entonces, no digas nada". Y salió dando un portazo.

¿Qué salió mal aquí? Jennifer buscaba apoyo emocional de Pablo, pero su respuesta se sintió como una crítica. Pablo, por su parte, solo intentaba ayudar. Esta falta de entendimiento mutuo creó un conflicto innecesario, dejando a ambos frustrados.

Las historias de este capítulo revelan que nuestras suposiciones y juicios suelen ser la causa principal de los conflictos. Sin embargo, al comprender cómo funcionan estas dinámicas, podemos empezar a transformarlas en oportunidades para conectar de manera más profunda con los demás.

El patrón de comunicación que demostraron Jennifer y Pablo continuó, ocasionalmente, durante su matrimonio. Buscaron ayuda con un consejero matrimonial, lo cual les brindó alivio temporal. Sin embargo, al dejar las sesiones volvieron a sus antiguos hábitos de comunicación. Con el tiempo la frustración acumulada convirtió sus desacuerdos en ataques cada vez más hirientes. Finalmente se divorciaron.

Para mejorar nuestras relaciones es esencial comprender qué salió mal en su dinámica. Analicemos sus pensamientos durante esa interacción para descubrir las raíces del problema.

Jennifer y Pablo se pelean (sus pensamientos)

Justo antes de hablar, Jennifer estaba pensando: *Me siento terrible después de lo que sucedió en el trabajo. Realmente deseo conectarme con Pablo.* Y Pablo estaba pensando: *Qué bueno, Jennifer está en casa. Estoy feliz de verla.*

Entonces Jennifer dijo: "Estoy harta de Esteban. Lo único que me pudo decir fue: 'Esto no me sirve'. ¡Es un idiota! Y ella estaba pensando: *Me siento dolida y frustrada. Tal vez cometí un error, pero he trabajado arduamente para él, incluso me atrasé con mi propio trabajo. Al menos él podía haber reconocido mis esfuerzos por ayudarle. Quiero que Pablo entienda esto.*

Pablo pensaba: *¡Qué maldito tipo! Pobre Jennifer. Desperdició todo ese tiempo y después la menoscabaron. ¿Qué puedo decir que sea de ayuda? Suena como si ella podría evitar este tipo de problemas en el futuro si verificase los detalles de lo que realmente hace falta.*

Así que dijo: "Si no tenía mucho sentido para ti cuando te lo pidió por primera vez, ¿por qué no averiguaste lo que realmente quería antes de hacerlo?".

Jennifer pensó: *¡Ay no! ¡Me está culpando a mí de todo! Nadie me entiende en ninguna parte. Ninguno de ellos ve que soy generosa y atenta. Solo me ven como una incompetente. Bueno, ¡no lo soy! Y lo último que necesito cuando estoy buscando comprensión y apoyo es que Pablo me diga que yo soy el problema.*

Ella dijo: "¡Así que todo es mi culpa! Ustedes los hombres siempre son tan inteligentes y yo soy la mujer tonta que no entiende nada. Déjame decirte algo: ¡No soy estúpida! ¡Y no necesito tus críticas!".

Pablo pensó: *Solo estoy intentando ayudar. Le doy mi mejor sugerencia... ¡y me lo echa en cara! Me siento dolido. Yo no dije que fuese estúpida. Ella está vertiendo su enojo contra Esteban sobre mí y me está acusando falsamente de criticarla. ¡Eso no es justo!* Necesito calmarla y mostrarle que *está reaccionando de manera exagerada.*

Y entonces él dijo: "Tranquila, no te estoy criticando. Pero si siempre reaccionas a la defensiva, puedo entender por qué tienes problemas en el trabajo".

Jennifer pensó: ¡*El niega que me está criticando! Entonces, después de ponerme furiosa, me acusa de estar a la defensiva. No tiene idea de cómo soy en el trabajo. No me pongo a la defensiva sino hasta que Pablo me ataca. Ciertamente no me está dando el amor y afecto que yo quería. ¡Esto es tan injusto!* Mejor me voy de *aquí antes de que me venga abajo delante de este idiota que no siente simpatía por mí y está siendo antagonista.*

"Escucha señor sabelotodo: cuando quiera tu opinión sobre mi trabajo, te la pediré. Hasta entonces, no digas nada". Y salió dando un portazo.

Jennifer y Pablo no estaban conscientes de sus pensamientos. El argumento avanzó tan rápido que no les dio tiempo para entender qué esperaban de la conversación. El no poder dar voz a sus pensamientos positivos iniciales tiene mucho que ver con su falta de consciencia acerca de lo que en realidad estaba sucediendo dentro de ellos. Entonces cada uno hizo malas interpretaciones significativas y juicios negativos del otro. ¿Por qué dos personas inteligentes hacen esto? Específicamente:

1. ¿Por qué Pablo pensó que la mejor manera de ayudar a Jennifer era decirle cómo prevenir el problema?
2. ¿Por qué Jennifer interpretó que Pablo la estaba culpando y diciéndole que era incompetente?

3. ¿Por qué Pablo se siente injustamente acusado y necesita decirle que ella está a la "defensiva"?
4. ¿Por qué Jennifer culpa a Pablo de enojarla y de querer terminar la relación?

Su problema

Todas estas preguntas tienen la misma respuesta. Pensar demasiado rápido no era su problema; es el *tipo* de pensamientos que tuvieron. Todos los pensamientos que causaron esta pelea y dañaron la relación entre estas dos personas que se amaban tenían algo en común: todos eran *juicios negativos*.

1. ¿Por qué pensó Pablo que la mejor manera de ayudar a Jennifer era decirle cómo prevenir el problema? Porque Pablo juzgó el manejo de Jennifer a la solicitud de su jefe como inadecuado.
2. ¿Por qué Jennifer interpretó que Pablo la estaba culpando y le estaba diciendo que ella es incompetente? Porque Pablo estaba juzgando su desempeño. Ella se enfocó en eso, y decidió que la intención de Pablo era criticarla, culparla y pronunciarla incompetente.
3. ¿Por qué Pablo se sintió injustamente acusado y necesitó decirle que estaba a la "defensiva"? Porque ella lo había juzgado y decidió que él la estaba culpando. Él se sintió malentendido. Entonces él juzgó que la intención de ella era culparle, así que denominó su comportamiento "defensivo" implicando que dicho comportamiento no era una respuesta razonable según él.
4. ¿Por qué Jennifer culpa a Pablo de molestarla y desear abandonar la relación? Porque ella juzgó y decidió en su mente que la intención de él era atacarla, de modo que ella lo atacó de vuelta.

Jennifer y Pablo se comportaron como tiburones en una actividad frenética de juicios y opiniones negativas. Juzgar es algo potente. Veámoslo más de cerca.

Juzgar o formarse una opinión a priori, en el contexto de la comunicación interpersonal, es interpretar la bondad o la maldad del motivo detrás de las acciones o palabras de una persona. Juzgar implica que la persona hizo lo que hizo a propósito. Cuando alguien juzga negativamente nuestro comportamiento, el mensaje que da es que piensa que tuvimos una mala intención. ¿Y quién sino una mala persona haría algo que haga sufrir a propósito? Cuando alguien juzga que nuestra intención es mala, están juzgando nuestra valía. Este juicio negativo es un ataque sobre nuestra identidad.

Un juicio negativo, asimismo, incluye la interpretación de la otra persona como defectuosa. Vimos esto en el juicio de Pablo en relación al la manera en que Jennifer manejó la situación en su trabajo. Su determinación para concluir que el desempeño de ella pudo haber sido mejor, sin más información calificadora, fácilmente puede interpretarse como implicar que Jennifer se desempeña pobremente porque es no tiene capacidad.

Los juicios negativos chocan con la imagen que tenemos de nosotros mismos de ser "buenas personas". Bueno significa "positivo o deseable por naturaleza, merecedor de respeto, competente y afable". Me gusta pensar acerca mí mismo que soy buena persona. Estoy seguro que tú también. De hecho, en mis talleres con cientos de personas —muchos de los cuales han sido en la cárcel— no he podido encontrar a nadie que no se considere ser una persona buena.

Ser malo, de acuerdo con el diccionario, significa que no alcanza una norma adecuada, malvado, pecador. Sin embargo, por la misma conducta que podríamos condenar a alguien como malvada, nos juzgaremos a nosotros mismos como inocentes porque conocemos cuál es nuestra intención: *Simplemente cometimos un error.*

Cuando nos equivocamos, caemos en cuenta que habíamos iniciado con buenas intenciones, pero algo ocurrió que no habíamos previsto y alguien salió herido. Si hubiésemos sabido que alguien iba a salir herido, no habríamos hecho lo que hicimos.

Las intenciones de los demás, sin embargo, son invisibles, así que con frecuencia las percibimos como malas. Como resultado de ello, nuestro juicio negativo va en contra de su percepción de sí mismos como personas completas, íntegras y capaces. ¿Quién sino una persona malvada tendría malas intenciones? Entender que alguien ha cometido un error versus juzgarlo como moralmente errado marca toda la diferencia. Esta es la razón por la cual el juicio les importa tan profundamente a las personas. Cuando ven amenazada su propia imagen de sí mismos, su respuesta inmediata es hacer algo al respecto tan rápido como puedan.

Ponernos en el rol de juez conlleva un riesgo. Un juez es "quien hace estimados en cuanto a la valía, cualidad o capacidad". Pero si somos iguales, ¿quién se cree una persona para pensar que puede ser mi juez? Asumir un derecho a juzgarme implica que se considera mejor que yo y que cree que sabe lo que está sucediendo dentro de mí. Pero mis pensamientos no son visibles. Yo los conozco; los demás no.

Este debate sobre juzgar es fácil de entender. Entonces, ¿por qué cayeron Pablo y Jennifer en la acción de juzgarse uno al otro? ¿Qué nos puede decir la psicología al respecto?

Estudiemos la psicología de las percepciones y las respuestas. La mayoría de las personas, y muchos psicólogos, dirían que opera del modo siguiente:

1. Ocurre un evento social.
2. Vemos y oímos lo que está pasando.
3. Hacemos una evaluación consciente de las personas y sus acciones.
4. Tomamos en consideración una respuesta apropiada.
5. Respondemos.

Usualmente nuestra percepción es certera, nuestra evaluación es justa y nuestra respuesta apropiada. Pero a veces cometemos un error de percepción; a veces realizamos una evaluación deficiente. Y otras más damos una respuesta inapropiada. Aprendamos de estas experiencias. Tratemos de mejorar nuestra percepción, tratemos de ser más comprensivos y tener mejores conocimientos. Mientras más practiquemos, mejor lo haremos.

No obstante, hay un problema persistente: De tiempo en tiempo vemos a las personas comportarse de manera irracional. Nos malentienden e incluso llegan a odiarnos y a atacarnos verbalmente de una forma que nos confunde. Su conducta no se puede explicar de forma racional. El gran psicólogo científico Sigmund Freud estudió los efectos del inconsciente sobre la personalidad. La psicología freudiana describe la base irracional de la conducta humana y el contenido emocional oculto en nuestras acciones cotidianas.

Un repaso breve

Freud describió la personalidad como tres sistemas dinámicos: el *ello*, el *yo* y el *superyó*.

El *ello* está presente desde el nacimiento, es la fuente de nuestros impulsos inconscientes por satisfacer nuestros instintos y necesidades. Reacciona de inmediato a estímulos sensoriales, intenta deshacerse del dolor, la tensión y busca encontrar el placer. El *ello* es infantil, irracional y egoísta. Solo podemos saber acerca de él por sus síntomas, como cuando un menor golpea a alguien sin motivo. No puede aprender ni ser modificado por las experiencias. Claramente, los reflejos del ello son demasiado primitivos como para traernos satisfacción en el mundo.

El sistema del *yo* de la personalidad se desarrolla más tarde y lidia con el mundo. El *yo* se da cuenta que a veces hay que esperar a que ocurra la gratificación en forma realista y apropiada, así que intenta balancear y controlar al ello. Aprendiendo a través del proceso de la socialización, el *yo* es capaz de pensar y resolver problemas. Usa los sentidos para rápidamente escanear el entorno y seleccionar aquello que es relevante al problema o situación en el presente. A medida que aprende, se vuelve más eficiente.

El *superyó* es la consciencia moral de la personalidad y determina lo que es correcto y lo que es incorrecto. Asimismo, intenta tener al ello bajo control. El *superyó* representa la asimilación del niño de la autoridad moral de sus padres con respecto a lo que es bueno y malo, lo que le permite al niño tener la aprobación de sus padres y evitar su desaprobación. El *superyó* es la representación de los valores tradicionales y culturales de los padres.

A medida que el *yo* y el *superyó* intentan restringir al ello, los tres sistemas intercambian energía psíquica de manera dinámica.

Esto permitió a Freud dar una explicación sobre la conducta irracional. Las personas experimentan tensión interna porque su *ello* quiere hacer algo impulsivo y su superyó les dice: "No, eso es malo". De modo que su *yo* viene al rescate con mecanismos de defensa inconscientes e irracionales para ayudarles a soportar esto. Uno de estos mecanismos de defensa es la proyección.

La proyección opera del modo siguiente: Juan tiene un problema con Roberto. El *ello* de Juan decide expresar: "Odio a Roberto y quiero hacerle daño". Pero el *superyó* de Juan dice que odiar y causar daño es malo y no es aceptable. Juan está experimentando la sensación de estar en un callejón sin salida interno y tensión. De modo que el *yo* de Juan resuelve este atolladero revirtiendo quién está haciendo algo malo. Ahora dice: "Roberto me odia a mí y me quiere causar daño". Él ha proyectado el odio y la agresión de su propio ello sobre Roberto.

Así que Roberto ahora es el malo y Juan lo puede odiar y herir. Los tres sistemas de Juan están todos felices haciendo esto. El *superyó* de Juan considera que la autodefensa es buena y honorable; el ello de Juan tiene permiso para odiar y herir a Roberto; y el *yo* de Juan ha resuelto un conflicto interno de la mente, proyectando el malvado motivo afuera sobre Roberto. Como su proyección es totalmente inconsciente, Juan procede a odiar y herir a Roberto sin reparos ni escrúpulos.

Si bien esto funciona para Juan, es notorio que su proyección es irracional. Pero si examinamos nuestra propia conducta, sin lugar a dudas podríamos asegurar que *nosotros* no proyectamos nada sobre nadie. Esto se debe a que la proyección *siempre es inconsciente* y no tenemos idea de cuándo lo hacemos.

Sin embargo, notamos que los demás, como Juan, pueden odiarnos e intentar herirnos de tiempo en tiempo. Damos por sentado que los demás, careciendo de nuestros recursos mentales y emocionales, usan la proyección en contra de nosotros. Es muy incómodo pensar que nuestro propio inconsciente tiene tal influencia poderosa e impredecible sobre nosotros.

Es posible que tú no quieras creer esto —yo ciertamente lo quisiera—, pero una noche aprendí cuán equivocado podía estar. He aquí lo que sucedió.

Mi Proyección

Durante mi divorcio vivía enmarañado en un montón de pensamientos atemorizantes. Estaba tan desesperado que tuve que buscar ayuda. Acudí a un grupo de apoyo para personas de familias alcohólicas. Llegué con la fachada de "yo estoy bien". Me sentí extremadamente nervioso al entrar al edificio. Estuve pensando: *¿Estas personas me mirarán de arriba abajo y pensarán que estoy mentalmente enfermo o que soy patéticamente incompetente? ¿Me mirarán con desprecio o seré avergonzado y humillado?*

Durante las reuniones las personas hablaban sobre las dificultades que tenían relacionándose con los demás, pero nadie fisgoneaba ni se entrometía en los asuntos personales de los otros. Me agradó el formato básico de la reunión e incluso me identifiqué con los sentimientos y situaciones de varias de las personas que hablaron. Gradualmente me volví menos temeroso. Algunas personas me sonrieron y me dieron las buenas noches, así que manejando de vuelta a casa decidí intentarlo de nuevo días después.

La siguiente semana entró un hombre que vestía amplios shorts rosados y una camisa hawaiana de colores llamativos. Tenía un corte de cabello estilo *punk* con un peinado tipo cola de rata que le bajaba por detrás de la nuca. Mascaba goma y su cara tenía grandes marcas de acné. Riendo en voz alta les dijo "Dame esos cinco" a dos de los hombres y saludó a varios otros ahí presentes.

"Ay, Dios", pensé, "si permiten que entren idiotas como él en el grupo, esto no es para mí". La única razón para quedarme esa vez fue que pensé que el formato ordenado de la reunión evitaría que él se convirtiera en el centro de atención. Pero la reunión aún no comenzaba y nadie había decidido ser el líder. Para mi horror, "shorts rosados" (como lo bauticé en ese momento) tomó la agenda de la reunión y dijo: "Si nadie lo quiere hacer, lo haré yo".

"¡Ay, no! ¡Por favor, alguien que ayude!", pensé. "No permitan que este cabeza hueca lidere la reunión. Nadie más se levantó. "Qué cantidad de perdedores", pensé. "Ahora he desperdiciado gran parte de mi velada, pero al menos me puedo ir en el receso".

Parte de liderar una reunión involucra contar la historia de uno mismo. De modo que "shorts rosados" —cuyo nombre resultó ser Jaime— empezó a narrar la suya. Contó que su padre era alcohólico y que con frecuencia, cuando aquél no volvía a casa, su madre se preocupaba mucho y lo enviaba a recorrer las calles de Filadelfia a buscarlo. Con frecuencia Jaime lo encontraba en un bar o tambaleándose afuera del mismo. A veces su papá estaba tan borracho que no podía ni caminar. Jaime lo ayudaba a regresar a casa mientras compañeros de clase y vecinos atestiguaban la escena.

Su padre no era responsable con el dinero. Una vez los prestamistas le propinaron una fuerte golpiza delante de su hijo. Jaime sentía lástima por su madre, quien laboraba todo el día en una tienda departamental porque sabía que, por la curvatura de su espina dorsal, se volvía doloroso estar de pie de forma prolongada.

Un día inesperado, su padre —de poco más de treinta años— falleció en el piso de la cocina por haber bebido demasiado. Su madre lloraba sin consuelo. Jaime la abrazó mientras ella se estremecía y le dijo a sus ocho años de edad, que no se preocupara, que él conseguiría un trabajo y haría todo lo posible para que ella estuviera bien.

"Mi mamá había sufrido terriblemente, año tras año, y yo la amaba tanto y quería que fuera feliz", dijo.

Jaime trató de seguir hablando pero las lágrimas se le amontonaban en los ojos. Tragó una vez y luego varias veces más. Entonces mis ojos comenzaron a arder. Vi un hombre de enorme compasión, hablando con la verdad desde su corazón.

Luego supe que siempre hacía eso. "Shorts rosados" se convirtió eventualmente en mi mejor amigo. Pude darme cuenta que él se amaba a sí mismo y era capaz de amar a los demás y lo hacía más profundamente que cualquier otro ser humano. Me enseñó que yo también era merecedor a ser amado. Ese fue el regalo más grande de mi vida. Y casi me lo perdí. Mi juicio y apreciación acerca de "shorts rosados" estaban equivocados.

Ese día yo había entrado a la reunión temeroso y preocupado acerca de cómo impresionar al grupo. Mi yo estaba obsesionado con verme mejor que las otras personas. Entonces, de manera irracional, proyecté mi obsesión e hice una evaluación injusta de Jaime. Decidí que la razón por la que él usaba ropa estrafalaria era para llamar la atención sobre sí mismo y lo juzgué como una persona egocéntrica. Su modo exuberante de saludar a los demás lo juzgué como una conducta jactanciosa y llena de fanfarronería.

No capté en lo absoluto la afectuosa solidaridad y la dicha que Jaime demostraba. ¿Por qué? Muy simple: yo estaba tan asustado que no podía ver su autenticidad como ser humano. Si me hubiese ido antes de conocer más acerca de lo que estaba sucediendo en su interior, me hubiera perdido un generoso corazón que me sacó de mi egocéntrica depresión y que me hizo entrar en una nueva vida.

¿Por qué hice esa proyección sobre Jaime? Tal vez porque su estilo de cabello, ropa vistosa y goma de mascar iban en contra de mi formación conservadora. ¿Debí haberme dado cuenta?, me pregunté. Yo siempre había intentado tener la mente abierta y ser justo. Me había entrenado durante un tiempo en psicología humanista. Entonces, ¿por qué no podía darle a Jaime el beneficio de la duda?

Los psicólogos habían estado investigando por muchos años este mismo problema. La asombrosa respuesta a la que arribaron fue que yo no podía evitar reaccionar, proyectarme sobre él y juzgarlo negativamente.

Todo lo que uno encuentra es preconscientemente seleccionado y clasificado como bueno o malo dentro de una fracción de segundo de haber tenido contacto con ello.

—DR. JOHN BARGH

CAPÍTULO DOS
¿Qué nos hace ir en la dirección equivocada?

Lo que los psicólogos han aprendido acerca de los procesos inconscientes

Los psicólogos han estado conscientes de que la mente toma algunas decisiones automáticamente y sin prestar atención consciente. Por ejemplo, podemos manejar un auto sin pensar en ello. Esto no sucedía en un principio cuando estábamos aprendiendo a conducir. La acción de no sacar el embrague en ese momento requería de toda nuestra atención.

Ya de adultos, muchos de nosotros nos manejamos inconscientemente. Andamos por calles que nos son familiares mientras hablamos con un pasajero, escuchamos la radio o planificamos nuestro futuro.

Debido a la enorme cantidad de datos que pasan por la mente cada segundo desde nuestros sentidos, su capacidad para llevar a cabo tareas rutinarias inconscientemente se convierte en algo es esencial. Por ejemplo, el ojo humano escanea dos billones de bits de datos por segundo. Si toda esta información no estuviese ya organizada de alguna manera, la mente consciente tendría que comenzar de cero para dilucidar el significado de cada patrón de luz y sombra. Sencillamente no nos podemos dar el lujo de procesar conscientemente toda la información cada vez que movemos los ojos. Nos tomaría todo el día nada más vestirnos. De modo que la mente usa procesos automáticos para organizar la información y realizar las tareas rutinarias. El procesamiento inconsciente es mucho más rápido que el procesamiento consciente.

Un proceso automático es similar a realizar múltiples tareas a la vez en una computadora, proceso por el cual una persona puede descargar un documento de Internet (tarea rutinaria) y al mismo tiempo usar la computadora para procesar palabras (tarea consciente). He aquí un ejemplo de cómo se desarrolla un proceso automático:

Cuando un niño es joven, sus padres le muestran una silla pronuncian la palabra "silla". Gradualmente el niño aprende a reconocer que un cierto patrón de datos significa visualizar una silla. A medida que el niño busca patrones similares, se vuelve capaz de reconocer otras sillas más rápidamente. Eventualmente su mente delega el acto de encontrar sillas enteramente a un proceso inconsciente. El pensamiento consciente ya no es requerido.

Si bien los psicólogos han reconocido que se dan este tipo de procesos automáticos desde hace tiempo, ellos asumían que nuestras mentes los supervisaban conscientemente para asegurarse de que estábamos haciendo lo que queríamos. Si los procesos inconscientes son la causa del comportamiento irracional que destruye nuestras relaciones, entonces necesitamos conocer las respuestas a las siguientes preguntas:

1. ¿Qué es lo que dispara los procesos inconscientes?
2. ¿Qué hacen los procesos inconscientes?
3. ¿Cuánto tiempo actuamos de manera inconsciente?
4. ¿Podemos controlar o influenciar al inconsciente para tener más exactitud en nuestros juicios y ser más capaces de comprender y llevarnos bien con los demás?

Hallazgos innovadores

El 8 de agosto de 1995, Daniel Goleman presentó en la sección de Ciencia del periódico *The New York Times* resultados sorprendentes de una investigación psicológica. El Dr. John Bargh y la Dra. Shelly Chaiken, ambos investigadores de la Universidad de Nueva York, lograron medir la existencia del proceso de juicio inconsciente. A continuación se presenta un resumen de los numerosos experimentos que realizaron para demostrar su hallazgo innovador.

Los investigadores utilizaron dos herramientas psicológicas sencillas para analizar cómo se forman los juicios y opiniones. La primera herramienta consistió en una lista de palabras. Encontraron que algunas palabras, como "amigo" y "bella", generan asociaciones positivas en la mayoría de las personas. Otras, como "cáncer" y "muerte", provocan reacciones negativas universales. También se dieron cuenta que había palabras que algunas personas clasificaban como positivas y otras más como negativas. Antes del experimento se les pidió a cada participante que clasificara las palabras según las consideraban "buenas" o "malas", creando listas personalizadas para cada sujeto.

La segunda herramienta que utilizaron fue un taquistoscopio, un dispositivo que proyecta imágenes o palabras durante un breve lapso —tan corto como un cuarto de segundo— lo cual es demasiado rápido para que la mente consciente lo perciba. Aunque los participantes no eran conscientes de haber visto algo, sus mentes inconscientes sí procesaban la información que recibían. Por ejemplo, si la imagen proyectada era una palabra, la mente inconsciente la leía, comprendía y reaccionaba a ella sin que la mente consciente lo notara. Este dispositivo permitió a los científicos acceder directamente a los procesos inconscientes de nuestra mente.

En el experimento los investigadores presentaron a los participantes dos palabras, una tras otra. La primera palabra se mostraba durante un instante extremadamente breve, mientras que la segunda —llamada "palabra objetivo"— permanecía visible el tiempo suficiente para ser percibida conscientemente. A los participantes se les pidió presionar un botón si consideraban que la palabra objetivo era "buena" y otro botón si la calificaban como "mala".

Por ejemplo, imaginemos a Jessica, una de las participantes, sentada frente a una pantalla en blanco. Sin que ella lo perciba conscientemente, los científicos proyectan por un instante la palabra "amigo" que tiene una connotación positiva para ella. Luego aparece la palabra objetivo "bella" que Jessica rápidamente clasifica como "buena" y decide presionar el botón correspondiente con rapidez.

Los resultados mostraron que los participantes respondían más rápido cuando ambas palabras, la inicial y la objetivo, compartían la misma connotación positiva o negativa. Por ejemplo, si la palabra inicial era "enfermedad" y la palabra objetivo era "asqueroso" las respuestas también eran rápidas.

Sin embargo, el tiempo de respuesta aumentaba cuando la primera palabra tenía una carga emocional opuesta a la de la palabra objetivo. Por ejemplo, si la primera palabra era "cáncer" y la segunda "bella" los participantes tardaban más en clasificar la segunda palabra como positiva. Esto ocurría porque sus mentes inconscientes ya habían evaluado la primera palabra como negativa. Al aparecer una palabra positiva, debían revertir ese juicio inicial, lo que requería más tiempo.

Este patrón se repitió de manera consistente en todos los casos. Los participantes necesitaban más tiempo para responder cada vez que el juicio inicial sobre la primera palabra difería del juicio que debían hacer sobre la palabra objetivo. Estos resultados demostraron que la mente inconsciente no solo percibe estímulos, sino que también los juzga de manera instantánea —dentro de una fracción de segundo— antes de que la mente consciente tenga la oportunidad de intervenir.

Bargh y Chaiken realizaron experimentos similares con imágenes de rostros humanos y encontraron los mismos resultados. Cuando la imagen inicial era negativa y la segunda positiva, los participantes tardaban más en responder, lo que confirmaba la existencia de juicios instantáneos e inconscientes. Tras descartar factores alternativos que pudieran influir en los resultados, los científicos concluyeron que nuestra mente inconsciente clasifica automáticamente todo lo que percibe como "bueno" o "malo", incluso antes de que seamos conscientes de ello.

En palabras de Bargh: "Todo lo que encontramos se clasifica inconscientemente como bueno o malo dentro de una fracción de segundo tras tener contacto con ello". Esto demuestra que nada es completamente neutro para nuestra mente: Cada palabra, sonido o imagen genera una valoración instantánea, aunque no nos demos cuenta de eso.

Gracias a estos experimentos sabemos más sobre los procesos inconscientes y hemos respondido a dos preguntas clave:

1. ¿Qué activan los procesos inconscientes?

    Todo aquello que percibimos a través de nuestros sentidos. Es decir, lo que vemos, escuchamos, tocamos, saboreamos y olemos, incluidos los eventos que suceden a nuestro alrededor y las acciones de otras personas.

2. ¿Qué hacen los procesos inconscientes?

    Toman decisiones perceptuales, evaluativas y motivacionales, procesando toda esta información simultáneamente en una fracción de segundo. Vea la tabla 1.

Veamos una a la vez y brevemente estas diferentes decisiones automáticas inconscientes:

Tabla 1- Lo que hace nuestro Inconsciente

EVENTO SOCIAL

⇩

Procesos Inconscientes

 ⇩

PERCEPCIÓN	EVALUACIÓN	MOTIVACIÓN
• Determina quién creemos que son las personas y lo que pensamos que están haciendo. • Depende de nuestra base de datos sensoriales que confirman estas decisiones inconscientes.	• Juzga a las personas y sus acciones como buenas o malas. • Genera nuestras emociones.	• Establece un objetivo en la relación. • Inicia nuestras acciones. • Nos ofrece una justificación para nuestras acciones.

1. **Percepción**

El inconsciente determina nuestras percepciones, nuestro reconocimiento e interpretación de los estímulos sensoriales. Decide lo que las ondas de luz y las ondas de sonido significan en el ambiente. El inconsciente le da sentido a lo que vemos y oímos. Por la cantidad avasallante de datos sensoriales presentes, el inconsciente es muy selectivo. Selecciona y pasa a nuestra atención consciente únicamente aquellas impresiones de vista y sonido de un evento en particular que *confirman su juicio inicial*. De este modo, el inconsciente determina todo lo que vemos y oímos. Pensamos que vemos y oímos una realidad objetiva, pero no es así.

2. Evaluación

El inconsciente evalúa todo y a todos como positivo o negativo y este juicio determina cómo operan nuestros sentimientos. Si el inconsciente juzga que alguien es bueno, tendremos sentimientos positivos —como la dicha— y nos sentiremos atraídos hacia ellos. Por otro lado, si el inconsciente juzga que una persona o su conducta es mala, la veremos como una amenaza y nos sentiremos temerosos, enojados o tristes, dependiendo de las circunstancias específicas. Este es el origen de nuestros juicios negativos irracionales.

3. Motivación

El inconsciente determina nuestra motivación relativa a lo que percibimos. Derivado del verbo latino *motere* la motivación se refiere al deseo que nos hace operar hacia un objetivo. Por ejemplo, nos sentimos estimulados por el aroma del desayuno que alguien esta cocinando y nuestra hambre nos motiva a buscar el objetivo, que es conseguir comida. Este proceso de estímulo-motivación-objetivo nos hace salir de la cama y dirigirnos a la cocina. Nuestra motivación está conectada con el objetivo.

Influencias inconscientes

En 1992, el senador Bob Packwood fue acusado de acoso sexual. Él lo negó, pero tras una larga investigación el Comité de Ética del Senado recomendó que fuese expulsado y él renunció. Sin embargo los diarios del senador claramente revelan que él *no* entendió que su comportamiento era acoso. Su falta de consciencia puede ser explicada al comprender cómo nuestras mentes seleccionan y usan los objetivos.

Cuando tenemos una meta nuestra mente inconsciente influye en nuestra conducta de modos numerosos para ayudarnos a realizar dicha meta. Por ejemplo, cuando nuestra meta es alcanzar algo, automáticamente nos concentramos mejor y nos volvemos más conscientes de aquello que nos va a ayudar a alcanzarlo. Como nuestros objetivos influencian poderosamente nuestros comportamientos, es importante conocer cómo establecemos nuestras metas.

El Dr. Bargh realizó un experimento que alteró radicalmente la manera en que los psicólogos han entendido el proceso de establecer metas.

Usando técnicas subliminales para que los participantes no estuviesen conscientes de ser controlados de un modo u otro, Bargh condicionó a algunos participantes con estímulos relacionados con los logros y a otros con estímulos neutros. Entonces cada uno recibió un paquete de letras del juego de mesa Scrabble y se les pidió formar la máxima cantidad de palabras como pudieran en tan solo tres minutos. Cuando les daban la señal de detenerse, más de la mitad de los participantes que fueron condicionados con estímulos de logro continuaron trabajando, mientras que menos de un cuarto de los participantes condicionados de manera neutral hicieron lo mismo. La conclusión obvia es que nuestras metas pueden ser puestas en marcha inconscientemente. Este proceso afecta nuestras vidas diarias.

Cierta situación puede vincularse en nuestra mente con un cierto estado de ese objetivo. Cuando nos encontramos en esa situación, la mente automáticamente adopta la meta conectada. Para algunos hombres, incluyendo tal vez el caso del ex senador Packwood, la situación de tener poder se conectó inconscientemente con alcanzar una meta sexual. Las personas en posiciones subordinadas, en este caso las mujeres, tienen una meta de mantener sus puestos de trabajo. Y parte de ello incluye ser amable y sonreír.

En esta situación el hombre y la mujer probablemente interpretan la misma conducta de modos diferentes. Ella sonríe para mostrar una cortesía profesional. Por su parte, el hombre interpreta su sonrisa como flirteo y la intenta seducir. Ella está consciente del poder que tiene él sobre su puesto de trabajo y de la amenaza implícita si no le sigue la corriente. Él no es consciente de cómo el poder afecta su propia percepción y no comprende que su comportamiento subsecuente se puede interpretar como un acto de acoso.

En otro experimento, Bargh demostró que una persona con tendencias a ser sexualmente agresivo encontrará que una mujer es más atractiva cuando el concepto de poder que él tiene ha sido inconscientemente condicionado.

Nuestras metas son particularmente importantes porque determinan lo que vemos, pensamos y hacemos. El hecho de que nuestras metas sean detonadas con frecuencia por el inconsciente es causa de gran preocupación. Nuestras metas influyen en cómo actuamos. Una vez que están activadas, nuestras metas influyen en cómo procesamos la información y cómo nos comportamos en situaciones sociales, incluso sin que nos demos cuenta ni necesitemos instrucciones conscientes.

Fijar metas inconscientemente puede tener graves consecuencias en situaciones sociales, causando que nos comportemos de un modo opuesto a como quisiéramos comportarnos. Bargh describe un experimento sorprendente en donde los participantes inicialmente prefirieron a una persona que mostraba un comportamiento cortés. Pero luego fueron inconscientemente bombardeados con metas agresivas por parte de los investigadores y revirtieron su apreciación. Prefirieron a una persona que exhibía una conducta agresiva. No tenían idea de que habían sido fácilmente manipulados. Bargh concluyó que: "Los juicios se realizan como resultado (de una meta inconsciente) que claramente va en contra de lo que el individuo juzgaría si él o ella tuviesen la intención de procesar aquella fuente de información".

Otro estudio de Bargh encontró que algunos sujetos que fueron inconscientemente influenciados con palabras con cierta rudeza —como "interrumpir" o "molestar"— y como parte de una prueba de lenguaje, tenían cuatro veces más probabilidades de comportarse groseramente ellos mismos que los sujetos inconscientemente influenciados con palabras amables, como "paciente" o "respetuoso". Influenciar las mentes inconscientes de los participantes con un rasgo conductual, como grosero o amable, hace que los participantes tengan más probabilidad de comportarse también de esa manera.

Todas las decisiones hechas por el inconsciente en respuesta a un evento social suceden en el mismo instante y están inextricablemente conectados entre sí. Nos atrae acercarnos a lo que juzgamos como bueno y alejarnos de lo que evaluamos como malo. Y nuestras metas están conectadas con nuestros juicios.

Como somos inconscientes de estas decisiones, no sabemos lo que nos influenció a actuar de la manera en que lo hicimos. Pensamos que sabemos por qué, pero nuestras explicaciones son inexactas. En realidad, nuestras "explicaciones lógicas" son racionalizaciones después del hecho. *El inconsciente siempre ofrece una racionalización para nuestra conducta.*

Por ejemplo, el Dr. Bargh cita un estudio en el cual se le dijo a una mujer mientras estaba hipnotizada lo siguiente: "Cuando te despiertes vas a gatear sobre tus manos y rodillas". Efectivamente, cuando salió de la hipnosis empezó a gatear sobre sus manos y rodillas. Ella dijo espontáneamente: "Creo que se me perdió un arete por aquí." De modo similar, nuestro inconsciente siempre nos da explicaciones plausibles sobre nuestro comportamiento.

La nueva comprensión de la psicología de la percepción y la respuesta se fundamenta en lo siguiente:

1. Ocurre un evento social.
2. Un conjunto automático de procesos mentales inconscientes de manera simultánea:
   - Decide lo que son todas las cosas, las personas y las acciones involucradas. Determina sus atributos (es decir, "amable" o "grosero") y selecciona la información sensorial a enviar a la mente consciente.
   - Juzga si son buenos o malos y genera nuestras emociones.
   - Establece nuestra meta para interactuar con ellos, inicia nuestras acciones con ellos e incluso nos da una razón "racional" de nuestras acciones.

El Dr. Bargh asimismo responde de la siguiente manera a nuestra tercera pregunta al inicio del capítulo: *¿Cuánto de nuestro tiempo estamos actuando inconscientemente?*

Bargh asegura que más del 99 por ciento de nuestra "vida cotidiana—pensar, sentir y hacer— es automática o inconsciente. "Creo que si alguien es escrupulosamente honesto acerca del número de veces por día en que toma más de medio segundo para realizar una decisión (una característica de un control o proceso no automático), este número se puede contar con los dedos de una mano... Es un muy pequeño porcentaje de todas las percepciones, comportamientos, juicios, evaluaciones e intenciones que hacemos constantemente cada día. Cuando sucede —cuando pasamos por alto el proceso automático— estas ocasiones se vuelven memorables y sobresalientes precisamente porque cuestan esfuerzo y son inusuales. Como consecuencia, somos engañados por la mayor disponibilidad de estos eventos en la memoria. Ello nos lleva a sobreestimar enormemente la frecuencia en la que participamos en actos de control deliberado".

Los procesos inconscientes se combinan para crear una situación psicológica inmediata, todo lo que sabemos acerca del mundo y de las personas individuales en él: lo que vemos y oímos, quien nos agrada y desagrada, nuestros sentimientos acerca de ellos y nuestras intenciones en contra o a favor de ellos. La cruda verdad es que rara vez somos conscientes.

De esta manera ciertas influencias más allá de nuestra consciencia, y por ende más allá de nuestro control, conducen nuestras vidas. Esto es cierto todo el tiempo. Nuestras relaciones con los demás, nuestra felicidad y nuestro éxito en la vida dependen de nuestra disposición para volvernos conscientes de que estamos sujetos a tomas de decisiones inconscientes, y por ende, irracionales. Sin esta consciencia, no podemos detener los ciclos perjudiciales de las percepciones, juicios y ataques que surgen en nuestras relaciones. Lo que no sabemos nos puede perjudicar tanto a nosotros como a los demás.

Humanamente nos han enseñado a juzgar, criticar y condenar a cualquier persona, en cualquier momento, donde sea y por cualquier cosa que no encaja en nuestro propio sentido de lo que es correcto o incorrecto.

—*JOEL S. GOLDSMITH*

CAPÍTULO TRES
El juez

La investigación psicológica realizada por el Dr. Bargh ha demostrado que nuestra vida diaria está por lo general bajo el control de nuestros inconscientes. No sabemos por qué respondemos de la manera en que lo hacemos a lo que estamos viendo, pensando o realizando. La magnitud en que ocurre esto amenaza nuestra auto imagen como seres inteligentes y sensibles. Ciertamente explica por qué los seres humanos tenemos dificultades con las complejidades de las relaciones. Y en las relaciones es donde más se dan los efectos dañinos de nuestra falta de atención consciente.

Conoce a tu juez

En el primer instante de todo evento, la tarea primaria de nuestra mente inconsciente es juzgar a los demás como buenos o malos. Para efecto de brevedad nos referiremos al conjunto de procesos inconscientes automáticos simplemente como "el juez".

La determinación inicial de nuestro juez para considerar a una persona como buena o mala establece nuestro objetivo para la interacción. Si su juicio acerca de una persona es bueno, entonces fija la meta de **conectarse**. Si juzga que una persona es mala, entonces establece la meta de **defenderse**. La meta de defenderse incluye las estrategias de retirada, ataque y cambiar a la otra persona. La meta de conectarse incluye acercarse a la otra persona, prestarle apoyo y aceptarla.

Tabla 2 - La tarea social primordial de tu Juez

El Juez de Pablo

Cuando Jennifer llegó a casa después del trabajo, lo primero que hizo fue contarle a Pablo que su jefe había rechazado el escrito sobre protección ambiental que ella había preparado. Desde el momento en que Jennifer cruzó la puerta y relató su experiencia, el juez interno de Pablo clasificó la situación como "mala". Se identificó con lo que Jennifer había vivido y pensó: "¡Qué vergüenza! Odio cometer errores. Esto es incómodo. Necesito ayudar a Jennifer corrigiéndola". Pablo, guiado por su juez, pensó que decirle a Jennifer cómo hacerlo mejor aliviaría su incomodidad.

"¿Cómo evito yo cometer errores? Posiblemente siendo cuidadoso y asegurándome de saber exactamente qué se espera de mí. Eso es lo que debo enseñarle a Jennifer", reflexionó Pablo. Así que le sugirió que debería haber preguntado más detalles sobre lo que su jefe realmente quería antes de realizar el trabajo que se le asignó.

El juez interno de Jennifer interpretó ese comentario como una crítica y ella respondió a la defensiva: "¡Así que todo es mi culpa! Ustedes los hombres siempre son tan inteligentes y yo soy la mujer tonta que no entiende nada. Déjame decirte algo: ¡No soy estúpida! ¡Y no necesito tus críticas!".

Al escuchar esto, el juez de Pablo también reaccionó al ver esas palabras como un ataque. Analizó la situación y encontró "pruebas" para justificar su defensa: "Veo enojo en su rostro, ella me está atacando. Ella dijo: 'Ustedes los hombres son tan inteligentes', lo cual es un ataque verbal sarcástico. Ella dijo también: 'Déjame decirte algo', de manera agresiva. Me puso palabras en la boca, como mujer tonta y estúpida, para hacerme ver como el malo. Y cuando dijo 'criticada por ti', claramente me acusó de ser una persona que critica en extremo".

En ese momento, el juez de Pablo pasó por alto algo fundamental: Jennifer había llegado herida a casa por los comentarios de su jefe y lo único que buscaba era comprensión y apoyo. Pero esos pensamientos no encajaban con el juicio "negativo" que ya había hecho su juez, así que fueron descartados. En su lugar, el juez se enfocó en su propia defensa, creyendo que los ataques de Jennifer justificaban su enojo.

Sin embargo, Pablo no dejó que su ira se manifestara de manera abierta, ya que su juez consideró que eso no sería socialmente aceptable. En su lugar, optó por una respuesta que sonara más calmada y racional, aunque escondiera un tono crítico: "Tranquila, no te estoy criticando. Pero si siempre reaccionas a la defensiva puedo entender que tienes problemas en tu trabajo".

El juez de Jennifer interpretó esas palabras como otra agresión. Pensó: "Me está malinterpretando y atacando. Ahora me acusa de ser defensiva. Es injusto". Así que respondió con sarcasmo: "Escucha señor sabelotodo: Cuando quiera tu opinión sobre mi trabajo, te la pediré. Hasta entonces, mejor no digas nada". Dicho esto salió de la habitación dando un buen portazo.

Esta reacción alimentó aún más al juez de Pablo, quien interpretó el portazo y las palabras de Jennifer como una confirmación de su juicio inicial: "Fue sarcástica, me atacó llamándome 'señor sabelotodo'. Y al decir 'mejor no digas nada', dejó claro que no quiere escucharme ni reconocer mis buenas intenciones. Además, al salir de la habitación, me está rechazando como pareja".

Ambos terminaron convencidos de que tenían razón sobre lo que estaba mal en el otro. Pablo se sintió herido y Jennifer desatendida. Así, ambos quedaron atrapados en un patrón típico de conflicto. Sus jueces internos reaccionaron antes de que pudieran detenerse a reflexionar.

¿Acaso Pablo actuó de manera racional? Claramente no. Pero en otras situaciones, Pablo es generalmente considerado por sus amigos como alguien inteligente y amable. ¿Por qué reaccionó entonces de esa manera hacia alguien que ama? La explicación es sencilla: No fue el Pablo consciente quien lo hizo, sino su juez interno.

Esto nos lleva a la pregunta esencial: ¿En qué se basa el juez para emitir juicios? ¿Qué lo lleva a decidir el que algunas personas o acciones sean buenas y otras malas?

¿Quién entrenó a tu juez?

Nuestros padres contribuyen desde temprano a formar en nosotros los jueces internos. Ellos nos recompensan y nos castigan según aplicamos buenos o malos juicios. Nos alientan a buscar las causas de nuestra conducta en el mundo externo y a no examinar nuestras propias motivaciones. Aprendemos que podemos evitar los castigos y la autocrítica creando razones externas plausibles para nuestras acciones. Nuestros jueces reciben formación adicional de las niñeras, los hermanos y hermanas, los amigos y de la interpretación que hacen aquéllos sobre los eventos traumáticos que tal vez hayamos sufrido.

Nuestros jueces se criaron en nuestras familias viendo televisión y leyendo los periódicos junto con nosotros. Al crecer, se encargaron de nuestra supervivencia en el día a día. Las influencias de la familia y de la sociedad los formaron para ser cautelosos ante un mundo peligroso. Por estas razones, los jueces en todo el mundo tienden a ser temerosos y rápidamente adoptan una postura defensiva como estrategia.

Sin embargo las razones verdaderas de estar a la defensiva son aún más profundas. Cuando nacimos, nuestros jueces ya tenían una base que fue impartida por lo que el psicólogo Dr. Carl Jung denominó el "inconsciente colectivo". Mientras Freud veía el inconsciente como un contenedor de los deseos reprimidos del yo, Jung lo veía como un contenedor de la memoria universal. Según Jung, el inconsciente colectivo del hombre "contiene todos los patrones de la vida y comportamientos heredados de sus ancestros." El juez es una criatura de hábitos que se conduce por circunstancias que fueron predeterminadas hace muchos siglos atrás, en un tiempo de supervivencia del ser más apto.

Jung se refería al inconsciente colectivo como "un gigantesco prejuicio histórico". Esta frase explica el modo de pensar del juez. Prejuicio significa "un juicio u opinión adversos formados de antemano sin conocimiento ni revisión de los hechos". Así es como opera el juez, juzgando todo con base en nociones preconcebidas sin tomarse el tiempo de probar los juicios o de formular preguntas.

El juez toma la decisión de que algo es bueno o malo, dentro del reino del inconsciente, con una finalidad.

El efecto del inconsciente colectivo resulta evidente en las creencias compartidas de nuestra sociedad. Así como los peces que nadan en un estanque apenas notan el agua en el que se mueven, nosotros aceptamos la visión del mundo de nuestro grupo social sin cuestionarla. El Dr. Bargh hace énfasis en que "el alcance hasta donde las normas culturales y de la sociedad implícitamente dirigen nuestras percepciones es muy amplio".

El siguiente experimento demuestra cómo los jueces se comportan de modo diferente dependiendo de cómo fueron formados. En la Universidad de Michigan, los psicólogos buscaron determinar si los estudiantes masculino sureños, formados bajo un código de honor que favorece una contundente respuesta ante los insultos, reaccionarían diferente ante una provocación a diferencia de los estudiantes norteños, quienes no fueron criados bajo dicho código.

A medida que caminaban por el pasillo, un investigador encubierto se topaba con los estudiantes individuales y procedía a insultarlos. Los observadores del estudio reportaron que los alumnos sureños se enojaron y los del norte tendían a mostrar que se estaban divirtiendo. Las pruebas sanguíneas después del incidente mostraron aumentos significativos en la testosterona (una hormona asociada con la agresión) en los estudiantes sureños. Habían sufrido la misma provocación pero tuvieron reacciones completamente diferentes, dependiendo de dónde fueron entrenados sus jueces.

El juez, una criatura de hábitos, aprende a través de la repetición. El Dr. Bargh declara que con el tiempo las personas desarrollan un "marco crónico" para interpretar el comportamiento de los demás, que luego opera de manera inconsciente, de modo que ya no son conscientes de sus propios sesgos.

Como resultado del condicionamiento, mi juez visualiza el mundo como un entorno temeroso y hostil. En mi cultura, el mundo es un lugar de carencia, amenazas, ataques y culpa. Mi juez, siempre atemorizado, desencadena mi enojo. Me dice que proceda a atacar. Le grito a mi hijo porque mantiene la puerta del refrigerador abierta demasiado tiempo o critico las acciones de las personas que conozco y a los que manejan en la calle. Soy inconsciente de la influencia de mi juez y, por tanto, soy arrastrado a conflictos, inventando de paso razones para mis acciones mientras mi juez me impulsa ciegamente.

Cómo "observa" el juez

Los científicos solían pensar que el acto de ver ocurre del siguiente modo: El ojo capta la luz reflejada de un objeto y una imagen completa del mismo es enviada de la retina al cerebro donde es interpretada de manera consciente. Hoy en día sabemos que existen demasiados datos entrando a través de nuestros ojos como para que esto suceda. El juez no puede ver y comprender la totalidad de algo tan rápidamente. Tampoco puede comprender la totalidad de la imagen, pues ésta tiene un sistema de adivinanzas. Su sistema opera como una máquina y es limitado.

Lo que realmente sucede es que en el mismo instante en el que la luz choca contra la retina, el juez automáticamente evalúa la información fragmentada que entra como buena o mala y entonces la caracteriza más específicamente haciendo un cotejo aproximado de imágenes en nuestra memoria inconsciente. La imagen que envía a la mente no es la imagen "real" sino más bien un compuesto sesgado elaborado a partir de imágenes viejas. De este modo, el juez realmente solo ve el pasado proyectado sobre el presente.

Ya sea que la naturaleza de la imagen compuesta sea amigable o amenazante llega a ser condicionada a fin de cuentas por muchos factores. Por ejemplo, lo que espera ver, lo que sus asociaciones recientes o distantes con aquel tipo de imagen pueda ser, su creencia acerca de si el universo es amigable o no. Y también otros factores determinantes demasiado numerosos como para medirlos, tales como si esa mañana desayunó o no.

La naturaleza subjetiva de la composición de imágenes por parte del juez es fácil de ver en el caso de alguien que presenta un conjunto diferente de creencias acerca del mundo. Tomemos, por ejemplo, el caso de un hombre que ha vivido toda su vida en un bosque profundo el cual solo le permitía visibilidad de apenas treinta metros. Cuando lo condujeron por primera vez fuera del bosque a una planicie, el hombre estaba convencido de que había visto "escarabajos y hormigas" convirtiéndose en búfalos cuando se acercaron a éstos. Ciertamente eran búfalos todo el tiempo. La razón por la que vio insectos en lugar de búfalos fue que su juez arregló los datos visuales para encajar con su visión del mundo, la cual no incluía ver objetos que estaban lejos.

Nuestro estado de humor también ejerce una influencia poderosa sobre lo que vemos. Cuando estamos de mal humor, es más probable que notemos defectos. Cuando estamos de buen humor, nos pasamos por alto esos defectos.

El juez selecciona los datos de la vista y la audición que confirman su juicio o apreciación y establecen su percepción de los eventos, las personas y las acciones que ocurren. El juez usa libremente los estereotipos y asigna atributos como "amable" o "grosero" a conductas sociales ambiguas. De este modo, el juez crea nuestra postura psicológica. En lugar de una realidad objetiva, vemos la proyección sesgada del juez, su interpretación fragmentada y condicionada de una persona o evento. De este modo, el juez crea el mundo que percibimos.

Proyección y predicción que se cumple por voluntad de quien la formula

El pensamiento detrás del objetivo de defender es "me siento vulnerable y temeroso; estoy siendo atacado y por tanto necesito atacar de vuelta para defenderme". El juez proyecta su temor y culpa sobre los demás y entonces rápidamente les culpa por victimizarlo. Esta actitud de culpa fija las bases para nuestros juicios negativos, nuestro consiguiente enojo y nuestros ataques sobre los demás. Nuestra proyección nos hace ver ataques donde no existen.

Proyectar la culpa sobre la otra persona nos da una excusa para la autodefensa, que al *superyó* —y al mundo— les gusta ver. A nivel psicológico, la proyección es un flagrante reacomodo de la realidad de una situación. Debe permanecer completamente inconsciente para nosotros o de lo contrario no resolverá nuestra tensión interna de manera efectiva, como cuando Juan se sintió en libertad de odiar y causarle daño a Roberto.

Ninguno de nosotros querríamos admitir tal artimaña injusta y un tanto infantil. Pero si algo es inconsciente, no sabemos qué está sucediendo, de modo que no lo podemos admitir. Freud veía la proyección como un mecanismo de defensa ocasional e inconsciente. Bargh ha probado que es la regla.

Sin saberlo, proyectamos y racionalizamos todo el tiempo. Esta es la *especialidad de la casa* del juez, su platillo favorito a servirnos. No sabemos lo que hizo para prepararlo en su cocina, pero lo comemos todos los días, dándole ánimo al juez para que nos lo sirva de nuevo.

Veamos cómo la proyección generó en una persona (llamémosla Beatriz) una predicción que se le cumplió. Beatriz y su compañera de trabajo Sandra laboran en un negocio marcado por llevar un ritmo apresurado de actividad. Sandra notó que ya casi era la hora del almuerzo y pensó en invitar a Beatriz, a quien no había llegado a conocer socialmente, para comer juntas. Beatriz estaba esperando ansiosa su hora de descanso de almuerzo y no quería recibir una tarea de última hora. Sandra entró en la oficina de Beatriz y el juez de ésta percibió a Sandra como una amenaza, de modo que dijo con una voz algo fría: "¿De qué se trata?". En un mili-segundo el juez de Sandra captó esa frialdad, sintió un poco de temor y revirtió su meta —originalmente con la intención de conectar— a una postura de defensa. Así que en lugar de invitarla a almorzar, buscó en su mente algo para responder y le dijo: "Me estaba preguntando si, antes de irte a tu almuerzo, puedes hacer esa llamada relacionada con la cuenta de Jiménez. Realmente necesitamos comunicarnos con ellos hoy".

Nuestro juez, cuando percibe una amenaza, nos defiende ejecutando un ataque preventivo. Cuando la otra persona responde a la defensiva a nuestro ataque, vemos su acto de defensa como prueba de una intención original con características hostiles. Así, el juicio inicial de Beatriz sobre Sandra como amenazante parece haber sido prueba para ella confirmar de que estaba en lo cierto.

Beatriz estaba completamente inconsciente de su rol en todo este proceso e influyó en el comportamiento de Sandra.

No tenemos que atacar verbalmente a alguien para hacer realidad una predicción que se cumple por voluntad de quien la formula. Nuestras expresiones faciales y lenguaje corporal permiten que la otra persona sepa cómo nos sentimos. Por ejemplo, las pupilas de nuestros ojos se agrandan en proporción directa a nuestro interés positivo que tenemos en un objeto o persona. En un estudio, la dilatación de pupilas más grande ocurrió en mujeres que estaban mirando una foto de una madre con su hijo. A las personas automáticamente les gustan las caras con pupilas dilatadas y les disgustan las caras con pupilas constreñidas. Bargh resalta que "varios estudios muestran que las personas son capaces de detectar la expresión emocional de las caras —inconscientemente— y que esta información condiciona sus evaluaciones, es decir, lo que ven u oyen a continuación".

Seguramente *Yo* soy Objetivo

Toda nuestra vida hemos creído que lo que vemos es "real". Existen tres razones por las cuales creemos que lo que nuestro juez nos muestra es la verdad objetiva.

Primero, no tenemos idea alguna cuando somos influenciados por un proceso mental inconsciente. Esto es difícil de aceptar. Pero por definición no podemos ser conscientes del inconsciente. La toma de decisiones inconsciente es tan rápida como la velocidad de la luz y no deja rastros.

Segundo, creemos que vemos una realidad objetiva porque las elecciones del juez son completamente convincentes para nosotros. El juez sabe bien lo que queremos ver. ¿Por qué cuestionarlo entonces?

Tercero, el juez elige "ver" cosas que otras personas están de acuerdo que están ahí. Damos por sentado que nuestras creencias acerca de las personas y de las cosas son la verdad objetiva porque nuestras creencias son compartidas comúnmente por nuestro grupo social y nuestros amigos y conocidos regularmente validan nuestras percepciones. Pero el juez está simplemente uniendo datos en hilos de conformidad con ciertas fórmulas que han funcionado en el pasado y que son frecuentemente inapropiadas en el presente. El juez evita que nosotros veamos a las personas y las situaciones como realmente son.

No obstante, cuando examinamos nuestras decisiones, las experimentamos como completamente objetivas. Si usamos un proceso de deliberación consciente para arribar a la decisión, entonces hasta cierto grado va a resultar objetiva. Pero aún existe un problema: Toda la base de información que usamos para tomar esa decisión fue previamente seleccionada por nuestro juez para validar su juicio. Como no sabíamos que los datos proporcionados por el juez estaban sesgados, confiamos en ellos.

Si bien el uso de los datos por parte del juez tiene cierta lógica, esta lógica se basa en la visión del mundo de un niño temeroso. Esto quiere decir que siempre y cuando permanezcamos dentro del sistema en que opera el juez, no podemos ser objetivos. El Dr. Bargh declara que "Experimentamos el resultado de estos análisis preconscientes como si esos significados y comprensiones estuvieran claramente presentes en el mundo objetivo, cuando en realidad no lo están".

Es difícil enfrentar nuestra falta de objetividad, incluso cuando se nos presenta evidencia científica. El Dr. Bargh describe lo complicado que es lograr que alguien comprenda lo siguiente: Cualquiera que haya intentado explicarle a un amigo o familiar que los eventos mentales pueden ocurrir y afectar sus juicios y comportamiento sin que ellos lo sepan puede alcanzar a dimensionar que representa una tarea realmente difícil. Incluso, lo que aquella persona con las mejores intenciones y mente abierta hará cuando se le confronte con esta idea será examinar su memoria autobiográfica, no encontrará ningún caso en el que haya sido influenciada sin saberlo (¡Por supuesto!) y responderá: "No, a mí no me pasa eso".

Nos gusta pensar que somos conscientes. Odiamos admitir que estamos equivocados. La Teoría Freudiana de la Resistencia dice que no comprendemos lo que no queremos comprender. No queremos entender que operamos inconscientemente. Sin embargo, de conformidad con los científicos, estamos inconscientes el 99 por ciento del tiempo.

Es atemorizante pensar que no tenemos control sobre nuestras vidas como creíamos. No sabemos exactamente cómo los pensamientos inconscientes del juez ocurren en la mente. Suceden a la velocidad de la luz, aparentemente de manera simultánea, y completamente fuera de nuestra consciencia. Sin embargo, a partir de lo que los científicos han podido medir y a partir de adivinanzas inteligentes con base en el comportamiento de las personas podemos considerar a continuación un modelo que bien resume las tareas del juez:

Tabla 3 Las tareas del juez

EVENTO SOCIAL

Proyecta desde la memoria inconsciente

Juzga: **Bueno**   Juzga: **Malo**

Meta: Conectar	Meta: Defender
• Selecciona datos "buenos". • Genera emoción positiva. • Inicia acción de conexión. • Provee justificación.	• Selecciona datos "malos". • Genera emoción negativa. • Inicia acción defensiva. • Provee justificación.

Desi y el Príncipe: El juez personificado en la literatura

Esta historia trágica a continuación representa la clara destrucción de una relación afectiva por parte del juez. Desi era una mujer joven, talentosa, dichosa y muy bella. Los hombres más elegibles la codiciaban en la gran capital donde vivía. Un día, su padre invitó a un príncipe, quien era un famoso comandante militar, a visitarlos. Mientras el príncipe le contaba sus historias de guerra a su padre, Desi estaba sentada a un lado escuchando.

A lo largo de sus muchas visitas del militar a su padre, Desi llegó a conocer todo acerca de la vida fascinante del príncipe, y también de su personalidad. Ella eventualmente llegó a apreciar profundamente su noble carácter, su modestia, autocontrol y el respeto que mostraba para con los demás. Se enamoró de él y acabaron fugándose juntos. Se sentían muy felices.

Poco tiempo después de su boda, Desi acompañó al príncipe a una campaña militar. Fueron con dos de los oficiales del príncipe: Su fidedigna ayuda de campo, "Iago el honesto," y su teniente, Cassio, quien era amigo de Desi.

Casi inmediatamente el príncipe empezó a actuar de forma irracional contra Desi. Primero se quejaba de un dolor de cabeza. Luego la reprendía por poner un pañuelo en el sitio equivocado, y, poco tiempo después, sin ninguna razón aparente, la golpeó y le dio la orden de no estar en su presencia. Más adelante, exigió saber si ella le había sido fiel. Ella dijo "sí" pero él no le creyó y la llamó una ramera. En su habitación la acusó de dormir con uno de sus oficiales. Ella lo negó, pero él rehusó creerle y, en un ataque de ira, la mató.

Poco tiempo después, el príncipe se dio cuenta que había estado completamente equivocado, que Desi realmente le había sido fiel todo ese tiempo. Se sintió tan profundamente afligido y lleno de remordimiento por haber matado a su esposa, a quien quería tanto, que se suicidó.

¿Qué lo obligó a comportarse de forma tan irracional?

El nombre del príncipe era Otelo. Esta obra teatral de William Shakespeare ha sido famosa por cuatrocientos años por diversas razones. La primera es que las personas pueden identificarse con Desdémona (Desi) y con Otelo. Todos sabemos cuán agonizante puede resultar que otros nos malentiendan y se pongan iracundos con nosotros sin ninguna razón aparente. Y también podemos identificarnos con el príncipe, esto es, molestarnos con alguien a quien amamos y luego sentirnos tristes cuando nos damos cuenta de que cometimos un error.

Lo que hace la obra teatral *Otelo* tan pertinente para nuestra comprensión del inconsciente es el personaje responsable de la conducta irracional de Otelo: su juez, Iago. Iago es el inconsciente personificado. Shakespeare nos ha dado una clara imagen de la influencia de Iago sobre el pensar de Otelo. Si bien tiene un exterior "honesto" según Otelo, los miembros del público asistente ven los pensamientos temerosos de Iago:

- *Puedo ser de origen humilde, pero tengo mucha experiencia militar. Estoy furioso porque Otelo promovió a Cassio al rango de teniente, quien tiene menos experiencia pero que es de clase superior, en lugar de a mí.*
- *Me siento inferior y celoso de Otelo y Cassio.*
- *Deseo poseer a Desdémona.*
- *Temo que Otelo haya tenido relaciones sexuales con mi esposa* (este pensamiento indica que Iago ha proyectado sobre Otelo su propio deseo de tener relaciones sexuales con la esposa de otro hombre).

Iago deliberadamente planea destruirlos introduciendo sospechas despistar al oído de Otelo". Iago establece el escenario persuadiendo a Cassio a beber demasiado y a meterse en una pelea, cuyo resultado es que Otelo lo degrada a un cargo inferior. Iago entonces insta a Cassio a pedirle a Desdémona que le ruegue a Otelo que lo vuelva a restituir en su posición. Desdémona acuerda hacer esto por su amigo.

El escenario ahora se ha creado, y Iago comienza a influir en los pensamientos de Otelo y le hace ver que Cassio se comporta de forma culpable por algo. Iago envenena el oído de Otelo. Insinúa que Desdémona siente un deseo carnal por Cassio y que han estado teniendo un amorío. Los primeros pensamientos de celos arrebatan a Otelo.

Iago continua manipulando a Otelo "a su antojo" diciéndole: "Mira a tu esposa; obsérvala bien cuando está con Cassio."

Para entonces, Desdémona ha comenzado a pedirle a Otelo que vuelva a restituir a Cassio como teniente. Pero Iago ha deformado tanto el pensamiento de Otelo que interpreta que ella está suplicándole en un intento de favorecer a su amante. Mientras más suplica Desdémona a Otelo para restituir a Cassio, más sospecha aquél que ella le ha sido infiel.

Iago le recuerda a Otelo que Desdémona defraudó a su padre cuando se fugó para casarse, de modo que el engaño forma parte de su naturaleza. Como factor decisivo, Iago le dice a Otelo que Desdémona naturalmente preferiría un hombre de su propio color de piel.

Finalmente Iago le "comprueba" la infidelidad de Desdémona a Otelo. Iago roba un pañuelo de Desdémona, que Otelo le había regalado, y lo planta sobre Cassio. Cuando Otelo ve que Cassio ahora tiene este símbolo de amor, se convence de la culpa de ella. El comentario de Iago de que Detalles tan livianos como el aire son para la persona celosa confirmaciones tan fuertes como pruebas de las Sagradas Escrituras" demuestra su convicción de que una mente celosa encuentra lo que está buscando. Otelo, convencido de que ha sido traicionado, asesina a Desdémona.

Esta tragedia clásica está dirigida a todos nosotros. ¿Por qué las personas se sienten atraídas a la tragedia como una forma de arte? En una tragedia "el personaje principal es llevado a la ruina o sufre extrema aflicción a consecuencia de un trágico desenlace, una debilidad moral o la incapacidad de lidiar con circunstancias desfavorables". Muchos de nosotros nos identificamos con las tragedias porque cuando ocurre un conflicto que afecta nuestro bienestar —y es cuando más necesitamos hacer o decir lo correcto— nuestros jueces internos se apoderan y nos saboteamos a nosotros mismos. Esta no es una preocupación fútil. Tu juez es una parte integral e inconsciente de ti que te lleva a sufrir un tremendo dolor y encarar pérdidas a lo largo de tu vida. Tu juez es tu defecto trágico.

El Juez reina sobre el reinado

Nuestro juez moldea nuestros pensamientos del mismo modo como Iago lo hizo con Otelo. Cuando nos sentimos temerosos, nuestro juez toma el control de nuestras personalidades. El resultado son relaciones dañadas que terminan en pérdida.

Podemos ver la devastación ocasionada a una escala más amplia. He aquí unos ejemplos del poder del juez en el mundo:

- Más de la mitad de todos los matrimonios terminan en divorcio. Muchos de los que permanecen casados son infelices. Una falta extrema de intimidad es el modelo que nuestros hijos ven.
- Las personas se sienten temerosas en su lugar de trabajo. Se sienten amenazadas, coaccionadas, no se sienten respetadas y por tanto incapaces de ser ellas mismas. En consecuencia, no son capaces de ser creativas, productivas ni se sienten contentas en el trabajo.
- La mayoría de los hombres no tienen buenas relaciones de amistad. Se aíslan inclusive de sus parejas. Dependen desesperadamente en la estima basada en el comportamiento que manifiestan. Muchos de ellos son incapaces de expresar sus sentimientos. Estos sentimientos reprimidos finalmente se reflejan en enojo, ira y violencia. Nuestra población carcelaria es cada vez mayor, con la tasa per cápita más alta de encarcelación del mundo.
- Las mujeres reciben la peor parte de la violencia física y tienen el peso adicional de las responsabilidades de criar a los hijos. Sin embargo también tienen jueces que las conducen a sabotear sus propios intentos de formar relaciones felices.
- Una gran cantidad de personas en Estados Unidos tienen falta de autoestima, baja confianza en sí mismos y bajos niveles de paz interna. Recurren a las drogas, al alcohol,

al exceso de trabajo y a las relaciones sexuales, así como a demasiada televisión para evitar sentir el dolor de no amarse a sí mismos y de no ser capaz de relacionarse positivamente con los demás.

En realidad, reconocer que tenemos un juez son buenas noticias. Sí, hemos estado operando inconscientemente, *pero no podíamos hacer nada al respecto porque no lo sabíamos.* Ahora que sabemos lo que hace el juez, nos podemos liberar de la tiranía del inconsciente y encontrar la felicidad en nuestras relaciones.

Nosotros no somos nuestros jueces. Nos sirven como sirvientes, no son nuestros jefes. Podemos despertar y retomar nuestro poder y el interactuar con las personas puede convertirse en una constante fuente de satisfacción personal y profesional. Tenemos todo lo que necesitamos para transformar los conflictos en conexiones.

El ser humano forma parte del todo que llamamos universo, una parte limitada en el tiempo y en el espacio que se experimenta a sí mismo, sus pensamientos y sentimientos como algo separado del resto, una especie de ilusión óptica de su consciencia. Este delirio es una especie de prisión para nosotros, y nos restringe a nuestros deseos personales y afecto por unas pocas personas muy cercanas a nosotros. Nuestra tarea debe ser liberarnos de esta prisión, ampliando nuestro círculo de compasión para abarcar a todas las criaturas vivientes...

—*ALBERT EINSTEIN*

CAPÍTULO CUATRO
Resolución armoniosa

¿Cómo podemos interpretar esta frase del famoso científico alemán? Muy sencillo: Podemos liberarnos de la prisión y corregir los errores de nuestro juez. Podemos incluso aprender a ver cuándo se aproximan y así evitarlos convirtiendo nuestras interacciones con las personas en conexiones positivas. Podemos salvar nuestras relaciones. Nunca es demasiado tarde.

¿Podemos controlar o influenciar el inconsciente para poder ser más exactos en nuestros juicios y apreciaciones, más capaces de comprender y llevarnos bien con los demás? A continuación se relata la historia de cómo Sylvia cambió el modo de relacionarse con uno de sus empleados en un hospital muy concurrido. Primero, verán su juez en acción y luego, después de que Sylvia conscientemente invalida su juez, verán cómo crea una resolución armoniosa.

Sylvia y Tomás se confrontan el uno al otro

Sylvia, la directora de enfermería de una unidad médica concurrida, se sentía incómoda. El día anterior había ocurrido una crisis durante el cambio de guardia y un paciente casi había fallecido. Todos en la unidad se sintieron estremecidos. Sylvia convocó a una reunión de personal para hablar al respecto. Se preguntaba si Tomás, el jefe de servicios técnicos, le ocasionaría problemas como lo había hecho en ocasiones anteriores. Al comenzar la reunión, primero repasó los eventos recientes y luego le preguntó al grupo: "¿Qué podemos hacer para prevenir que una crisis como esta vuelva a suceder?".

Tomás la miró directamente y en voz muy alta dijo: "¿Qué podemos hacer *nosotros*? Déjame decirte algo. Si alguna vez te dignaras a bajar de tu oficina y vinieras al piso a hacer tu trabajo, crisis como ésta no sucederían".

Se hizo en el salón un silencio sepulcral. Todos se preguntaban cómo se defendería Sylvia. Su juez reaccionó por una fracción de segundo. Si se hicieran conscientes, los pensamientos y sentimientos de su juez sonarían así:

Tomás realmente está molesto y me está culpando. Tengo miedo. Está desafiando mi capacidad delante de todo mi personal. Me siento avergonzada. Pero yo soy la directora y hago un buen trabajo. ¿Quién se cree que es? Estoy enojada. Necesito mostrarle que está equivocado y ser capaz de salir de esta situación embarazosa.

Así que le dijo: "No tienes derecho de criticarme. Yo convoqué a esta reunión buscando cooperación para resolver un problema grave. Si solamente me vas a atacar puedes irte inmediatamente".

"¡No, *no* me voy a ir!" replicó Tomás, "te diré cuál es la seriedad del problema: son gerentes ociosos a quienes solamente les importan sus privilegios y no les importa nada lo que está pasando en los pisos del hospital. Estamos lidiando con situaciones de vida o muerte mientras tú te quedas sentada en tu cómoda oficina con la puerta cerrada. Bueno, estamos hartos de esto. He hablado con los demás y se sienten como yo. Vamos a decirle al director médico lo que está pasando aquí".

Sylvia y Tomás usualmente se confrontaban el uno al otro exactamente de esta forma. Cada vez resultaba ser un desastre. El resto del personal y los pacientes también sentían las repercusiones negativas de estos ataques, lo cual creaba un entorno tenso en la unidad médica.

En esta interacción, Sylvia cometió un error. Dejó que el miedo la dominara y se dejó llevar por su juez. Su juez evaluó a Tomás negativamente y le dio información acerca del rostro enrojecido de Tomás, de su mirada fija y sus palabras fuertes. Esto era todo lo que podía ver por el juicio negativo y su necesidad de defenderse. Es comprensible que ella lo que percibió fue un ataque personal.

Podemos observar que el juez de ella no le dio ninguna información a su mente consciente acerca de que Tomás se sentía asustado por la situación de que casi se muere un paciente y que estaba pidiendo ayuda desesperadamente, pero se sentía avergonzado de pedirla. Tampoco su juez le dijo que aquellas personas que viven el dolor y que desesperadamente quieren ayuda a menudo suenan como si estuviesen atacando.

Sin saberlo, Sylvia aceptó la versión del juez. Esto es, de que la intención primaria de Tomás era atacarla y se defendió pidiéndole que se fuera. Pedirle que se retirara era lo opuesto de lo que había querido originalmente, lo cual era obtener su cooperación para prevenir otra crisis. Si bien Sylvia tenía buenas intenciones, su juez saboteó sus esfuerzos.

Cuando tenemos una impresión negativa de alguien es improbable que cuestionemos el juicio automático de nuestro juez, lo que determina que empecemos con el pie equivocado con esa persona. Una vez comenzado, el proceso automático del juez nos lleva en una dirección equivocada.

Es posible superar nuestros juicios automáticos. Podemos aprender a volvernos conscientes de que estamos haciéndolos, podemos elegir descontarlos y buscar información más precisa y exacta. De este modo veremos a las personas más de manera más auténtica y tendremos mejores interacciones con ellas. Veamos a continuación cómo Sylvia hizo esto con Tomás.

Sylvia se conecta con Tomás

Antes de esta confrontación con Tomás, Sylvia participó en un taller de entrenamiento sobre comunicación consciente y usando las herramientas de comunicación consciente fue capaz de escuchar y responder a Tomás de modo diferente. Veamos cómo Sylvia maneja a Tomás esta vez:

La chica comenzó la reunión revisando brevemente los eventos de ayer y luego preguntó al grupo: "¿Qué podemos hacer para evitar que una crisis como ésta vuelva a suceder?".

Tomás la miró fijamente y en voz alta dijo: "¿Qué podemos hacer *nosotros*? Si tú alguna vez te dignaras a bajar de tu oficina y vinieras al piso a hacer tu trabajo, crisis como ésta no sucederían".

Sylvia inmediatamente se hizo consciente de sentirse enojada con él. De modo que hizo una breve pausa para dejar de lado el juicio defensivo de su juez y en su lugar elegir averiguar por sí misma lo que estaba sucediendo en el interior de él. Ella dijo: "Tomás, suena como que te sientes muy *enojado* acerca de lo que sucedió ayer".

"¡Claro que sí! Y no soy yo solamente el que se siente así".

"¿Estás molesto porque deseas tener mayor claridad sobre quién se supone que haga qué?".

"No. Tú ni siquiera sabes cuán desesperada es la situación aquí afuera. Tengo ochenta mil cosas que hacer durante un cambio de turno y las vidas de los pacientes están en juego".

"¿Así que estás realmente estresado en esos momentos y temes por la seguridad de los pacientes?".

"Sí, pero la situación en este lugar es totalmente injusta. No tenemos suficiente personal y se nos pide hacer lo imposible".

"Eso suena realmente frustrante. ¿Así que te gustaría encontrar una manera en que puedas recibir el apoyo que necesitas para tener una transición segura al cambiar de turno?".

"Ciertamente lo quisiera".

"Quiero que tengas el apoyo que necesitas, Tomás. Cuéntame más al respecto".

Tomás le platicó más. A medida que Sylvia lo escuchaba, aquél dejó de estar molesto. Después de un rato encontraron una solución positiva que funcionaba para ambos.

Este enfoque es diferente al que estamos acostumbrados. Al detenerse y cambiar su modo de pensar, Sylvia ignoró el juicio automático negativo de su juez acerca de Tomás y entonces pudo escucharle de modo efectivo. Adivinó lo que él estaba sintiendo y lo que podrían ser sus intenciones positivas no cumplidas. Se dio cuenta que detrás del enojo de sus palabras y su estilo de confrontación Tomás estaba pidiendo ayuda. A él le preocupaba mucho proveer la mejor atención a los pacientes y estaba molesto acerca de la situación que se presentó donde el paciente casi se muere.

La intención subyacente detrás de la conducta de Tomás no era un ataque. Él sentía dolor y estaba pidiendo ayuda, si bien en una forma que fácilmente se podía interpretar como un ataque. Cuando una persona, contra la que nuestro juez tiene un prejuicio, está molesta y pide ayuda, nuestro juez ve ese llamado de ayuda como un ataque.

Después de que Sylvia había escuchado y entendido a Tomás procedió a trabajar con él y con el resto del personal para formular un plan de mejor cobertura durante los cambios de turno. Ambos terminaron complacidos con la solución y sintiéndose mejor acerca de su relación. Toma nota que Sylvia solamente necesitaba saber cómo comunicarse efectivamente para crear una resolución satisfactoria para ella y Tomás.

Es un hecho psicológico que nuestro juez siempre habla primero. Él juzga antes de que lo sepamos y sus juicios frecuentemente son inexactos y negativos. El único modo en que es probable que nos volvamos conscientes de ello es cuando nos damos cuenta que estamos molestos o enojados con alguien. Esta es una oportunidad dorada. En ese instante, podemos volvernos conscientes. Tomar nota de que nuestro sentimiento de enojo o molestia es nuestra "señal de alarma" para darnos cuenta de que el juez ha hecho un juicio negativo y podemos usar esta "alarma" para despertar ante la situación.

Si nuestra emoción se manifiesta como una forma de molestia o enojo, nuestro juez ha hecho un juicio "malo". Ahora podemos elegir averiguar lo que realmente está sucediendo dentro de la otra persona y establecer una conexión positiva.

Elige la anulación consciente

Podemos retomar el control de nuestro juez con nuestra mente consciente. Los psicólogos se refieren a esto como "anulación consciente" de la conducta automática inconsciente. La anulación consciente nos permite ignorar los datos sensoriales que contienen sesgo negativo y que son seleccionados por nuestros jueces y, en su lugar, elegir encontrar datos más exactos y positivos. Esto nos permite ver la situación de modo diferente y entender a las personas en lugar de juzgarlas y atacarlas.

Imagina que trabajas en la sala de un hospital para niños afectados con una enfermedad que hace que sus músculos tengan espasmos impredecibles. Caminar se vuelve difícil para ellos y se caen con mucha frecuencia, pero logran ir mejorando con la práctica. Te caen bien esos niños y los alientas a caminar. Un día uno de los niños al que estás ayudando se cae y sus brazos te dan una buena bofetada en la cara. Tu juez al instante se enoja porque te golpearon. Pero tu mente consciente sabe que el niño no tenía la más mínima intención de golpearte y tú controlas tu enojo. Te corriges a ti mismo. Tu enojo dura apenas una fracción de segundo; lo olvidas, sonríes y te agachas para ayudar al niño.

Imagina que un rato después un adulto choca contra ti en el pasillo y no te dice "perdón, discúlpeme". Te enojas, pero esta vez no logras neutralizar tu enojo. ¿Por qué? Porque aceptas la decisión de tu juez de que la otra persona es egocéntrica, que no le importas, y que tiene la edad suficiente como para saber comportarse apropiadamente. Tu enojo parece estar justificado, así que no te molestas en reevaluarlo.

Llevemos esto a un paso más hacia adelante. Imagina que detienes a esa persona y le dices: "Ay, eso dolió". Y haces contacto visual.

La otra persona parece volver de un lugar remoto y al recobrar la consciencia dice: "Lo lamento, no estaba prestando atención; mi hijo pequeño acaba de morir en el pabellón de cáncer".

En un instante ves a esa persona de modo diferente y reevalúas tu postura original en la que creías estar en lo correcto. Te das cuenta que no tenía la intención de causarte daño. Te olvidas del choque y ya no estás enojado. Por el contrario, se genera empatía con esa persona.

La manera en que vemos una situación determina cómo nos sentimos al respecto. En esta historia vimos que al cambiar nuestra percepción acerca de los motivos de la otra persona cambió la forma en cómo la veíamos e interactuábamos con ella. Cuando nuestros pensamientos acerca de la persona cambiaron, nuestra meta dejó de ser un acto de defensa para buscar conectar con ella.

Resulta alarmante observar con qué poca frecuencia elegimos conscientemente averiguar lo que está pasando en el interior de otra persona. Nos contentamos con la interpretación superficial del juez. Usar la anulación consciente requiere elegir no creer en lo que tus ojos y oídos te dicen. Al hacer esto, revocamos el control completo de nuestro juez. Es importante repetirlo: Nosotros no somos nuestro juez.

¿Quiénes somos si no somos nuestro juez? En primer lugar, somos *conscientes*. Estamos conscientes de que tenemos pensamientos y sentimientos. Somos los testigos u observadores. Como poéticamente lo dice la Dra. Susan S. Trout, directora ejecutiva del Institute for Attitudinal Studies:

Tengo un cuerpo, pero no soy mi cuerpo. Soy más que eso.
Mi cuerpo puede tener diferentes condiciones de salud o enfermedad.
Puede estar descansado o cansado, pero no es mi verdadero "yo".
Mi cuerpo es mi precioso instrumento para tener experiencias y actuar, pero no es mi ser.
Tengo un cuerpo, mas no soy mi cuerpo. Soy más que eso.
Yo soy quien está consciente.

Tengo emociones, pero soy más que mis emociones.
Son incontables y contradictorios, cambiantes...
Y sin embargo sé que siempre permanezco y sigo siendo yo mismo,
en un estado de irritación o calma.
En vista de que puedo observar, entender y juzgar mis emociones y con cada vez mayor frecuencia dominar, dirigir y utilizarlas, es evidente que no son mi ser.
Tengo emociones, pero no soy mis emociones. Soy más que eso.
Yo soy quien está consciente.

Tengo un intelecto, pero soy más que mi intelecto.
Puede estar quieto o activo.
Es capaz de expandir, dejar ir las creencias limitantes y aprender nuevas actitudes.
Es un órgano de conocimiento con respecto al mundo interno así como el externo. Pero no es mi ser.
Tengo un intelecto, pero no soy mi intelecto. Soy más que eso.
Yo soy quien está consciente.

Yo soy el centro de consciencia pura.
Yo soy el centro de la voluntad.
Capaz de dominar y dirigir todas mis energías: Física, emocional, mental y espiritual.
Yo soy quien está consciente.
Yo soy el ser.

¿Cómo podemos hacer uso de nuestra consciencia? El maestro de meditación Ram Dass habla de distinguir nuestro ser consciente de nuestro juez inconsciente de este modo:

Vemos que no es necesario identificarse con cada pensamiento simplemente porque ocurre. Podemos permanecer calmados y escoger cuál pensamiento deseamos atender. Y podemos permanecer conscientes detrás de todos estos pensamientos en un estado que ofrece un nivel completamente nuevo de apertura y percepción.

Otro maestro de la meditación dice:

Nos des-identificamos mediante la observación. En lugar de ser absorbido por sensaciones, sentimientos, deseos, pensamientos, los observamos objetivamente sin juzgarlos, sin desear cambiarlos, sin interferir con ellos en modo alguno. Los vemos como algo diferente a nosotros, como si estuviéramos observando un paisaje.

Es posible practicar la actitud de una observación serena en cualquier momento de nuestras vidas y su primer efecto es vivir una sensación de liberación. Si siento temor, observo mi temor, veo claramente sus contornos, observo que el temor no soy yo, sino una cosa fuera de mí mismo. Me libero de ese temor.

Tenemos libre albedrío pero no hemos sabido cómo elegir los pensamientos que albergamos. La capacidad para invalidar conscientemente nuestras reacciones no deseadas está directamente conectada con la salud, la felicidad y el éxito.

Nuestras actitudes guían nuestros pensamientos. Cuando el juicio negativo del juez activa la meta de defender, su actitud acerca de los demás se expresa de la siguiente manera: "La otra persona está equivocada y tiene una mala intención". Esta actitud guía su manera de clasificar la información que viene ingresando a través de los sentidos.

Ahora que hemos expuesto el juego del juez, ¿cuál es la alternativa? Usando nuestra capacidad adulta para razonar, primero rechazamos las premisas nocivas del juez acerca de la escasez. La psicología freudiana se basa en el miedo y es pesimista. Necesitamos un nuevo paradigma.

Hay suficiente para todos. Desde la época de Freud ha surgido una nueva escuela optimista de psicología: la psicología humanista. El Dr. Abraham Maslow propuso que las personas tienen un impulso natural de actualizarse a sí mismos. Maslow hizo una distinción entre los motivos basados en deficiencias y los basados en suficiencia. Cuando tememos la escasez, como lo hace el juez, entablamos relaciones con un deseo de obtener algo.

Por otro lado, cuando tenemos una sensación de completitud y bienestar, entablamos relaciones con un deseo de compartir y mejorar la relación. Sabemos por experiencia propia que cuando estamos felices y realizados nuestras relaciones fluyen con mayor facilidad y nos traen mayor satisfacción. Nuestra bondad esencial está esperando ser escuchada y entendida. Carl Rogers lo expresó de una bella manera:

Ha sido mi experiencia ver que las personas tienen una dirección básicamente positiva...

Si puedo crear una relación caracterizada de mi parte:
- Por ser genuino y transparente, donde soy mis verdaderos sentimientos...
- Por una cálida aceptación y valoración de la otra persona como un individuo separado...
- Por una capacidad sensible de ver su mundo y a él mismo como él los ve...

Entonces el otro individuo en la relación:
- Experimentará y entenderá aspectos de sí mismo que anteriormente había reprimido.

> Se volverá una persona mejor integrada, con mayor capacidad de funcionar efectivamente.
>
> Se convertirá en alguien más similar a la persona que quisiera ser.
>
> Podrá auto-dirigirse mejor y tendrá más auto-confianza.
>
> Se convertirá en una mejor persona, más auténtica y con mayor capacidad para expresarse.
>
> Será más comprensivo y aceptará mejor a los demás.
>
> Será capaz de afrontar los problemas de la vida de manera más adecuada y cómoda.

Ésta también ha sido mi experiencia como oyente. Al aceptar a la otra persona, ellos sienten la satisfacción de ser escuchados y entendidos. Esta conexión los calma y los transforma; ahora son libres de seguir adelante y cambiar. Y yo me siento mejor también. La conexión nos sana a ambos.

Cuando invalidamos conscientemente nuestro juicio negativo nos damos cuenta rápidamente de la abundancia en las relaciones que nos rodea y comenzamos a tratar a las personas amablemente. Les mostramos la "consideración positiva incondicional" descrita por Carl Rogers.

Cuando estamos en un conflicto con alguien, nuestro juez se enfurece con el de ellos. Sin embargo, cuando elegimos conectar con lo bueno en ellos, el ser consciente de la otra persona se da cuenta de nuestra consideración positiva y le da la bienvenida. Entonces, sin siquiera darnos cuenta, invalidan a su propio juez a objeto de que su bondad sea entendida y aceptada por nosotros.

Para ver lo bueno en las personas, necesitamos ser capaces de ver la diferencia entre lo que el juez desea y lo que las personas desean. Como la visión del mundo de nuestro juez se basa en sus premisas de escasez y competencia, siente gran satisfacción cuando gana algo monetario o culpa a alguien por algo. El "placer" experimentado por cualquiera de éstos no dura mucho.

La especificidad del juez

El juez piensa de forma inmadura y por tanto es más concreto que abstracto. El juez desea objetos y acciones específicas para satisfacer ciertas necesidades inmediatas. *Yo deseo helado de chocolate. Quiero que Luis limpie el garaje. Deseo 450 mil pesos para comprarme un auto nuevo.* Cuando ocurren estos pensamientos, el juez puede obsesionarse con ellos y poner "persianas" psicológicas a otros medios de satisfacción. *No, no quiero helado de vainilla. Más vale que Luis no quiera zafarse. 450 mil pesos no son suficientes.* Y el juez experimenta frustración si estos aspectos específicos no están disponibles.

Los jueces no se dan cuenta que a menudo ellos se están preparando para la decepción al tener deseos tan limitados. No solo podría ocurrir que la cosa específica no esté disponible, sino que incluso cuando se obtenga, puede que no traiga la satisfacción esperada. Tal vez el deseo por helado de chocolate se basó en sentirse cansado o solitario. Querer que Luis limpie el garaje tal vez sea un síntoma de desear más cooperación en una relación íntima. Y la necesidad personal de una suma específica de dinero puede basarse en un deseo de seguridad que el dinero nunca podrá satisfacer.

Individuos con ingresos anuales entre 240 mil y cinco millones de pesos respondieron una encuesta y todos tenían una cosa en común: que sus ingresos actuales no eran suficientes para tenerlos satisfechos. Cuando se les preguntó qué les daría satisfacción, cada uno dijo el poder obtener un ingreso de 50 por ciento mayor de sus ingresos corrientes.

Esto contrasta con el hecho de que los ingresos por persona de los estadounidenses después de los ajustes por la inflación representan **más del doble** de lo que eran en 1957. Sin embargo, desde entonces, el número de estadounidenses que dicen que son "muy felices" ha declinado de 35 a 30 por ciento.

Aparentemente el dinero no trae la felicidad. Cuando nosotros aceptamos el pensamiento específico y fijo del juez, estamos creando miedos a la escasez. El juez tiene la vista corta y no sabe cómo conseguir la felicidad duradera.

Esperanzas humanas

Si dejamos al juez de lado, ¿hasta qué punto podemos comprender con precisión lo que las personas realmente desean? En nuestras historias anteriores, Tomás, Sylvia y Jennifer querían ser percibidos como competentes y que sus pensamientos y sentimientos fueran respetados. Estas son las esperanzas de *libertad*. Tomás quería ser escuchado, entendido y apoyado por Sylvia. Sylvia a su vez deseaba apoyo y cooperación de Tomás. Jennifer quería ser escuchada y entendida por Pablo. Estas son todas esperanzas de *conexión*.

Las esperanzas humanas se dividen en estas dos grandes categorías: libertad y conexión. La Tabla 4 enumera nuestras esperanzas comunes.

En un sentido relacional, nuestras esperanzas de libertad enfocadas a ser percibidos por los demás como valiosos. Maslow escribe: "Todos queremos ser reconocidos y aceptados por lo que somos en nuestra plenitud, riqueza y complejidad" y resistimos y nos enfurecemos al ser rápidamente categorizados por otra persona.

En una relación social o afectiva nuestras esperanzas de libertad necesitan ser balanceadas con nuestras esperanzas de conexión. A veces queremos estar cerca de otra persona y a veces queremos sentirnos libres de hacer lo que queramos. Si escuchamos a nuestro juez, nuestros intentos de balancear la libertad y la conexión nos llevan a conflictos. Sin embargo, si vamos más allá de nuestro juez y nos conectamos con la otra persona, no solo resolvemos el conflicto, sino que también podemos cumplir nuestras esperanzas de libertad.

Algo importante a notar acerca de nuestras esperanzas es que son abstractas más que específicas. Esto se explica porque representan nuestros valores más altos. Al ser abstractas, no hay escasez; se pueden satisfacer de diversas maneras. Satisfacer una esperanza por ende nunca depende de una sola persona o evento. Si una persona no está de humor para escucharnos y entendernos podemos encontrar alguien que sí esté dispuesto.

Tabla 4 - Nuestra esperanzas

ESPERANZAS DE LIBERTAD	ESPERANZAS DE CONEXIÓN
• Tener nuestros propios pensamientos y opiniones.	• Ser escuchado y entendido.
• Tener nuestros propios sentimientos.	• Que lo que pensamos sea considerado por otros.
• Tener nuestras propias intenciones.	• Ser aceptado por los otros.
• Elegir cómo pasamos el tiempo.	• Ser apreciado.
• Tener nuestros propios valores.	• Experimentar armonía con los demás.
• Tener nuestros propios sueños, metas y aspiraciones.	• Experimentar cercanía e intimidad.
• Decir lo que pensamos y sentimos.	• Recibir apoyo.
• Expresar nuestra creatividad.	• Que confíen en nosotros.
• Experimentar la privacidad, el orden y la seguridad psicológica.	• Amar y ser amado.
• Ser tratado con honestidad	• Experimentar la comunión.
• Ser respetado.	• Ayudar a otros a cumplir sus esperanzas.

Cuando todas nuestras esperanzas son satisfechas, experimentamos la paz mental. Esta es nuestra meta, nuestro valor más alto. La paz mental puede ser buscada a través de la oración y la meditación, pero en mi experiencia es posible encontrarla más directamente cambiando nuestro modo de pensar acerca de los demás, haciendo el cambio de la defensa a la conexión.

Podemos agregar integridad, plenitud y significado a nuestra lista de esperanzas; abarcan ambas categorías. Cualquier cualidad buena y abstracta se puede agregar a la lista.

Las personas con inclinación espiritual se refieren a las esperanzas como aspectos del amor o como atributos divinos o sagrados. Esto tiene la ventaja de vincular las esperanzas a un sistema de creencias más amplio y reforzador. Ver las esperanzas como aspectos del amor es opcional. Para utilizarlas de manera poderosa, solo necesitamos entender que representan las buenas intenciones dentro de todos nosotros. Como esencialmente somos iguales, todos queremos las mismas cualidades abstractas; compartimos las mismas esperanzas.

Incluso el juez, a pesar de su temor y visión limitada, está enfocado en las esperanzas. Cuando juzga algo como "malo" lo ve como una amenaza para sus esperanzas. Su error está en percibirlas amenazadas cuando no lo están y en sustituirlas por falsas esperanzas, como tener dinero o asignar culpas.

Nunca podemos satisfacer nuestras esperanzas a expensas de otra persona. Hacerlo anularía nuestras propias esperanzas de conexión. Por eso, forzar o coaccionar a otra persona no trae felicidad; esta solo se encuentra a través de la cooperación mutua. Por esta misma razón, el autosacrificio es un esfuerzo inútil. Dada la interconexión de las esperanzas o ambos satisfacemos nuestras esperanzas o ninguno lo hace. Ser escuchado y comprendido no significa que haya menos oportunidad para ti. De hecho, ocurre lo contrario: si me escuchas y comprendes me siento mejor y estoy más dispuesto a escucharte y generar empatía contigo.

Todas nuestras esperanzas están siempre presentes, pero sentimos la necesidad de diferentes esperanzas en momentos variados. Por lo general ni siquiera somos conscientes de nuestras esperanzas hasta que de repente pensamos que faltan o están en riesgo de perderlas. Esto puede suceder cuando nuestro juez percibe que alguien nos está privando de algo. Le ocurrió a Sylvia cuando su juez interpretó las palabras de Tomás como ataques intencionales y ella se enojó.

Nuestra felicidad está conectada a nuestras metas

La felicidad duradera requiere que tanto las esperanzas de conexión como las de libertad sean satisfechas. Cuando nuestro juez causa conflictos, sin embargo, se pierden nuestras esperanzas de conexión. Para evitar el conflicto muchos de nosotros hemos hecho lo que pensamos que "deberíamos" o "teníamos que" hacer para llevarnos bien con los demás. Cambiamos nuestro comportamiento, pero no nuestra mente. Y aún así fallamos en conectarnos. ¿Por qué? Porque cuando hacemos algo que no queríamos hacer nos sentimos coaccionados y, por ende, enojados. Nuestro comportamiento no fue genuino y las demás personas se dieron cuenta.

> *La única manera de encontrar la paz y la felicidad duradera es cambiar nuestra meta a una combinación de conexión con libertad. Esto une al amor y al respeto. Respetar la libertad de un ser amado es verdaderamente amarlo. Esto es lo que todos deseamos dar y recibir.*

El programa que se presenta aquí es práctico y orientado a la acción. Al usar la anulación consciente descubrimos que las personas son esencialmente iguales a nosotros. Al buscar buenas intenciones, las encontraremos. Esto lo sé porque, al haber trabajado con cientos de personas a lo largo de muchos años, he encontrado un hecho que es una verdad universal acerca de las personas: *siempre hacemos lo mejor que podemos para satisfacer nuestras esperanzas*. Las personas siempre están en busca de una esperanza, aunque sea de manera torpe.

Con esta comprensión, la actitud que nos debe guiar para con los demás se traduce en la siguiente declaración: *"Tú tienes una buena intención y yo quiero encontrarla"*. Salir del temeroso control del juez y abrir nuestros sentidos para recopilar nueva información nos permite conectarnos con otros.

Los psicólogos Roy Baumeister, Todd Heatherton y Diane Tice describen la anulación consciente en su libro *Losing Control: How and Why Persons Fail at Self-Regulation (Perder el Control:*

Cómo y Porqué Las Personas Fracasan en su Auto-regulación). Los tres afirman lo siguiente: "Cuando las personas son capaces de pensar más allá de la situación inmediata e interpretan los eventos con referencia a (valores más elevados) son capaces de ejercer control sustancial sobre ellos mismos y superar muchos impulsos".

¡No somos culpables!

Muchas veces, al intentar satisfacer una esperanza, cometemos un error. Si Bernardo hubiera sabido que un automóvil bloquearía su camino, no habría cruzado la calle y no hubiera puesto en peligro a su hijo y al conductor de la camioneta. Pero no lo sabía. Su intento de cumplir la esperanza de rentar un video para su hijo no fue malicioso. Simplemente se equivocó en el momento.

Todos cometemos errores. Vaya que los cometemos. No tenemos la intención de hacerlo. Si se nos diera otra oportunidad de satisfacer nuestra esperanza sin cometer un error, sin causar daño a alguien más, seguramente lo haríamos. Cometer errores sociales significa que, al tratar de satisfacer una esperanza propia, hemos confundido o comprometido nuestra esperanza de ayudar a otros.

En estas instancias no somos moralmente culpables ni tampoco lo es la otra persona. Ciertamente necesitamos actuar con cautela frente a alguien controlado por su juez. En palabras de Mary Wollstonecraft Shelly: "Ningún hombre elige conscientemente la maldad porque sea malvada; solo la confunde con la felicidad que está buscando".

Cuando alguien te escucha de verdad, sin juzgarte, sin tratar de asumir la responsabilidad de lo que sientes ni intentar cambiarte, ocurre algo profundamente transformador. En ese momento, sientes una conexión especial, casi mágica. Al ser escuchado con atención genuina se abre la posibilidad de mirar tu mundo desde una nueva perspectiva, de encontrar claridad y avanzar. Es sorprendente ver cómo situaciones que parecían imposibles de resolver encuentran su camino hacia una solución, simplemente porque alguien te escuchó. Aquello que parecía abrumador o sin salida se transforma en un flujo continuo, como un río que fluye libremente, gracias a la presencia de alguien dispuesto a escuchar con auténtica empatía.

—*CARL ROGERS*

CAPÍTULO CINCO
Escuchar con Empatía

Tras un largo día Miguel, un padre recientemente divorciado, se acomodó en su silla favorita y abrió el periódico al tiempo que su hijo José gritaba:

"¡Te odio! Quiero pasar todo el tiempo en casa de mamá a partir de ahora".

Miguel bajó el periódico y le respondió: "Ya me harté. Ella te ha estado diciendo que soy una mala persona, ¿verdad? ¿Qué te dijo?".

"Ella no dijo nada".

Miguel cambió de actitud. "Vamos, José, te gusta vivir aquí. ¿Acaso no te acabo de regalar una bicicleta nueva?".

"¡Esa bicicleta apesta! ¡Odio estar aquí! ¡Quiero ir a casa de mi mamá ahora mismo!".

Escenas como esta ocurrían en cada visita de José al nuevo apartamento de Miguel. Su papá se estaba volviendo loco antes de acudir a una clase de educación para padres. Imagina que Miguel hubiera respondido usando destrezas conscientes de escucha.

Esta vez cuando José dice "Te odio, quiero pasar todo el tiempo en casa de mamá a partir de ahora", Miguel toma una respiración, lo mira y le responde: "José, cuando me siento a leer el periódico, ¿te sientes enojado porque quieres que te preste atención?".

José aprieta los labios, así que Miguel añade: "¿Te gustaría que deje el periódico de lado y que me ponga a jugar contigo?".

Tras una breve pausa, José dice: "Juguemos al Monopolio".

"Bueno, ven acá y hablemos al respecto", responde Miguel extendiendo sus brazos. Sienta a José sobre su regazo y en unos segundos ya están jugando a "las luchitas" y riendo.

Al expresar José "¡Te odio!" demostró su enojo pero no lo que realmente buscaba: una conexión con su padre. Miguel se sentía particularmente frustrado por las palabras de José porque quería ser visto como un padre atento. Pero antes de poder ganarse la recompensa de ser comprendido necesitaba aprender una lección importante.

Cuando las personas están molestas, como lo estaba José, se salen de balance, no están en su centro. Sus jueces están en control. Necesitan ser escuchados y requieren volver a su centro antes de que puedan ser capaces de oírnos. Y antes de poder hacer esto nosotros necesitamos invalidar los gritos de nuestro propio juez buscando gratificación instantánea y ubicarnos de nuevo en nuestro centro. Poner nuestras propias necesidades temporalmente en espera es un desafío personal que requiere nuestra atención consciente. He aquí cuatro maneras de centrarnos que se pueden usar por sí solas o en combinación:

Encontrar nuestro centro

1. **Respirar:** Toma una respiración profunda y lenta dirigiéndola a los lóbulos inferiores de tus pulmones. Esto tiene un efecto calmante inmediato.
2. **Encontrar nuestro centro físicamente:** Coloca tus pies plantados firmemente sobre el suelo. Presta tu atención consciente sobre tu centro físico; ubícalo en un punto a dos pulgadas por debajo de tu ombligo. Respira hacia dentro de este punto, siente el poder fluyendo a través de ti y relájate.
3. **Mantras:** Repite una frase corta en silencio para ti mismo, como "estoy en paz y soy fuerte" o "nada puede causarme daño".
4. **Visualización**: Proyecta una imagen a tu propia necesidad y ponla entre paréntesis (Mi necesidad en espera). Va a estar allí esperando por ti una vez que tu escucha le ha ayudado a la otra persona a volver a su centro.

A menudo, cuando intentamos escuchar a los demás, perdemos el barco porque nuestro juez no sabe cómo averiguar lo que está pasando dentro de la otra persona. Nuestro juez decide en un instante y sostiene ese juicio. Cuando la otra persona percibe que ha sido juzgada, se molesta.

El arma de doble filo

Carl ajustó un poco más su bufanda mientras caminaba por la biblioteca hacia el Centro de Estudiantes de la universidad. En la tenue luz del invierno de Wisconsin, vio a Helen esperándolo. Ella sonrió a medida que él se acercaba. Su cara resaltaba contra su collarín azul oscuro, espolvoreado con copos de nieve. Entraron, pidieron chocolate caliente y Carl la condujo a una mesa a un costado, detrás de los pesados arcos de la taberna del sótano del centro estudiantil.

"Tuve una pelea con mi compañera de habitación hoy", dijo Helen. "Se comió algo de la comida que mi madre me había enviado.

Cuando me di cuenta, me puse muy furiosa. No sé porque se sintió como algo grave que ella cometió".

"¿Qué hiciste tú?".

"Le dije que no lo volviera a hacer, pero me enrojecí y me puse nerviosa. La voz no me dejaba de temblar. A veces me siento tan débil como si fuera hipersensible y frágil. Resulta muy penoso". Helen acomodó en su silla y expresó: "Bueno, ¿cómo te fue en tu seminario sobre religión esta mañana?".

"Sobreviví", respondió Carl.

"¡Sobreviviste! ¿Qué sucedió?".

"El profesor dijo que mi ensayo no explicó el rechazo de Wycliffe a la *transubstanciación*."

"¿Explicar qué?", preguntó Helen dejando entrever su confusión.

"Básicamente dijo que no conozco mis hechos, que estaba simplemente escribiendo mis propias ideas".

"Ya veo" replicó Helen suavemente. "¿Entonces qué?".

"Entonces un tipo que es un sarcástico, Guillermo, se metió en la conversación y dijo que debería haber citado la fuente de mi trabajo. Insinuó que estaba cometiendo plagio y que usé los datos de otras personas".

"¡Ay, no!", expresó Helen y puso su mano sobre la de él.

Carl bajó su mirada y observó la nieve que se estaba derritiendo debajo de su bota. Helen puso un poco de presión en su mano.

"¿Cómo te sientes?", le dijo ella.

"Diablos... ¡Ese pequeño idiota! ¿Qué iba a saber él de esto? Estaba tratando de hacerme quedar mal delante de todos".

"¡Eso debe haber sido horrible!"

Carl giró su cabeza a un costado. Tras un minuto, levantó su servilleta y limpió las esquinas de sus ojos.

"Debes pensar que realmente soy infantil", dijo.

"No, para nada". Ella hizo una pausa y entonces agregó: "Sé cuánto significa tu integridad para ti. Y sé cuánto trabajaste en ese ensayo". Él la miró de vuelta.

"Carl, gracias por compartirme esto".

El chico envolvió su mano y se la apretó amorosamente. "Me siento un poco avergonzado", dijo.

"Y yo me siento más cercana a ti", dijo ella sonriendo.

Carl tomó la mano de ella y la fijó en los labios de él. La sostuvo allí, mirándola fijamente a los ojos.

Ambos se casaron unos años más tarde. Carl se cambió de carrera y eventualmente se graduó como psicólogo. Su alianza con Helen era una fuente duradera de felicidad y fuerza. Le dio la valentía para ser auténtico y vulnerable en su vida profesional. Al morir en 1987, Carl Rogers se había convertido en el psicólogo más influyente de América, el hombre que le enseñó al mundo el poder de la escucha con empatía.

Este tipo de escucha involucra adentrarse en el mundo de otra persona sin juzgar y aceptando sus sentimientos y significados. Si bien las palabras del intercambio antes mencionado son imaginarias, ilustran lo que es la escucha con empatía, la cual Carl y Helen se distinguían en aplicarla. Ella estaba siendo empática cuando le preguntó a Carl: "¿Cómo te sientes?". Y también cuando le dijo: "Eso debe haber sido horrible".

La empatía es necesaria en una relación saludable. Sin embargo, a pesar de nuestro conocimiento del poder sanador de la escucha con empatía, nuestras relaciones se están desmoronando en la actualidad y la tasa de divorcios sigue al alza. A un nivel básico algo sigue estando terriblemente mal. La empatía, como la entendió y la enseñó Carl Rogers y los que le han seguido, es un arma de doble filo. Puede actuar en una dirección positiva o negativa. Tener empatía con significado negativo es fácil de hacer y resulta en situaciones como la siguiente:

Esbelto y amable, Matías Rodríguez era el mejor vendedor de la tienda "Muebles de Oficina Decor". La compañía se estaba expandiendo y contrataron un nuevo gerente de ventas, Daniel Hernández. Dos semanas después que Daniel se convirtió en su gerente, Matías volvió a casa con su esposa Dora y le dijo:

"Tuve un día fatal".

"¿Qué sucedió?", preguntó ella con asombro.

"Daniel me dijo que utilice la nueva herramienta audiovisual en mi presentación de ventas. Le dije que no quería hacerlo porque limita mi estilo".

"¿Y qué respondió?".

"Me dijo que siguiera el programa y la utilizara".

"Eso debe haber sido frustrante para ti. ¿Te preocupa que él vaya a interferir en tus ventas?".

"Tal vez, porque eso no es todo. Él dijo que yo tenía que escribir mis informes de ventas inmediatamente después de atender cada llamada, ahí mismo en mi auto antes de salir del estacionamiento. Eso me lleva mucho tiempo valioso. Me pregunto si está tratando de frenarme".

"¡Frenarte! ¿Qué sabe él? Eres el mejor vendedor que ellos tienen. No veo a nadie en esa compañía defendiéndote. Desearía que trabajaras para personas que te aprecien".

Antes de una semana, Matías ya había aceptado un trabajo en otra mueblería de oficina. Pero como parte de su paquete de finiquito con la mueblería Decor tuvo que volver para una entrevista final.

Tras la entrevista, Matías volvió a casa y le dijo a Dora: "Bueno, me llevé una sorpresa".

"¿Estaba Daniel ahí?"

"No. Estuvo Ernesto, el jefe de Recursos Humanos. Pero dijo que Daniel estaba realmente molesto porque que había renunciado".

"¿De verdad?"

"Sí. Supongo que Daniel quería que yo hiciera los pedidos inmediatamente después de cada llamada para poder recordar los detalles. Él quiso compartir el modo como yo manejaba las cosas con el resto del personal de ventas".

"Bueno, ¿por qué no dijo eso?".

"No sé. Y supongo que la herramienta de ventas es efectiva. Ahora no estoy tan seguro... no me atrae hacer más de lo que me pidan en este nuevo trabajo".

"Tal vez debiste haberte quedado", le dijo ella.

"¡Dios mío! ¡Tú eres quien me dijo que renunciara!", replicó Matías.

El chico estuvo resentido con Dora por meses porque ella había empatizado con sus ideas negativas acerca de Daniel. Esta historia ilustra dos problemas comunes.

El primero es la percepción errada que ocurre con los juicios inconscientes. Matías interpretó lo que Daniel le pidió (usar la herramienta de ventas y escribir sus informes) como una amenaza a sus ingresos. Más tarde supo que la intención de Daniel era ayudarle a ser aún más eficiente en su trabajo.

El segundo problema común que ilustra esta historia es el peligro de empatizar con el pensamiento negativo de una persona. Dora empatizó con Matías en su sospecha de que Daniel estaba intentando frenarlo. Al hacer esto ella reforzó, sin darse cuenta, los miedos de Matías. Él pensó que ella estaba dando a entender que un nuevo trabajo era su mejor elección. Después de renunciar, cuando ya no parecía ser tan buena idea, Matías se sintió con Dora. Este problema de empatizar con los pensamientos negativos sucede con frecuencia y lleva a las personas a entrar en conflicto.

Ambos problemas causan estragos en nuestras relaciones y, con todo el debido respeto a su tremenda contribución, Carl Rogers no tenía la solución. Esto es porque la verdadera naturaleza de los problemas y sus soluciones no se había entendido del todo hasta que se descubrió la poderosa influencia ejercida por el inconsciente sobre nuestro pensamiento.

Un ejemplo de una mejor manera en que Dora podría haber empatizado con Matías hubiese sido preguntar: "¿Estás preocupado porque quieres mantener tus ventas altas?". Este ligero cambio en las palabras marca una gran diferencia porque conduce el pensamiento de Matías en una dirección positiva.

Cómo escucha el Juez

Para experimentar cómo escuchan típicamente las personas imagina esta situación. Una mañana llegas al trabajo y el gerente te pide hacer una tarea que necesita que esté lista para las 5 p.m. Planeas hacerlo de inmediato pero surge una emergencia que requiere de toda tu atención. Otra emergencia le sigue a la primera; el día se vuelve frenético y estás tan ocupado que te olvidas de lo que el gerente te había pedido hacer.

Al final del día, cuando estás a punto de irte a tu casa con otros empleados, el gerente se te acerca y te pide la tarea que te había solicitado. Comienzas a explicarle las emergencias que tuviste durante el día.

Te interrumpe y dice en voz alta: "Me importa un comino. Te pago para realizar un trabajo, no para pretender que estás trabajando sin realmente hacerlo".

Tú comienzas a replicar, pero él te interrumpe: "Guárdate tus excusas".

Entonces él se da la vuelta y te da la espalda y se va. Los demás empleados pretenden no haber escuchado. Tú estás bastante molesto y, en lugar de ir directo a casa, te vas con tu amiga Julia y le cuentas toda la historia.

Imagina que Julia te responde de la siguiente manera. Lee cada réplica en voz alta y haz una pausa para observar cómo te sientes al escucharlo:

1. "No permitas que esto te moleste. Fue simplemente un malentendido. No hay razón para tomarlo tan duramente".
2. "¡Qué horrible! Debes sentirte devastado. Pobrecito. Siento tanta lástima por ti".
3. "He aquí lo que puedes hacer. Llega temprano mañana y termina el trabajo. Entonces admite con tu gerente que cometiste un error y déjale saber que no olvidarás sus solicitudes en el futuro".
4. "Es importante terminar las labores de alta prioridad a tiempo."
5. "¿Crees que eso es malo? ¿Sabes lo que me hizo mi antiguo jefe? ¡Me dijo que 'me ponga en forma o me vaya' delante de toda la oficina!".

6. ¿No entendiste la importancia de lo que quería? ¿Cómo pudiste olvidarlo? ¿Has hecho cosas así antes? ¿Por qué no te quedaste tarde y lo completaste?".
7. "Puedo ver porqué está molesto. Los gerentes necesitamos poder contar con que los empleados cumplan con nuestras solicitudes".
8. "Estás sacando este tema para hacer una declaración sobre el liderazgo de la empresa".
9. "Estás molesto porque ves a tu jefe como otro victimario. Cuando eras chico te viste como una víctima de la ira de tu padre y ahora el gerente te está recordando a tu padre. Por eso le temes".

He aquí lo que probablemente está ocurriendo inconscientemente en la mente de Julia:

Tabla 5 - Resumen de técnicas de escucha del Juez

LAS PALABRAS DE JULIA	EL PENSAMIENTO DE SU JUEZ
• "No permitas que esto te moleste. Fue simplemente un malentendido. No hay razón para tomarlo tan duramente".	• El juez de Julia está incómodo con tus emociones e intenta evitar su incomodidad negando tus sentimientos y minimizando el incidente.
• ¡Qué horrible! Debes sentirte devastado. Pobrecito. Siento tanta lástima por tí".	• Su juez asume que eres incapaz de satisfacer tus necesidades. Te compadece porque eres débil.
• "He aquí lo que puedes hacer: Llega temprano y termina el trabajo. Entonces reconoce frente a tu gerente que cometiste un error y hazle saber que no olvidarás sus solicitudes en el futuro".	• Su juez te ve como incompetente o defectuoso y te está dando consejo para arreglarte.
• "Es importante terminar las labores de alta prioridad a tiempo".	• Su juez ha tomado una postura moralista, ha evaluado tus acciones como "malas" y ha elegido corregirte.

• "Crees que eso es malo. ¿Sabes lo que me hizo mi antiguo jefe? ¡Me dijo que 'me ponga en forma o me vaya' delante de toda la oficina!".	• Su juez, de manera egoísta, intenta desviar la atención hacia sí misma. Está diciendo, mi historia es mejor que la tuya. El Dr. Eric Berne, en su libro *Juegos en que participamos*, se refirió a esto como el juede "¿Verdad que es horrible?".
• "¿No entendiste la importancia de lo que quería? ¿Cómo pudiste olvidarlo? ¿Has hecho cosas así antes? ¿Por qué no te quedaste tarde y lo completaste?".	• El juez te está instando a exponer lo que está mal en tu modo de pensar y tu comportamiento.
• "Puedo ver porqué está molesto. Los gerentes necesitamos poder contar con que los empleados cumplan nuestras solicitudes".	• El juez está tomando la postura del superego o padre, proyectándolo sobre tu jefe y alineándose con él.
• "Estás sacando este tema para hacer una declaración sobre el liderazgo de la empresa".	• El juez de Julia ha juzgado tu motivación como "mala" y piensa que tú no lo estás afrontando. Ella está diciéndote a ti cuál es tu verdadera motivación.
• "Estás molesto porque ves a tu jefe como otro victimario. Cuando eras chico te viste como una víctima de la ira de tu padre y ahora tu gerente te está recordando a tu padre. Por eso le temes".	• Su juez te está juzgando negativamente y oculta su juicio detrás de la máscara de una explicación psicológica.

En cada uno de estos intentos, Julia te estaba tratando de ayudar. Desafortunadamente su juez se apoderó de ella. No sabía cómo escuchar de manera efectiva y por ende no te ayudó a sentirte mejor. Algunos de sus intentos pueden haberte hecho sentir peor. Tu esperanza de ser comprendido no se satisfizo.

Ahora imaginemos que Julia te escucha conscientemente. El diálogo sonaría así:

Escuchar con verdadera empatía

Julia: "Guau, eso suena como una experiencia difícil".

Tú: "Sí, lo fue."
Julia: "¿Estabas molesto cuando te habló así?".
Tú: "Estaba realmente avergonzado cuando dijo eso delante de los demás".
Julia: "¿Habrías preferido que te hablara más respetuosamente?".
Tú: "Sí, o al menos en privado".

¿Encontraste que ser escuchado de esta manera fue más satisfactorio emocionalmente? ¿Te motivaría a compartir más con Julia?

La escucha verdaderamente basada en la empatía se enfoca en lo que el hablante está diciendo mientras la historia se desarrolla. Va directamente al corazón del problema porque:

- Valida el desequilibrio energético y los sentimientos del hablante.
- Identifica la esperanza no satisfecha.
- Satisface, en parte o completamente, esa esperanza al comprenderla.

Al conectar con tu esperanza, Julia te permite sentirte merecedor de respeto, incluso si cometiste un error. De este modo la escucha consciente se diferencia de otros modelos de escucha.

Resumamos lo que hemos aprendido hasta ahora:

Alarma y auto-consciencia: Notamos el primer indicio de un sentimiento de malestar dentro de nosotros, lo que nos indica que el juez ha reaccionado con miedo ante algún estímulo. El miedo es esencial en la dinámica del juez y, aunque sus causas pueden ser inconscientes, los signos de nuestras emociones siempre están disponibles para nuestra conciencia. Nos damos cuenta de nuestra tensión muscular o pensamientos de enojo. Ser conscientes de nuestras emociones es la clave para volvernos conscientes.

Centrarme: Recordamos que la causa de nuestro enojo o temor reside en la percepción errada del juez acerca de la otra persona. Nuestro juez ha visto al juez de ella, no está viendo quién es o lo que realmente quiere. Nuestro juez generó nuestra sensación de estar molesto. Tomamos una respiración y recordamos que estamos bien, que podemos elegir pensar de forma racional. No tenemos que reaccionar sin pensar. **Podemos elegir** cómo responder practicando el autocontrol. En el espacio entre el estímulo y la respuesta nos volvemos conscientes y nos liberamos del juez. Nos abrimos a la posibilidad de ver las cosas de manera diferente.

Busquemos elegir la intención positiva en la otra persona. Ella están tratando de satisfacer sus esperanzas. Debido a que es imperfecto y está limitado por su juez, a menudo lo hace torpemente, pero su acción o comunicación es en realidad un llamado de ayuda que percibimos de manera equivocada como un ataque. Nuestro malestar es el resultado de haber elegido el objetivo de defendernos. Elegimos un nuevo objetivo que es lograr conectar.

Por lo tanto, nos acercamos a la otra persona. Lo hacemos de tal manera que le dejamos saber que:

- Estamos ansiosos por escucharla y no asumimos que entendemos su situación de antemano.
- No la estamos juzgando.
- Somos caritativos y solo queremos ver y conocer su esperanza positiva.
- Confiamos plenamente en que su yo consciente nos escuchará y responderá.

Escuchar: Hacerlo con verdadera empatía tiene dos elementos, adivinar los sentimientos de la otra persona y adivinar sus esperanzas. Ver tabla 6.

Adivinar sus sentimientos

En una situación de conflicto, el bienestar de la otra persona se ha visto afectado por el temor. Validamos con compasión su experiencia y le ayudamos a describirla. No sabemos exactamente lo que otra persona está sintiendo detrás de sus palabras, así que adivinamos.

Los siguientes ejemplos son enunciados de personas que sienten dolor, seguido por varias adivinanzas (en cursivas) que podemos realizar acerca del sentimiento detrás de las palabras.

"¡Mi jefe me gritó: Ponte en forma o deja este trabajo!".
   ¿Te sentiste dolido?
   ¿Te sentiste avergonzado?
"¡Maldición, no consigo hacerlo bien!".
   ¿Estás frustrado?
   ¿Te sientes molesto?
"No llamaste en toda la semana".
   ¿Estabas preocupado?
   ¿Estabas enojado?
"Primero me dicen que lo haga de un modo y después me dicen que lo haga de otro modo".
   ¿Te sentiste confundido?
   ¿Te sientes frustrado?

Tabla 6 - Escuchar con verdadera empatía

ESTÍMULO	**EVENTO SOCIAL** ⇩ **ALARMA** Me vuelvo consciente de mi molestia emocional.
ANULACIÓN CONSCIENTE	⇩ **CENTRARSE** Me centro a mí mismo y recuerdo que estoy bien. ⇩ **ELIJO** Elijo la meta de conectar con la otra persona.
RESPUESTA	**ESCUCHO** • Adivino los sentimientos. • Adivino las esperanzas.

Al adivinar le hacemos saber a la persona en estado de sufrimiento que estamos genuinamente interesados en cómo se siente. No esperamos acertar completamente en nuestra suposición. Sin embargo, alertamos a su mente consciente sobre lo que buscamos entender y, debido a que ellos desean ser comprendidos, nos dicen cómo se sienten. Identificar la naturaleza de sus sentimientos ayuda a la comprensión y restaura su equilibrio.

Adivinar sus esperanzas

En este escenario mostramos nuestro deseo de entender su intención no satisfecha y reconocer su llamado de ayuda. Su esperanza es su verdadera motivación y siempre es positiva. Como no sabemos cuál es esperamos estar un poco equivocados en nuestra apreciación. Nuestra suposición caritativa demuestra nuestra aceptación de ella como una persona buena, lo que desarma a su juez.

He aquí varios enunciados realizados por una persona molesta, seguido por adivinanzas que podríamos conjeturar acerca de su posible esperanza no cumplida:

"¡Es tacaño!".
¿Tenías la esperanza de ser tratado con amabilidad?
"Son tan estrictos con las reglas aquí".
¿Te gustaría tener la libertad de ser creativo?
"Me enoja cuando nos obligan a quedarnos hasta tarde".
¿Tenías la esperanza de que se respetara tu tiempo?
"Julián no dejaba de hablar anoche".
¿Te hubiera gustado que te escucharan?
¿Habrías preferido el silencio?
"Me parece que a ti no te importa lo que yo deseo".
¿Te gustaría que te prestaran atención?
¿Te gustaría ser escuchado?

Estas suposiciones pueden parecer evidentes, pero para la persona que está molesta y tratando de ser comprendida son muy bien recibidas. Identificar la naturaleza de su sentimiento ayuda a comprender y restaurar su equilibrio.

A menudo adivinar las esperanzas de alguien requiere de la acción de pensar creativamente. Necesitamos ponernos en sus zapatos y tratar de imaginar lo que ellos podrían estar esperando. Desarrollar esta disposición para encontrar una intención positiva donde no sea fácilmente aparente toma práctica. Al principio resulta útil tener de referencia la lista de esperanzas del capítulo anterior.

Imagina que estás trabajando en un proyecto con tu padre. Encuentras una mejor manera de hacer el trabajo y comienzas a hacerlo a tu modo, a lo que él dice:

"Piensas que puedes hacer lo que te da la gana".

Tú replicas: *"¿Crees que tu forma de hacerlo es mejor?"* o *"¿Te gustaría que las cosas se hagan de forma predecible?"*.

Nota cómo al usar estas suposiciones sobre la esperanza no tomaste lo que él dijo de manera personal. Si te hubieras defendido diciendo: "No, no lo hago" habrías mostrado que creías que su intención era atacar; habrías validado el ataque al defenderte de él. Esto lo habría hecho parecer "malo" ante tus ojos y lo habría encerrado en la conciencia del juez.

Al adivinar sus posibles esperanzas de acuerdo o previsibilidad evitaste caer en la dinámica del juicio. Tus conjeturas pasaron por alto a su juez interno y lo llevaron a examinar conscientemente sus propias esperanzas para ver si acertaste. En el proceso de examinar sus esperanzas él las descubrirá y las verbalizará para aclarar la situación. Podría responder algo así como: "No, solo creo que terminaríamos más rápido si lo hicieras de la manera que te pedí". ¡*Voil*à! Esa es su esperanza.

Cuando escuchamos con verdadera empatía no percibimos un ataque porque sabemos que esa no es la verdadera motivación del hablante. Sabemos que su expresión —aunque torpe— es un llamado de ayuda, un deseo de ser escuchado y reconocido.

Ahora hemos aprendido las dos suposiciones básicas que nos permiten escuchar conscientemente. Veamos cómo suenan en una situación cotidiana de conflicto. Primero veremos cómo Esther, una empleada en una tienda de ropa, puede responder *inconscientemente* a un cliente que está devolviendo un vestido. Podrás notar al juez al acecho en el lenguaje de Esther.

Ejemplo de escucha típica (con el juez a cargo)

Una mujer de mediana edad entró a una tienda, arrojó un vestido sobre el mostrador y dijo: "Esta tienda dice que vende ropa de alta calidad. Cuando lavé este vestido los colores se destiñeron. Está arruinado. Quiero que me devuelvan mi dinero".

Esther, la encargada del negocio, sonrío y contestó: "Todos nuestros materiales pasan por pruebas de fijación de color. Vea, lo dice en la etiqueta. ¿Usted siguió las instrucciones? ¿El agua de lavado estaría demasiado caliente?¿Qué tipo de detergente usó?".

"Oye. Espera un minuto. ¿Me estás diciendo que es mi culpa?".

"No. simplemente estoy tratando de determinar cómo pudo suceder esto. Hemos vendido muchos de estos vestidos y esto nunca había sucedido antes".

"Mira, no deseo debatir esto contigo. Solo quiero que me devuelvas mi dinero. ¿Me lo vas a devolver o no?".

"Sí, por supuesto. ¿Le gustaría hacer un cambio? Acabamos de recibir estos vestidos nuevos que están ahí".

"¡No! No quiero ese problema. Quiero devolver el vestido. ¡Por favor devuélvame mi dinero, ahora!".

Ahora veamos la escena de nuevo.

Ejemplo de escuchar con verdadera empatía

"Esta tienda dice que vende ropa de alta calidad. Cuando lavé este vestido los colores se destiñeron. Está arruinado. Quiero que me devuelvan mi dinero", dijo la clienta.

Esther hizo una pausa y contestó: "Por supuesto, procesaré la devolución de dinero de inmediato. Debe haber sido muy molesto (adivinanza de sentimiento) que los colores se destiñeran en el lavado. ¿Tenía pensado usarlo para una ocasión especial?" (adivinanza de esperanza).

"Sí, voy a dar una presentación en una conferencia el viernes".

"Así que realmente desea verse profesional" (adivinanza de esperanza).

"Sí y ahora no sé qué voy a hacer".

"Bueno, acabamos de recibir estos vestidos nuevos, que creo se ven muy profesionales. Tal vez uno de ellos le sirva para el viernes. Si no, conozco dos tiendas en el centro comercial adonde puede ir".

"Echaré un vistazo. Gracias por tu ayuda".

Esta vez, cuando Esther observó su resentimiento inicial para con la clienta, practicó la anulación consciente. En lugar de defenderse, eligió aceptar lo que dijo la clienta y escuchar su llamada de ayuda. Se enfocó en escuchar activamente el sentimiento de la clienta y su esperanza "de verse profesional".

El objetivo de la escucha efectiva

Nuestra meta al comunicarnos conscientemente no es cambiar a la otra persona, ni lograr que cumplan nuestras esperanzas a expensas de las suyas. Nuestra meta es establecer una conexión. Cuando nos comunicamos con honestidad, vulnerabilidad y verdadera empatía, nos volvemos conscientes de la bondad en ellos. Esto sana y genera la oportunidad de lograr un acuerdo mutuo.

La mayoría de las personas no saben cómo hacer esto. Cuando se sienten temerosos, se salen de su corazón y se van a su mente, donde sus jueces infatigablemente buscan razones para culpar.

El lenguaje de ataque y violencia ocurre cuando las personas se sienten temerosas y no saben cómo expresarse. Atrapados en sus mentes, proyectan su miedo sobre los demás, se sienten amenazados por ello y desean eliminarlo. Atacan primero en sus pensamientos y luego con palabras o acciones violentas.

Sus juicios y ataques son intentos desafortunadamente mal enfocados para hacer cumplir sus esperanzas. Con la escucha consciente desplazamos su atención fuera de sus mentes para enfocarlas en sus corazones. Veamos un ejemplo:

Alejandro llegó a mi grupo de adolescentes y se sentó haciendo mucho ruido.

"Sabes… este programa realmente *apesta*" dijo. "Yo solo vengo aquí por la comida".

"Hola, Alejandro" respondí, "¿Está pasando algo que te tiene molesto?".

"No".

"Bueno, ¿estarías dispuesto a compartir primero hoy? ¿Sucedió algo la semana pasada?".

"Nada de importancia. Mis padres me dijeron que se están divorciando".

Alejandro estaba dolido y estaba sufriendo. **Cuando las personas están sufriendo, parecen estar atacando.** Cuando volvemos a ver escenas grabadas de personas adoloridas mientras están hablando, es posible observar el lenguaje de ataque. Pero si prestamos atención desde nuestros corazones, está claro que estas personas realmente desean que se les preste atención amorosa.

Una llamada de ayuda por parte de alguien, aun cuando suene desagradable, es una llamada para que nosotros escuchemos. Sigamos lo que pasó con Alejandro un poco más.

Unos meses después, luego de que su madre se había mudado a Michigan, Alejandro dijo:

"La nueva novia de mi padre trajo a su hijo a mi casa. Ese niño es un idiota. Dijo que quería que yo fuera su hermano mayor así que le di una tremenda golpiza".

"Suena como si quisiera ser tu amigo. ¿Realmente lo golpeaste?".

"Casi le rompí la nariz; estaba toda inflamada. Mi padre estaba furioso conmigo".

Yo estaba en shock. Pero la experiencia me ha enseñado que si juzgo el comportamiento de Alejandro, él no regresaría a mis sesiones. Perderíamos nuestra conexión, lo cual era una de las únicas cosas que lo estaban ayudando a lidiar con el divorcio de sus padres.

"Suena como si estás realmente enojado".

"Mi padre es un gran idiota".

"¿Estás molesto porque deseas que tu madre estuviera aquí?".

"Sí".

"¿Te gustaría ir a vivir con ella?".

"Sí".

El chico bajó la mirada para evitar que alguien viera las lágrimas en sus ojos. La tristeza de Alejandro necesitaba salir y ser compartida para que él pudiera sanar su pérdida. Esto no era psicoterapia. Se trataba simplemente de escuchar su dolor.

Más tarde, Alejandro y yo pudimos hablar sobre cómo el acto de haber golpeado al otro niño había sido un error. Él lo sabía. Había estado abrumado por la pérdida de su madre y lleno de enojo hacia la novia de su padre, a quien veía como responsable del divorcio. Pero al admitir su acto de violencia conmigo, estaba arriesgándose a confiar en mí. No estaba listo para que lo juzgara y criticara.

A las personas que están sufriendo no les agrada que nosotros les digamos que están equivocados y que necesitan ser corregidos. Quieren compasión y comprensión. Cuando en su lugar reciben consejos, a menudo se enojan.

Cuando escuchamos conscientemente no damos consejos. Solamente escuchamos. Una vez que la otra persona ha sido plenamente escuchada, vuelve a su centro. Esto no toma mucho tiempo y ya después son capaces de escucharnos.

Al escuchar con verdadera empatía, ayudamos a los demás a pensar en términos de lo que quieren para sí mismos en lugar de lo que "deberían" hacer. Alejandro también amaba a su padre; quería amar y comprender, no herir a alguien. Pero su juez interno limitaba sus opciones y despertaba enojo en él. Después de que lo escuché, Alejandro se calmó y propuso algunas formas no violentas de comunicarse con su familia.

Conectando los sentimientos con la esperanza

Cuando estamos en conflicto con otra persona, tener empatía por sus sentimientos los comienza a centrar. Siguen estando inconscientes de que la causa de su dolor es que sus esperanzas no han sido cumplidas y por error nos culpan a nosotros por cómo se sienten. Entonces hacemos una suposición que sugiere la conexión entre su sentimiento y su esperanza. Esto les ayuda a entender qué está sucediendo dentro de ellos.

Por ejemplo, si alguien dice: "Eres un ingrato", podríamos suponer: "¿Estás molesto *porque* te gustaría que tus contribuciones fueran apreciadas?"

Vincular el sentimiento "molesto" con la esperanza de "ser apreciado" mediante las palabras *"porque tú"* ayuda a la otra persona a entender la conexión lógica entre sus esperanzas no cumplidas y el sentimiento resultante. Demostrar empatía tanto por el sentimiento como la esperanza que lo causó es *la verdadera empatía*.

Cuando las personas están molestas, usualmente lo único en que pueden pensar es en lo que *no* quieren. De modo que los escuchamos para detectar lo que está detrás de lo que no quieren y les ayudamos a aclarar lo que *sí* quieren. Para ello, siempre reformulamos sus esperanzas en un lenguaje positivo.

Imagina a un hombre que dice: "No soporto a la conductora del autobús escolar. Ocupa todo el camino y se detiene cada tres casas. Llegué tarde al trabajo esta mañana".

Si decimos: "Parece que estás enojado con ella", reconoceríamos los sentimientos del hombre, pero no su esperanza. El peligro es conectar con su juez interno en lugar de con su yo consciente, perpetuando su mentalidad de ataque.

Centrarse en lo que una persona no quiere tiende a llevar a soluciones negativas. La forma más fácil de eliminar algo que no queremos es deshacernos de ello. Por ejemplo, eliminar a la conductora resolvería el problema de tráfico, pero este tipo de pensamiento basado en lo que no queremos es la raíz de la violencia.

De modo que, en su lugar, podemos reformular positivamente el enunciado del hombre con un enfoque positivo y expresar: "¿Estás frustrado porque querías llegar al trabajo a tiempo?". Orientado hacia cumplir con la esperanza de la persona, esta frase lo alienta a encontrar otras soluciones, como salir a una hora diferente o tomar una ruta alternativa.

No sabemos lo que está pasando en la mente de la otra persona y no hay dos situaciones iguales. Cada una requiere una respuesta creativa. Las palabras o las fórmulas pueden ser formas útiles de aprendizaje pero lo que es importante es el cambio de actitud.

El filósofo judío Martin Buber describió la actitud para esta clase de escucha: "Cada persona tiene una singularidad sagrada que requiere de nosotros una reacción que no puede ser preparada de antemano. No demanda nada del pasado. Demanda presencia, responsabilidad. Nos demanda a nosotros". De esta manera dejamos de lado nuestras propias agendas y prestamos toda nuestra atención.

Escuchar requiere tomar un rol activo, en particular si la otra persona está hablando sin pausa. Para ayudar a la otra persona y realmente mostrarles nuestro interés, los interrumpimos para adivinar sus sentimientos y esperanzas. Sorprendentemente, ellos no ven nuestra suposición como una interrupción. Por el contrario, su ser consciente le da la bienvenida como un signo de nuestro deseo de entender a un nivel más profundo.

Continuamos escuchando conscientemente hasta que la otra persona es plenamente escuchada. A medida que un sentimiento y una esperanza se revelan, se conectan y se resuelven, el sentimiento que subyace sale a la luz. El proceso es similar a pelar las capas de una cebolla: vamos cada vez más profundo en lo emocional. Cuando las personas han sido plenamente escuchadas dejan de hablar, se relajan, aparentan estar más ligeras e incluso nos pueden dar un "sí" definitivo. Como la conciencia es necesaria de ambas partes para que una esperanza sea satisfecha, devolverlos a su centro consciente es la única manera en que nuestras propias esperanzas también pueden ser atendidas.

El valor de la escucha consciente

La conexión es el regalo más grande que podemos darle a otra persona. El maestro budista Thich Nhat Hanh dijo: "Comprender a una persona nos da el poder de amarla y aceptarla". Al conectar con la vida y el amor dentro de alguien, hacemos surgir su bondad y la nuestra propia. Ellos entonces piensan en forma más clara y tienen acceso a su gama completa de recursos internos, lo cual les permite resolver conflictos creativamente y tomar decisiones saludables.

Cuando una persona que escucha es paciente y amorosamente incondicional pueden darse cambios milagrosos. Esto se ha demostrado repetidas veces en el proceso de Curación de Actitudes del Dr. Gerald Jampolsky. Este experto describe cómo un chico de doce años que ha sufrido daño cerebral tiene una recuperación asombrosa como resultado de ser escuchado por un grupo de sus pares. Su conclusión: "Los muchachos demostraron que el amor es escuchar realmente".

La escucha consciente no requiere que nos agrade o que estemos de acuerdo con lo que la otra persona está diciendo, ni que haremos lo que solicitan. Nuestro respeto por ellos se revela al estar totalmente presentes, al enfocar nuestra atención sobre el mensaje que están expresando en el momento. Para esto debemos borrar de nuestra consciencia cualquier idea y juicio preconcebidos que tal vez tengamos. Requiere dejar de lado nuestros agravios y postura defensiva.

Habilidades de escucha adicionales

Existen tres destrezas de escucha complementarias: **Alentar, parafrasear y encontrar nuestro centro**. Todas ellas las podemos usar para sustentar una conexión de alta calidad con los demás.

Alentar muestra nuestro deseo de escuchar más. Le dice a la otra persona que queremos que ellos continúen dándonos información. Los estímulos no verbales incluyen sonreír, asentir con la cabeza, establecer contacto visual o inclinarnos ligeramente hacia adelante. Los estímulos verbales son frases como "¿Entonces qué pasó?", "dime más" y "eso suena interesante". Son modos de dejarle saber a la otra persona que estamos prestando atención. Sonidos cortos como "ajá" y "Mmm…" también ofrecen apoyo y son alentadores.

Parafrasear valida nuestra comprensión del contenido de lo que se ha estado diciendo y hace avanzar la comunicación.

Repetir las ideas de la otra persona en nuestras propias palabras les da retroalimentación acerca de cómo estamos interpretando su mensaje. Les brinda la oportunidad de confirmar que lo que hemos oído es lo que quisieron decir. Asimismo, les da la oportunidad de explicar sus ideas más a fondo si es necesario. O cuando el hablante escucha nuestro parafraseo, ellos podrían decidir que preferirían decir otra cosa. Esto es de ayuda porque los hace ir más profundo en lo que desean decir.

Cuando comenzamos a parafrasear es de utilidad asumir la responsabilidad de una posible interpretación errada. Algunas frases que podemos usar con este fin son: "Lo que estoy escuchando que estás diciendo es... ", "suena como si tú...", "¿quisiste decir...?", "en otras palabras... ", "¿estás diciendo que...?". Es más fácil que la otra persona admita una comunicación errada si les indicamos que tal vez escuchamos algo que es incorrecto.

Parafrasear es una herramienta muy práctica, pero no queremos sobrepasarnos. No todo grupo de enunciados necesita ser parafraseado. Usamos esta técnica cuando:

- Realmente no entendemos y necesitamos aclarar.
- El mensaje es tan importante que sentimos la necesidad de confirmar nuestra comprensión.
- Queremos que la otra persona sienta que estamos haciendo nuestro mejor esfuerzo por entender su punto de vista.
- Necesitamos llevar la conversación a un cierre de forma respetuosa.

Tras escuchar a alguien debemos ser cuidadosos de no destruir la conexión que logramos al discrepar inmediatamente. Comprender a alguien no quiere decir necesariamente que estamos de acuerdo con ellos. Podemos estar en total desacuerdo pero en este punto debemos ser precavidos. Respetamos el derecho de la otra persona a su punto de vista y sentimientos. Decimos: "Déjame pensarlo". Entonces podremos añadir nuestra perspectiva sin denigrar la de ellos.

Encontrar nuestro centro. Centrarnos en nosotros mismos es una habilidad clave por sí sola. Si nos conectamos con lo que sucede dentro de nosotros podemos tomar conciencia y aceptar cómo nos sentimos. Esto nos da una perspectiva sobre nosotros mismos, lo cual, en sí mismo, es calmante.

Entonces podemos intuitivamente sentir la acción apropiada a realizar en el momento. Por ejemplo, tal vez realmente queramos ayudar a otra persona que está sufriendo, sin embargo podemos sentirnos atemorizados por su sufrimiento y sentir vergüenza de sentir eso. Al encontrar nuestro centro, honramos nuestro propio estado interno. Un excelente ejemplo de esto se ofrece en el libro ¿Cómo Puedo Ayudar? donde el autor, tras describir su incomodidad personal al visitar a una persona enferma, habla sobre el valor de admitirlo.

Reconocer nuestra humanidad, con su mezcla de empatía y temor, fortalece nuestra mano que extendemos para ayudar... Se despierta nuestro miedo no solo por el sufrimiento sino por la intensidad de la reacción de nuestro corazón a ello. El yo (juez) desde su miedo crea todo tipo de mecanismos de defensa para controlar nuestra generosidad innata. Pero la compasión y la amabilidad son nuestros primeros impulsos. La compasión natural fue nuestro punto de inicio. Así que nos sintonizamos con nuestro centro calmado y nos escuchamos conscientemente a nosotros mismos. Reconociendo y admitiendo nuestra incomodidad ante el sufrimiento nos permite estar presentes para la otra persona.

Ahora podemos comenzar, tal vez por primera vez, a escucharlos. Al estar menos ocupados y alejando el sufrimiento, al actuar menos frenéticos teniendo que hacer algo al respecto, somos capaces de percibir lo que *están* sintiendo, lo que *sienten* que necesitan. Nos sorprendemos al descubrir que lo que han estado pidiendo todo el tiempo es totalmente diferente de lo que hemos estado tan ocupados ofreciendo: "Lo único que quiero es que tú te sientes aquí al lado mío".

Repetir una frase como "Permite que la paz se extienda de mi mente a la tuya" nos puede ayudar a mantener nuestra intención consciente de ayudar.

Otras alternativas a escuchar

Hay momentos cuando escuchar no es apropiado. He aquí dos respuestas alternas de una situación de no ataque:

Reír para mostrar que no hubo daño y para centrar a la otra persona. Esto funciona bien en instancias donde nuestro juez puede sentirse insultado, pero podemos dejarlo ir. O en una situación donde no hace falta una discusión más profunda que tendería a provocar una tormenta en un vaso de agua. Ser sensibles a las otras personas es importante para que ellos no crean que nos estamos burlando de ellos.

Marcharnos si estamos abrumados y necesitamos recibir ayuda para centrarnos en nosotros mismos. Cuando sentimos mucho dolor, tal vez necesitemos tomar un descanso de la confrontación hasta que nos centremos de nuevo. Tal vez necesitemos charlar con un amigo que nos apoye, nos escuche y nos acepte. Esto restaura nuestro equilibrio emocional para poder volver y poder comunicarnos de manera efectiva en la situación conflictiva. Las personas adoloridas que no pueden recibir ese tipo de apoyo se pueden volver violentas, física o verbalmente. Una situación peligrosa es una buena razón para retirarse.

La escucha consciente es un concepto radicalmente nuevo

La escucha consciente produce un doble cambio de consciencia que transforma nuestras vidas. El primero de ellos ocurre en nosotros cuando cambiamos del juicio negativo a la desactivación consciente y apreciamos la bondad en la otra persona. En este punto nos basamos en la fe —de que la otra persona está motivada por una esperanza— aun cuando nuestros ojos y oídos nos den evidencia de lo contrario. Cuando la otra persona escucha nuestra suposición, debe cambiar a un pensamiento consciente y, casi sin darse cuenta, comparte su esperanza positiva.

¡Cuánta dicha y satisfacción hay cuando esto sucede! Podemos ver que nuestra confianza en la bondad humana ha sido confirmada.

Desde la perspectiva de esa persona han sucedido dos cosas. Primero, debido al cambio de pensamiento requerido para contestar nuestra pregunta, ahora se reconoce a sí mismo como buena. Y segundo, nos identifican como benevolentes. Hemos creado una experiencia de consideración positiva incondicional.

Esta satisfacción es difícil de encontrar usando otros modelos de comunicación. Virtualmente todos los demás modelos de comunicación de ayuda y resolución de conflictos aceptan la percepción del juez acerca de otra persona juzgándolo como deficiente o con malas intenciones y por ende con necesidad de ser corregidos. Esta presunción conlleva una trágica falla porque la otra persona instantáneamente se da cuenta de que ha sido juzgada negativamente y se resiste al juicio o se lo cree. Si se resiste, queda bloqueado en el modo inconsciente de ataque y defensa. Si acepta el juicio negativo, su autoestima cae y se siente minimizado o culpable, al mismo tiempo que resiente a la persona que lo juzgó negativamente.

Vamos a analizar lo que quizás sea el modelo más ampliamente conocido de escucha útil, desarrollado por Robert Carkhuff. El objetivo es hacer que la persona escuchada sea responsable de sus experiencias y, según Carkhuff, hay tres maneras de lograrlo: personalizar el significado, personalizar los problemas y personalizar los objetivos.

Personalizar el significado

"Te sientes ___ porque tu... (significado)".

Carkhuff usa esta afirmación como ejemplo: *"Te sientes enojado porque tu derecho a elegir ha sido violado"*. Esto refuerza el juicio negativo de la persona sobre la situación y culpa al supuesto infractor.

Una respuesta de escucha consciente sería: *"¿Estás molesto porque quieres que se reconozca tu derecho a elegir?"*.

Personalizar los problemas

"Te sientes ___ porque no puedes... (problema)".

En respuesta a una persona que está angustiada porque no ha podido encontrar un trabajo, la respuesta de escucha de Carkhuff sería: *"Te sientes desesperanzado porque no logras conseguir un trabajo".*
Esto refuerza una visión negativa de sí mismo.
Una respuesta de escucha consciente sería: *"¿Te sientes descontento porque te gustaría tener un trabajo?".*

Personalizar los objetivos

"Te sientes ___ porque no puedes... (problema) y quieres... (objetivo)".

En respuesta a una persona decepcionada por interacciones insatisfactorias con empleadores potenciales, la respuesta de escucha de Carkhuff sería: *"Te sientes decepcionado porque no puedes relacionarte de manera eficaz con empleadores potenciales y quieres poder relacionarte de la mejor manera con ellos".*
El juicio propio de *"no puedes relacionarte de manera eficaz"* no resulta útil.
Una respuesta de escucha consciente sería: *"¿Te sientes decepcionado porque quieres poder relacionarte de manera eficaz con empleadores potenciales?".*

Reflexión sobre los modelos

El modelo de Carkhuff hace que las personas sean responsables de sus experiencias al respaldar la negatividad de su juez interno. Por el contrario, la escucha consciente hace que las personas sean responsables de sus experiencias al apoyar sus intenciones positivas. Existe una diferencia abismal entre ambos enfoques.

Los modelos de escucha anteriores validaron las decisiones del juez porque, cuando fueron desarrollados, no sabíamos que casi toda percepción y comunicación humanas están determinadas inconscientemente. No se sabía que, cuando el juez está al mando, una percepción clara es imposible. Los formuladores de modelos anteriores no se dieron cuenta de que estaban reforzando juicios negativos inconscientes.

Tabla 7- El modelo completo de escucha consciente

ESTÍMULO	**EVENTO SOCIAL** ⇩ **ALARMA** Me vuelvo consciente de mi molestia emocional.
ANULACIÓN CONSCIENTE	⇩ **CENTRARSE** Me centro a mí mismo y recuerdo que estoy bien. ⇩ **ELIJO** Elijo la meta de conectar con la otra persona.
RESPUESTA	**REÍR** | **ESCUCHO** • Adivino los sentimientos. • Adivino las esperanzas. | **IRSE**

La escucha consciente es verdaderamente empática, ayudando a ambas partes a conectar y aceptarse mutuamente. Esta tabla recopila lo que hemos cubierto en este capítulo.

Casi cualquier persona puede aprender a pensar, creer o saber, pero ningún ser humano puede ser enseñado a sentir. ¿Por qué? Porque cada vez que piensas, crees o sabes eres como muchas otras personas; pero en el momento en que sientes, no eres más que tú mismo.

—e.e. cummings

CAPÍTULO SEIS
El habla consciente

Escuchar y comprender las esperanzas de otra persona no es una comunicación completa. Nosotros también tenemos nuestras propias esperanzas que deben ser comprendidas por los demás si queremos experimentar alegría y paz interior. Por lo tanto, necesitamos hablar con los demás de una manera que les permita escuchar nuestros sentimientos y esperanzas.

Esto no es fácil. En un conflicto, nuestro juez está activo, pero nuestra mente consciente no. Nos sentimos molestos. El juez de la otra persona percibe que estamos molestos y anticipa que será culpado por ello. Esto prepara el escenario para el desastre. Para evitar ser vistos como atacantes, debemos aprender a hablar de una nueva manera—conscientemente—de modo que la otra persona nos escuche con su mente consciente.

Las personas han estado buscando una mejor manera de hablar durante mucho tiempo. Hace treinta años, el Dr. Thomas Gordon, fundador del Entrenamiento de Eficacia para Padres (Parent Effectiveness Training), popularizó el modelo del "mensaje yo". Usando este modelo, la persona que habla asume la responsabilidad de sus sentimientos al usar la palabra "yo". Por ejemplo, una madre podría decirle a su hijo: "No me gusta ver mi sala de estar sucia tan pronto como llegas de la escuela. *Yo m*e siento desanimada al ver eso después de haber trabajado tanto para limpiarla". Un mensaje "yo" es menos agresivo que culpar a la otra persona con un mensaje "tú", como: "*Tú* eres un desordenado y no aprecias una casa limpia".

Toda una generación ha crecido usando mensajes "yo". Sin embargo, incluso con este modelo, nuestros jueces logran dominar la conversación. Veamos cómo sucede esto.

Tu juez está atacando a tus amigos

Cuando les pedí a los miembros de una clase de comunicación que compartieran ejemplos de la vez que tuvieron una intención amorosa pero fueron malinterpretados, Amanda contó esta historia:

Ella y su esposo David estaban en casa disfrutando su primer fin de semana libre en tres meses. Ambos habían estado trabajando muchas horas y Amanda deseaba que se relajaran juntos. El sábado por la mañana estaba sentada en el sofá leyendo una revista. Escuchó los pasos de David y esperaba que él se sentara a su lado, la abrazara y le dijera algo cariñoso. Sin embargo, David pasó indiferente junto a ella, entró al garaje y comenzó a trabajar en su auto. Amanda se sintió profundamente decepcionada.

Amanda decidió expresar cómo se sentía usando un mensaje "yo". Unos minutos después, cuando David regresó a la sala, Amanda lo miró y le dijo: "Yo me siento herida cuando me ignoras. ¿Por qué no hablas conmigo?".

"Oh, por el amor de Dios", respondió David. "Dedico 10 minutos al auto y *tú* me reclamas por eso. ¿Por qué siempre estás *tú* encima de mí?"

Amanda se quedó impactada y confundida. "¿Qué? ¿*Yo* encima de ti? ¿Por qué estás tan sensible esta mañana?"

"¿Sensible? Ahí vas otra vez. ¿Quieres ver lo que es sensible? Ya me harté. Necesito comprar refacciones para el auto. Nos vemos después." Y se fue.

La simpatía de la clase se volcó hacia Amanda. Ella estaba tratando de conectar con David, usando un mensaje "yo" y él explotó contra ella. La clase se preguntaba qué tipo de persona debía ser David para responderle de una manera tan dura. Lo vieron como egocéntrico, defensivo y poco amoroso.

¿Qué estaba pasando realmente?

¿Había algo que Amanda pudiera hacer al respecto? La clase pensó que el problema merecía un análisis completo. Durante la semana siguiente, Amanda le preguntó a David qué estaba pensando la vez que se enojó con ella. David respondió: "Me estás poniendo como el malo de la película".

En la siguiente clase consideramos su punto de vista a la luz de las palabras que Amanda había dicho. A continuación, se muestran las conclusiones de la clase sobre los pensamientos específicos que David pudo haber tenido en respuesta a las palabras de Amanda:

Las palabras de Amanda	*Los pensamientos de David*
"Me siento herida cuando tú…"	*Ella está diciendo que la herí. No lo hice.*
"…me ignoras"	*Solamente pasé delante de ella. Ella ha decidido que mi intención era ignorarla. No era así.*
"¿Por qué no…"	*Esto no se siente bien.*

Las palabras de Amanda	*Los pensamientos de David*
"...hablas conmigo?"	*Ella está infiriendo que nunca hablo con ella. Eso no es cierto. ¿Por qué ella no habló conmigo?*

Observando los pensamientos de David en el rotafolio de la sala, la clase comenzó a ver cómo David interpretó las palabras de Amanda como un ataque. Yo comenté que la pregunta de Amanda *"¿Por qué no conversas conmigo?"* no se sintió bien para David porque las personas que con frecuencia usan preguntas que comienzan con un *"¿Por qué?"* a menudo las utilizan para señalar lo que está mal con el pensamiento de alguien. Luego pedí a la clase que imaginara qué posibles pensamientos de ataque podría haber tenido el juez de Amanda sobre David:

Posibles pensamientos de ataque del juez de Amanda	*Tipo de ataque*
David me hirió al ignorarme.	Culpa
David debe ser malo o defectuoso (estúpido) para hacer esto.	Etiqueta negativa
Como David me hirió, debería sentirse mal al respecto.	Inducir culpa
David debería admitir que hizo mal, debió disculparse y compensar su error.	Coerción

Amanda admitió que, al menos inconscientemente, pudo haber tenido estos tipos de pensamientos. Al emplear un "mensaje yo" no ocultó sus pensamientos subyacentes acerca del juez de David. Todos sus juicios fueron percibidos instantáneamente por el juez de David. Su reacción automática fue atacar.

¿Era David poco amoroso? Como parte de su seguimiento, Amanda también le preguntó lo que había pasado por su mente antes de la pelea, cuando la vio leyendo por primera vez. Él dijo que había estado pensando *"Amanda se ve tan contenta en el sofá. Ella ha estado tan ocupada que ni ha tenido la oportunidad de leer su revista. Voy a respetar su tiempo privado, voy a ir a reparar el toca-cassette de mi auto y así podremos dar un paseo en coche.* Sus atentos pensamientos fueron una sorpresa para Amanda. Ella se sintió avergonzada por juzgarlo equivocadamente.

Pero cuando él caminó por delante de ella, Amanda se había sentido decepcionada. ¿Qué podía hacer ella? ¿Negar su decepción? Ciertamente no. Tratar de esconder los sentimientos no es saludable. Amanda necesitaba reformular sus sentimientos para no estar atacando y así decir una verdad más vulnerable.

Toda la clase estudió las habilidades de expresión oral que vienen a continuación en este capítulo y Amanda pensó cómo pudo haberlas aplicado en su situación. Entonces hicimos un juego de roles de la escena nuevamente, desde el punto donde Amanda estaba leyendo su revista en el sofá. He aquí lo que sucedió:

El hombre que estaba haciendo las veces de David caminó al frente de ella y la pasó. Mientras se alejaba, Amanda se sintió enojada. Esta vez ella notó que su primer pensamiento había sido: *Maldito él y su auto; eso es todo lo que le importa.* Vio su enojo como una señal de alarma para volverse consciente. Decidió centrarse y recordar su esperanza de tener una conexión. Entonces ella se acercó al hombre que estaba haciendo las veces de David y dijo:"David, tengo una idea acerca de cómo podemos llevarnos mejor. ¿Tienes un minuto?".

"Sí, ¿de qué se trata?"

"Cuando tú pasaste caminando sin hablarme, me sentí triste porque estaba esperando pasar tiempo contigo. ¿Estarías dispuesto a sentarte y conversar conmigo en algún momento del día?".

"Seguro que sí", contestó cálidamente el hombre que hacía las veces de David.

Todos en la sala sintieron su respuesta como genuina. Amanda se sintió complacida porque esta vez su uso del habla consciente le había permitido decir lo que estaba esperando *sin detonar al juez de David*.

La comunicación de Amanda ofrece un excelente ejemplo de los elementos del habla consciente. Aquí los tenemos:

Tabla 8 - Ejemplo de habla consciente

LAS PALABRAS DE AMANDA	ELEMENTO DEL HABLA CONSCIENTE
• "David, tengo una idea acerca de cómo podemos llevarnos mejor. ¿Tienes un minuto?".	• Esta **apertura** expresa su esperanza inicial de mejorar la relación y verifica si él está disponible y dispuesto a hablar en ese momento.
• "Cuando tú pasaste frente a mi sin hablar conmigo".	• Relata el **hecho** de lo que él hizo, sin juzgarlo a él.
• "Yo me sentí triste".	• Ella expresó sus **sentimientos**.
• "Por que yo".	• Ella tomó responsabilidad por generar su sentimiento. No lo culpó a él por ello.
• "Estaba esperando pasar tiempo contigo".	• Ella declaró su **esperanza**.
• ¿Estarías dispuesto a sentarte a conversar conmigo pronto?	• Ella hizo una **solicitud** de conexión.

Estos elementos se combinan para realizar un enunciado completo de habla consciente. En la Tabla 9 se presenta cada elemento con el propósito que sirve.

Veamos cómo operan las partes del habla consciente. Cada elemento se presenta con un formato sugerido para mostrar una forma simple de aplicar la idea.

Tabla 9 - Elementos del habla consciente

ELEMENTO	PROPÓSITO
• Apertura	La **apertura** establece un tono positivo al expresar nuestra esperanza inicial para la conversación y al preguntar, de manera respetuosa, si la otra persona está dispuesta a hablar en ese momento.
• Hecho	El **hecho** le permite a la otra persona saber, sin juicio de nuestra parte, qué sucedió que afectó nuestro bienestar y nos llevó a querer hablar.
• Sentimiento	La declaración de nuestro **sentimiento** expone nuestro corazón al permitir que la otra persona conozca la emoción que estamos experimentando en relación con lo que sucedió.
• Esperanza	Nuestro enunciado de **esperanza** les muestra que no los estamos culpando sino más bien pidiendo su ayuda.
• Solicitud	La **solicitud** le proporciona a la otra persona una manera inmediata de demostrar que desea ayudarnos.

Apertura

Ejemplo:

"David, tengo una idea acerca de cómo podemos llevarnos mejor. ¿Tienes un minuto?

Formato:

Nombre de la persona + nuestra esperanza para la conversación + solicitud respetuosa de conversar

En una situación de conflicto potencial, las defensas de las personas se detonan fácilmente. Si sus emociones defensivas entran en juego, ya no son capaces de escucharnos. De ahí que la manera en que comenzamos nuestra comunicación es de la mayor importancia. El propósito de la apertura es obtener la atención de la mente consciente de la otra persona sin detonar un juicio negativo y defensivo de su juez. En la apertura compartimos nuestra esperanza por esta comunicación: alcanzar un resultado positivo, tales como la mutua comprensión o una mejor relación.

Una buena apertura cumple dos criterios: Establece un propósito positivo para la conversación y es respetuoso de la otra persona. Por ejemplo, Hortencia, la gerente de una tienda de artefactos de cocina, recibió una queja de un cliente acerca de cómo una vendedora, Jimena, la había tratado. Hortencia quería discutir la queja con Jimena y quería que estuviese abierta a cambiar su comportamiento en el futuro. Hortencia comenzó de este modo:

"Hola Jimena, quiero tu ayuda para encontrar un modo de resolver un problema de satisfacción de un cliente. ¿Tienes un minuto para hablar de esto ahora?".

También podemos usar una apertura para que alguien sepa el tipo de respuesta que estamos esperando tener. Martha vaciló en conversar con su esposo Daniel acerca de un conflicto que habían tenido en su casa porque él nunca parecía escucharla. Su marido siempre empezaba a hablar acerca de su propio punto de vista. He aquí la apertura que Martha usó con él:

"Daniel, me estoy sintiendo enojada acerca de lo que está pasando. Me gustaría decirte lo que he estado pensando y sintiendo y luego, cuando haya terminado, quiero que me digas lo que me oíste decir. Quiero saber que me has escuchado. ¿Estarías dispuesto a hacer eso?".

Además de cumplir con los dos criterios de una buena apertura, Martha le hizo saber a Daniel cómo le gustaría ser escuchada y la naturaleza de la respuesta que le gustaría recibir.

He aquí otro ejemplo de una apertura que se le ocurrió a ella para conversar sobre un tema candente con él:

"Daniel, me gustaría hallar un modo en que ambos nos sintamos cómodos acerca de cómo se gastan nuestros ingresos familiares. ¿Será ésta una buena hora para conversar acerca de ello?".

Si descubrimos que la otra persona no está lista para escucharnos, dependemos de nuestra intuición que nos diga si es porque están emocionalmente fuera de su centro y primero necesitan ser escuchados por nosotros, o si están ocupados y necesitamos hacer arreglos para otro momento para charlar.

La apertura cumple con la vital función de establecer el **tono**. No podemos tener una buena apertura hasta que no hayamos superado conscientemente nuestros pensamientos de ataque y nos hayamos fijado una nueva meta.

Una vez comenzada la conversación, particularmente cuando estamos molestos o enojados, necesitamos hacerle saber a la otra persona la razón por la cual estamos molestos.

El hecho

Ejemplo:

"Cuando pasaste frente a mí sin hablar".

Formato:

"Cuando" + la acción, palabras o pensamiento que detonó tu molestia.

Declarar un simple hecho cuando estamos en una situación de conflicto es todo un desafío. Nuestro juez ya ha reaccionado inconscientemente, exponiendo a la otra persona de una manera negativa. Afortunadamente podemos notar nuestros sentimientos de molestia y usar nuestra consciencia como una alarma para despertarnos. Hacemos una pausa y en este momento de calma invalidamos a nuestro juez. Entonces enunciamos el evento o pensamiento que detonó nuestra molestia *sin* analizar, evaluar ni juzgar a la otra persona. Nos restringimos a los meros hechos del asunto.

El primer enunciado en cada uno de los siguientes pares emite un juicio. Las palabras de juicio están en cursiva. El segundo es un reafirmación de los hechos:

"Estabas de *mal humor* ayer".	Juicio
"Ayer te escuché decir 'estoy harta de todo esto'".	Hecho
"Eres realmente *insistente* cuando se trata de tu plan de mercadeo".	Juicio
"Me pediste dejar de lado mi trabajo y ayudarte con tu plan de mercadeo".	Hecho
"*Con frecuencia se te olvidan* las cosas que te pido hacer".	Juicio
"No sacaste la basura dos veces el mes pasado".	Hecho

Un hecho no contiene ni evaluación, ni juicio ni interpretación alguna acerca de los motivos de la otra persona. La evaluación y el juicio solamente producen resentimiento en la otra persona, quien entonces se pone a la defensiva y es probable que no escuche la parte importante de nuestro mensaje.

He aquí dos ejemplos más:

"Cuando tú me *criticaste*..."	Juicio
"Cuando tú dijiste que no te gustaba el modo como hice eso..."	Hecho
"Cuando tú *esperas* que yo lave tus platos..."	Juicio
"Cuando yo vi los platos sucios sobre el fregadero..."	Hecho

Dejar de lado la postura de "querer tener la razón" acerca de cómo la otra persona está equivocada requiere de un autocontrol consciente. A continuación se presenta un ejercicio revelador para que lo pruebes:

Piensa en alguien que hizo o dijo algo que no te gustó. Entonces anótalo como un enunciado factual. Para diferenciar un hecho objetivo de un juicio en esta situación, tal vez sea de ayuda pensar acerca de cuáles acciones o palabras pudo haber grabado una videocámara. Mantén tu enunciado breve. Si lo que hicieron ha sucedido más de una vez, no lo generalices. Simplemente menciona la última vez o las últimas dos veces sobre las que puedes ser específico.

Anota aquí el enunciado:

_____

_____

_____

Lee tu enunciado factual. ¿Estaría la otra persona de acuerdo con lo que has escrito? Si no es así, redúcelo hasta que estés seguro que sí. Este es tu hecho. Puede parecer decepcionantemente débil. Eso está bien. El punto es solo permitir que la otra persona sepa de lo que estás hablando. Si deseas conectar con ella y que se cumpla tu esperanza, debes dejar de lado el placer de sentir que estás en lo "correcto" ante ella.

Advertencia: Para preservar la esperanza de otra persona de ser plenamente comprendida por quien es, necesitamos tener particular cuidado en el uso del verbo "ser" en sus varias formas: "es, era, son, fueron", etcétera. Cuando se aplica a las personas, abarca tanto que distorsiona los hechos. Por ejemplo, si decimos "Carlos es perezoso" estamos infiriendo que siempre lo es. Así que cualquiera que nos escucha podría pensar:

- Carlos siempre exhibe un comportamiento perezoso.
- Carlos siempre será perezoso en cualquier circunstancia y ocasión.

Hemos conectado a Carlos con la pereza de forma tal que no podemos separarlos. Decir esto a alguien "eres esto" o "eres aquello" no sólo es inexacto, sino que ataca su identidad como una buena persona. Los hechos, tales como "Carlos no le dio seguimiento a mi petición el jueves pasado" son más exactos y no se sienten como un ataque.

Sentimientos

Todos sabemos cómo nuestros cuerpos cambian cuando sentimos ciertas emociones. Cuando estamos temerosos, nuestros corazones laten más rápido y nuestra piel se pone fría. Cada estado de sentimiento ofrece una disposición diferente de actuar por parte del cuerpo. El enojo nos da la fuerza para luchar. La tristeza nos da la atmósfera para estar de luto.

Nuestra percepción acerca de lo que nos está sucediendo provoca nuestros sentimientos. Cuando percibimos una amenaza a nuestro bienestar, sentimos temor y miedo. Cuando percibimos benevolencia, nos sentimos enteros y felices. Lo que no nos habíamos dado cuenta hasta ahora es que nuestros juicios *inconscientes* determinan nuestra percepción.

Existen dos estados emocionales básicos: el miedo y el amor. Dentro de cada una de éstas existe una variedad de emociones subsidiarias. Dependiendo de cómo pensamos acerca de una situación, nuestro juez transforma el temor en una de sus emociones secundarias: la tristeza, la culpa o el enojo. He aquí cómo nuestros pensamientos generan cada una de estas emociones:

Si determinamos que nuestra esperanza se ha perdido o es inalcanzable, entonces sentimos alguna forma de tristeza, como el pesar o la desesperación. En este caso, estamos convencidos que no podemos hacer cumplir nuestras esperanzas.

Si pensamos que hay algo malo en nosotros, nos señalamos a nosotros mismos y sentimos culpa. La culpa es tristeza o enojo dirigido contra nosotros mismos en reacción al pensamiento de que hemos hecho algo "malo" o somos incapaces. A nuestro juez no le gusta sentir demasiado la tensión interna que viene con la culpa y frecuentemente atribuye ésta a los demás para que él mismo pueda sentirse como víctima en su lugar.

Cuando pensamos que alguien ha intervenido intencionadamente entre nosotros y la consecución de nuestra esperanza o anhelo, sentimos ira o enojo. Al culpar a la otra persona, el inconsciente está proyectando la propia culpa y miedo de nuestro juez. Vemos a la otra persona como el autor de una "maldad" que podemos "corregir" al castigarla o tomando lo que queremos. Cuando estamos enojados, queremos que la otra persona se sienta culpable. Asegurarnos de verla como culpable es el truco mental característico del juez. El enojo moviliza nuestros cuerpos para atacar y es tan poderoso que puede temporalmente "secuestrar" nuestros procesos mentales, haciéndolos más difícil de invalidar conscientemente.

Intelectualmente hablando es posible saber que nuestra percepción de una amenaza es meramente la proyección de un estado temeroso de nuestro juez sobre alguien. Sin embargo seguimos molestos. Y necesitamos expresar nuestras emociones. Basadas en el miedo, estas emociones son nuestros llamados a retornar a un estado de paz y bienestar. Las emociones necesitan "moverse". La palabra emoción viene del latín, "mover hacia afuera". Compartir nuestros sentimientos con otra persona mueve esta energía fuera de nosotros. Cuando compartimos nuestros sentimientos con alguien y experimentamos el poder sanador de la comprensión empática, nuestro bienestar comienza a restaurarse.

De modo que, cuando estamos perturbados o molestos, declaramos nuestras emociones usando palabras de sentir, tales como enojado, ansioso, confundido, deprimido, desalentado, avergonzado, frustrado o preocupado. Si nuestras esperanzas son cumplidas, usamos también palabras de sentir, tales como alegre, animado, confiado, extasiado, feliz, agradecido, contento, inspirado o en paz.

La tabla10 muestra las relaciones esenciales entre los pensamientos y los sentimientos.

Tabla 10 - Uso inteligente de las emociones

	Pensamientos que generaron el sentimiento	El uso del sentimiento de parte del juez	Pensamiento consciente para cambiar sentimiento	Uso positivo del sentimiento	Resultado de reprimir el sentimiento
SENTIMIENTOS ATEMORIZANTES:					
MIEDO	Soy débil y percibo una amenaza.	Retraerse, autosacrificio o culpar, condenar o enojarse.	¿Qué estoy esperando? ¿Qué están esperando ellos?.	Compartir sentimientos y esperanzas para conectar.	Ansiedad, fobias, pánico, obsesiones.
TRISTEZA	Estoy perdiendo o he perdido algo.	Sentir pena por uno mismo, ignorarla o culpar, condenar o enojarse.	¿Qué estoy esperando?.	Llorar, compartir, conectar.	Sentir pena por uno mismo, vergüenza, enfermedad.
ENOJO	Me estás lastimando o perjudicando.	Atacar a la otra persona y hacerla sentir culpable.	¿Cuál es mi esperanza no satisfecha? ¿Cuál es su esperanza no satisfecha?	Detenerse, reconocer la tristeza, conectar y resolver el conflicto.	Depresión, amargura, odio, violencia.
CULPA	Yo te lastimé o te hice daño.	Culparse a uno mismo, atacarse a uno mismo.	Lamento que su esperanza no se haya cumplido. Con lo que hoy sé, actuaría diferente.	Reconocer la tristeza, conectar adivinando sentimiento y, esperanza.	Resentimiento, depresión, baja autoestima.
SENTIMIENTOS DE AMOR:					
FELICIDAD	Mis esperanzas se han cumplido.	Volverse posesivo, amor condicionado. (Te amo si...).	Mis esperanzas se han cumplido y seguirán cumpliéndose.	Dar, compartir, reír, sentir felicidad, comunicarse.	Falta de alegría, aislamiento, depresión, cinismo.

Declarando nuestros sentimientos

Compartir un sentimiento llega a tocar el corazón de las otras personas. Declarar nuestro temor es un regalo porque muestra nuestro deseo de conectar. Estamos confiando en una persona al dejarles saber cuán molestos nos sentimos acerca de la discrepancia entre lo que vemos que sucede y lo que deseamos. Como consecuencia, el corazón de la otra persona se siente atraído a responder con compasión.

Hay gran poder al usar las palabras de sentir. Les hablan desde nuestro corazón al del otro. Si las personas escuchan cuando estamos experimentando una emoción de alteración (y no se sienten atacadas), están "conectadas" para ayudarnos a retornar a un equilibrio emocional. Como seres humanos una de nuestras esperanzas más profundas es ser de ayuda a las personas que la necesitan. Los enunciados honestos de sentir tocan nuestra generosidad innata.

"Estoy *triste* porque te vas".

"Me siento *complacida* de que me estas ayudando".

"Siento *temor* acerca de mi situación financiera".

Enunciados de sentimientos como estos atrapan nuestra atención, nos atraen.

Tres precauciones en cuanto a las palabras sobre los sentimientos

No es raro, sin embargo, que bajo la influencia de nuestro juez utilicemos palabras que suenan como palabras de sentimiento, pero que en realidad no lo son. Aunque aparentan serlo, en el fondo son palabras de juicio que atacan a la otra persona.

Una ofensa obvia, por ejemplo, es el uso de la frase "yo siento" seguida por algo que no es una emoción sino una forma de juicio. Veamos estas frases:

"Yo siento que..."	Lo que viene después no es un sentimiento: es un pensamiento.
"Yo siento que él…"	Un juicio o interpretación de otra persona viene a continuación.
"Siento que tú..."	Viene un juicio sobre ti.
"Siento como si tú..."	Viene un juicio sobre ti.
"Siento como..."	Viene un pensamiento, no una emoción.
"Yo siento como que tú…"	Viene un juicio sobre ti.

Un segundo mal uso de lenguaje de sentimientos por parte de nuestro juez es culpar a los demás por provocar nuestros propios sentimientos. Nuestra culpa no solo implica que conocemos sus motivos sino que también, al atribuirles intención negativa, los acusa de ser malos.

Incluso algunos de los mejores libros sobre las emociones caen en esta trampa. En el best-seller *Emotional Intelligence (Inteligencia Emocional),* se usa el siguiente enunciado (hecho por una esposa a su esposo) como un ejemplo de una comunicación emocionalmente inteligente: "Cuando te olvidaste de recoger mi ropa en la lavandería, *me hizo sentir* como si yo no te importara".

¡Uy! La esposa *no* ha expresado cómo se siente sino que ha hecho un juicio acerca de lo que está pasando dentro de la mente de su esposo. Sus palabras "me hizo sentir" indican que el comportamiento de su esposo provocó esos sentimientos. Sin embargo, fue su evaluación de si su acción (o inacción) cumplió o no con su esperanza lo que los generó. Ella está en control de su percepción y su esperanza. Por tanto, acusarle de provocar sus sentimientos no es justo.

Adicionalmente, sus siguientes palabras *"siento como si yo no te importara"* son su interpretación de su amor, no una emoción. Ella ha usado la palabra "sentir" solo para enmascarar su juicio negativo acerca de su falta de atención. Este juicio es un ataque a la imagen que tiene el esposo de sí mismo de ser una buena persona. Únicamente a los malos esposos no les importan sus esposas.

La respuesta de su marido probablemente sea defenderse, algo así como decir: "pero tú a mí sí me importas. Lamento no haber buscado tu ropa. Tenía diez mil otras cosas que hacer. Te buscaré la ropa mañana". Él debe sentirse enojado debido al ataque oculto de ella y resentido acerca de recibir tanta presión con culpa por no haber recogido la ropa. De modo que vemos que el lenguaje de atacar de parte de ella probablemente le dejó sintiéndose menos atento, lo opuesto de lo que ella estaba esperando.

¿Qué pudo haber hecho ella? Hablando conscientemente pudo haber abordado sus asuntos con su esposo de este modo:

"Cuando no recogiste mi ropa de la lavandería, me sentí decepcionada porque quería tener la ropa para el final del día. ¿Estarías dispuesto a charlar conmigo acerca de quién puede pasar por ella y cuándo?" .

Un tercer uso errado del lenguaje de sentimientos ocurre cuando se disfrazan las palabras de juicio como emociones. Se usan para atribuir intenciones negativas con respecto a otras personas. Como es muy fácil usarlas equivocadamente, a continuación se presenta una lista de términos ofensivos comúnmente utilizados:

Palabras de Juicio utilizadas en lugar de los sentimientos:

abandonado	insultado	rechazado
abusado	intimidado	estafado
atacado	invalidado	sofocado
culpado	excluido	estúpido
traicionado	decepcionado	amenazado
engañado	manipulado	embaucado
controlado	incomprendido	no deseado

criticado	dominado	usado
molestado	despreciado	violado
herido	presionado	inservible
ignorado	menospreciado	

Cuando decimos "me siento abandonado" en realidad le estamos diciendo a la otra persona "fue tu intención abandonarme". "Abandonado" no es un sentimiento. Nos sentimos tristes, pero nuestro juez no dice eso. En su lugar atribuye la intención negativa de abandonar a la otra persona.

¿No resulta sorprendente enterarnos cuán inconscientes estamos de las maquinaciones del juez? A menos que nos detengamos y nos demos cuenta creemos en sus presunciones acerca de los demás. Nuestra cultura promueve el lado negativo y agresivo de las expresiones de sentimientos y lo hemos secundado. Nos hemos vuelto temerosos de la expresión honesta, no hostil de las emociones.

Transformar un ataque oculto en un enunciado de sentimiento es bastante sencillo de hacer. A continuación se presentan algunos ejemplos de enunciados que no son sentimientos con aquellos que sí lo son en cursivas:

"Tengo ganas de lanzarte esto a la cara".	*Me siento enojado.*
"Me siento presionado".	*Me siento enfadado.*
"Siento que estás molesto conmigo".	*Me siento ansioso, temeroso.*
"Siento que no te caigo bien".	*Me siento temeroso, triste.*
"Cuando no dices 'hola' me siento ignorada".	*Me siento triste o enfadada.*
"Siento que no me estás entendiendo".	*Me siento triste, frustrado.*

Muchos de nosotros experimentamos renuencia al expresar nuestros sentimientos. Tal vez nos han disuadido o castigado por hacerlo cuando éramos más jóvenes, y debido a esto, hemos aprendido a quedarnos en nuestras mentes. Usamos verbos cognitivos como *yo pienso* que nos despegan o separan de nuestros sentimientos.

Las personas también evitan los sentimientos yendo directamente a resolver problemas y dar consejos en lugar de escuchar. Sin conexión a nivel emocional, el desequilibrio no podrá ser restaurado y los sentimientos alterados permanecerán atascados y eventualmente se volverán tóxicos.

Es posible que nos sintamos vulnerables cuando dejamos a un lado las espadas y escudos familiares de protección de nuestro modo de pensar, analizar y evaluar con el objeto de exponer nuestros sentimientos y esperanzas. Si bien hace falta valentía para ello, hay tremenda fortaleza y sabiduría cuando somos honestos y expresamos de verdad nuestros sentimientos. La divulgación de éstos nos da acceso a la compasión y generosidad de los demás. Nuestros corazones saben cómo hacerlo. Simplemente a veces "nos oxidamos".

Las emociones nos energizan y nos guían. Permanecer con nuestros sentimientos y con los de los demás, así como expresarlos de forma positiva, nos lleva a la resolución de conflictos. Expresar nuestros sentimientos responsablemente aumenta grandemente la probabilidad de que se cumplan nuestras esperanzas.

Los sentimientos y la responsabilidad: La cláusula "Por qué Yo"

Veámoslo desde la perspectiva de la persona con quien estamos charlando. Si le decimos que hizo algo que nos hace sentir mal, entonces pensará que realmente hizo algo malo y se sentirá culpable. La culpa es una presión psicológica que causa que las personas se disculpen o se defiendan. Incluso, si hacen lo que les pedimos, estarán actuando por culpa y no por una genuina preocupación por nosotros. Es probable que se vuelvan rencorosos por haber sido coaccionados y forzados a hacer lo que de otro modo hubieran hecho con gusto: Ayudarnos a que se cumplan nuestras esperanzas.

No podemos conseguir lo que realmente queremos ejerciendo presión. Es como torcerle a alguien el brazo y decirle: "Dime que me amas". Nuestras esperanzas deben ser cumplidas *con el libre albedrío de las personas*, por la compasión natural entre los seres humanos.

Algunas personas se coaccionan ellas mismas en el campo de los sentimientos. Ángela creía que ella era la causante de los sentimientos de su esposo. Cuando él estaba enfadado, ella pensaba que era por su culpa e intentaba hacer cosas para hacer que él se sintiera mejor. Temió hacer algo que a él no le fuera a parecer bien. Gradualmente se sometió por voluntad propia al dominio de las emociones de su marido. Ella le guardaba resentimiento, pero era responsabilidad suya.

Al cambiar nuestra perspectiva como personas que hablan conscientemente no queremos en el fondo convertir a los demás en nuestros esclavos emocionales. Por ende tenemos cuidado al conectar nuestros enunciados de sentimientos a nuestra esperanza con la cláusula "porque yo..." que reconoce nuestra propia responsabilidad por nuestras propias emociones.

Imagina que te cortaste el dedo al cortar un *bagel*. Te pusieron puntos en la sala de emergencias y llamaste a tu amiga Denise cuando llegaste a casa. Ella estaba fuera de la ciudad así que le dejaste un mensaje en la contestadora pidiéndole que te llamara tan pronto llegara. Nunca se reportó. Tú le marcas a la mañana siguiente y le dices: "Cuando no me devolviste la llamada me sentí decepcionado *porque yo* me corté el dedo y realmente quería tu apoyo". De este modo tú has aceptado tu responsabilidad por haber generado tu propia decepción al ligarlo a tu esperanza no cumplida, de desear apoyo.

Tú causaste tu propia decepción. Si nunca te hubieras cortado el dedo, y más bien hubieras estado absorto viendo un video, no estarías decepcionado si Denise no llamaba. Tal vez te habrías enojado por interrumpirte en ese momento si ella lo hubiera hecho.

Enunciando nuestra esperanza

Dos estudiantes en una clase de comunicación demostraron cómo la comunicación mejora cuando enlazamos nuestros sentimientos con nuestra esperanza. Sara y Carmen se habían vuelto amigas en el trabajo, disfrutaban mutuamente de su compañía y habían decidido tomar mi clase juntas. Pero Carmen dijo que a veces después de que Shari comentaba ciertas cosas, ella se sentía incómoda. Recordó uno de los enunciados de Sara: "Carmen, estoy molesta de que siempre dejas tus gráficas allá". La clase hizo la acotación de que Shari no había conectado sus sentimientos a una esperanza.

Con el fin de practicar, Sara volvió a reformular su pensamiento: "Me siento molesta porque dejas tus gráficas allá porque yo quiero tener acceso a la información". Carmen dijo que se sintió valorada en lugar de criticada cuando Sara le habló de esa manera.

No estamos acostumbrados a pensar acerca de nuestras esperanzas. En una situación dada, tal vez no seamos conscientes de que la esperanza está clamando por atención, pero podemos usar nuestros sentimientos para darle seguimiento. Para ello, debemos detener nuestras actividades, respirar y preguntarnos: "¿Cuál esperanza mía no se está cumpliendo que me puede hacer sentir de esta manera? ¿Cómo preferiría que fuese la situación?". Entonces, escuchamos nuestra intuición acerca de lo que nos complacería y lo que realmente estamos esperando que ocurra.

Continuemos con nuestro ejemplo de la cortada en el dedo. Imagina que te despiertas en la mañana con una mano vendada. Eres la única persona que está en casa y tienes que tomar una ducha mientras mantienes tu mano seca, luego vestirte y hacer el desayuno. Notas que estás molesto y piensas que nadie te ama ni se preocupa por ti. *Denise no es una buena amiga. Yo la ayudo todo el tiempo y ella ni se preocupa en devolverme la llamada cuando estoy en verdaderos apuros.* Entonces observas tus pensamientos, te vuelves consciente y piensas: ¿Cuá*l esperanza mía no se está cumpliendo en este momento?* Te das cuenta que lograr que Denise se sienta culpable no es tu verdadera esperanza. Detrás de tu enojo y tristeza está la esperanza de recibir apoyo.

Podemos confirmar si estamos realmente en la vía correcta hacia nuestra esperanza monitoreando cómo nos sentimos al movernos en esa dirección. Cuando nuestras acciones cumplen con nuestra esperanza nos sentimos en paz y felices; cuando no cumple con nuestra esperanza, nos sentimos molestos o alterados.

Estar consciente de nuestras esperanzas nos libera y nos permite darnos cuenta que, si cierta persona no desea cumplir nuestra esperanza, existen otras posibilidades. No tenemos que forzar que ella lo haga porque podemos cumplir nuestras esperanzas en otra parte de modo no coercitivo. Si averiguamos que Denise está fuera de la ciudad, podemos llamar a otra persona. Darnos cuenta que nuestras esperanzas siempre pueden ser cumplidas asegura la continuidad de nuestro estado mental pacífico. Nos da paciencia.

Cuando le damos voz a nuestras esperanzas es útil recordar que éstas son generales y positivas. Por ende, es sabio dejar a los demás fuera de nuestros enunciados de esperanza para que no estén obligados a darle solución. He aquí un ejemplo:

Carolina y Juan habían estado viviendo juntos por cerca de seis meses. Una mañana, Carolina puso su ropa en la secadora y la encendió antes de salir de la casa. Cuando Juan volvió a casa por la tarde, él comenzó una tanda de lavado. Cuando ya estaba lista, sacó su ropa mojada y entonces encontró la ropa de Carolina aún en la secadora. Ella no estaba en casa, así que la puso en una cesta de lavado al lado de la secadora. Cuando regresó tarde aquella noche, su ropa estaba arrugada.

Carolina le dijo a Juan: "Estoy molesta porque tenía esperanza que me colgaras la ropa en lugar de meterla en la cesta de lavandería".

"Esperando que tú me colgaras la ropa" no es una esperanza de Carolina. Es su expectativa de que Juan actúe en un modo que ella ve como bueno. Ella ha identificado el comportamiento de Juan como la causa de su molestia, lo cual lo convierte en malo. Él probablemente estará a la defensiva por esto.

Permitamos que Carolina lo intente de nuevo, esta vez dejando a Juan fuera de su enunciado de esperanza: "Cuando me di cuenta de que mis blusas estaban arrugadas me molesté porque estaba esperando tenerlas listas para usarlas".

Si ella hubiera dicho esto, Juan estaría libre de darse cuenta de que no había imaginado que podrían arrugarse y lamentaría haberlas puesto en la cesta. Él ahora tiene la oportunidad de ofrecerse voluntariamente a colgar las blusas por ella la próxima vez.

Conectar a otra persona a nuestros sentimientos de molestia, diciendo *"porque yo estaba esperando que tú"* los pone en una situación incómoda que en realidad tiene otras posibles soluciones. Es mejor dejar las opciones abiertas.

Igualmente debemos tener cuidado de no usar la cláusula "porque yo" para conectar nuestros sentimientos a un pensamiento de juicio.

Imagina que le preguntas a Roberto: *"¿Te gustaría tomar un café conmigo hoy?"*.

Y Roberto responde: *"No, tengo otras cosas que quiero hacer"*.

Te sientes defraudada. Podrías responder compartiendo tu esperanza: *"Me siento defraudada porque me hubiera gustado tener compañía"* a lo que es improbable que Roberto se sienta juzgado o culpable.

Pero si dices "Me siento defraudada *porque yo* tomo tu 'no' como un rechazo" has tomado responsabilidad por generar tus sentimientos usando la cláusula "porque yo". No obstante, has continuado tu enunciado con un pensamiento que juzga la intención de Roberto: *"Tomo tu 'no' como un rechazo"*. A través de esta interpretación has dado por sentado que sabes que su motivación era rechazarte. Tu juez está intentando inducirle culpa.

Si Roberto se cree tu interpretación de ser él un tipo de persona que rechazaría a alguien, se sentirá culpable. Tal vez piense que estaba "equivocado" al pensar que fuera lo que tuviera que hacer, aparte de dedicarlo a tomar café contigo, sería más importante para él. Tal vez se sienta lo suficientemente mal como para revertir su plan y (a regañadientes) pasar tiempo contigo. Ni tú ni él probablemente disfruten esta vez. No es posible ganar al coaccionar a alguien a través de la culpa. Esto infringe las esperanzas de Roberto.

Los dos modos comunes en que nuestras esperanzas son vulneradas son:
- Cuando alguien dice algo que nos suena a crítica, ataque, juicio, culpa o diagnóstico.
- Cuando alguien hace una exigencia o solicitud que suena como coacción como por ejemplo "deberías" o "tienes que".

El primero viola nuestra identidad como buena persona y el segundo niega nuestra libertad de elegir cuándo y cómo damos algo.

Ahora entendemos cuál es la mejor manera para expresar nuestras esperanzas. Sin embargo, la otra persona aún tal vez no sepa cómo responder. Por ejemplo, cuando Carolina dijo "Cuando encontré que mis blusas estaban arrugadas me molesté porque estaba esperando que estuvieran listas para usarse", Juan tal vez no sepa qué hacer a continuación o cómo ayudarla. Tal vez piense que la intención de ella es culparle por un mal comportamiento.

Carolina le puede ayudar haciéndole saber cuál acción desea que ella tome. "¿Estarías dispuesto a colgar mis blusas la próxima vez?". Esto le da una simple elección: "si" o "no."

Haciendo nuestra solicitud

La solicitud le permite a la otra persona saber lo que pueden hacer o decir para ayudarnos a cumplir nuestra esperanza. Esto puede simplemente ser que digan "si" a nuestra pregunta. Es una manera fácil de conectar.

Para realizar una solicitud apropiada, primero decidimos cuál acción nos gustaría que se tomase. Nos preguntamos: "¿Qué quiero como primer paso que me ayude a realizar mi esperanza?". No usamos palabras ambiguas en la solicitud como "pensar", "sentir" o "considerar". Utilizamos mejor palabras de acción concretas como "decir", "ir" o "hacer". He aquí dos solicitudes claras:
- "¿Estarías dispuesto a llevar el perro para que se quede una noche en la guardería canina?".
- "¿Me puedes decir algo que pueda yo hacer para corregir la situación?".

Ni tampoco usamos lenguaje negativo, diciendo lo que "no" queremos, como "Por favor para de dejarme abandonada en situaciones sociales." En su lugar podemos decir "la próxima vez, ¿estarías dispuesto a presentarme a tus amistades antes de que te involucres en una conversación con ellos?".

Un modo de probar si una solicitud cumple con nuestro criterio de claridad es preguntarnos: "Si yo fuera la otra persona, ¿sabría exactamente qué hacer?". He aquí dos ejemplos de solicitudes no claras que luego se vuelven más específicas:

- Quiero que tú entiendas lo que estoy diciendo".

    "¿Podrías escuchar lo que estoy a punto de decir y luego decirme lo que escuchaste?".

- Me gustaría que fueses más considerado".

    "¿Estarías dispuesto a resetear la copiadora al terminar?".

Hacemos la solicitud en formato de pregunta porque solo queremos que la otra persona haga lo que le solicitamos si están genuinamente dispuestos. La palabra "por favor" es una abreviatura moderna de la frase "si es de tu agrado". Desafortunadamente, la palabra "por favor" por sí sola se puede fácilmente incorporar en una demanda coercitiva. Muchos de nosotros hemos olvidado la importancia de saber cómo acceder a la disposición de la otra persona, que es la única vía para ganar su compasión.

La diferencia entre una solicitud y una exigencia

La influencia inconsciente de nuestros jueces puede dificultar el reconocimiento de la diferencia entre una solicitud y una exigencia. Una solicitud evoca una respuesta motivada por el deseo de ayudar a una persona. Una exigencia obliga a dar una respuesta motivada por el miedo, la culpa o la vergüenza.

Podemos saber si nuestra intención fue una solicitud o una exigencia por nuestra reacción si la persona dice "no." Si dicen "no" y *empatizamos* con su esperanza que tiene prioridad sobre hacer lo que les pedimos, entonces hicimos una solicitud. Pero si nos *sentimos enojados, nos volvemos coercitivos o intentamos inducir culpa*, entonces hicimos una exigencia. Veamos un ejemplo de lo que podría ocurrir cuando Georgina desea recibir ayuda en el jardín.

En este ejemplo, Georgina puede elegir conseguir ayuda estableciendo primero una conexión de alta calidad con su esposo y luego negociar hasta que encuentre un modo de cumplir su esperanza o lo puede motivar con una exigencia y dañar la relación. Veamos la tabla 11.

Tabla 11 - Solicitud o Demanda

Si Georgina solicita: "Por favor ayúdame en el jardín por una hora." y su esposo replica: "No tengo tiempo."

Fue una solicitud si Georgina entonces dice:		Fue una exigencia si Georgina entonces dice:
CONEXIÓN "¿Necesitas más tiempo para terminar lo que estás haciendo?" y negocia con él.		**JUICIO** "Simplemente no estás dispuesto a cooperar en las tareas del hogar".
	o	**INDUCIENDO CULPA** "Si yo te importara encontrarías el tiempo".
	o	**COACCIÓN** "Me puedes ayudar ahora o comprar la comida y prepararte tu propia cena".

Uniendo todos los elementos

Veamos un ejemplo de escuchar y hablar juntos. Una enfermera de diálisis, Claudia, percibió que una situación difícil estaba a punto de empeorar. Un paciente masculino, que antes había demostrado tener un carácter explosivo, estaba esperando su tratamiento y acababa de mirar el reloj.

Paciente:	"¡Necesito comenzar mi tratamiento en 5 minutos!".	
Claudia:	"Cuando ves que faltan cinco minutos para la hora habitual de inicio y el equipo de diagnóstico aún no está listo, ¿te sientes ansioso porque deseas terminar a tiempo?".	Hecho Sentimiento Esperanza
Paciente:	"Me vuelve loco para llegar aquí a tiempo y luego tener que esperar hasta que comience mi tratamiento. Luego termino tarde y las personas que me recogen se molestan conmigo".	Sentimiento
Claudia:	"Así que resulta molesto, tanto para ti como para los que te recogen, salir de aquí tarde.	
Paciente:	"Sí".	Sentimiento
Claudia:	"Puedo ver cuán desagradable es esto para ti. Cuando escucho que pides comenzar tu tratamiento en 5 minutos me siento frustrada porque me gustaría pasarte a la máquina de inmediato. Procurar que termines a tiempo es importante para mí, pero por razones de seguridad tengo que preparar este equipo primero. ¿Estarías dispuesto a permitirme que termine esto y luego comienzo contigo?	 Hecho Esperanza Esperanza Solicitud
Paciente	"Está bien".	

Claudia mostró que ella compartía la esperanza de su paciente y le dejó saber que ella tenía su propia esperanza, "la seguridad", que necesitaba atender primero. Presentado de este modo, el paciente estuvo de acuerdo en dejarle hacer lo que tenía que hacer.

Por qué hablar así tiene tanto poder

Todo el mundo tiene una esperanza con la que puedes contar: ayudar a los demás a que se cumplan sus esperanzas. Esta generosidad de espíritu está arraigada en cada uno de nosotros y es parte del ser humano. Piensa por un momento en aquella ocasión cuando, por la bondad de tu corazón, ayudaste a alguien a cumplir una de sus esperanzas. Tal vez viste a un niño dejar caer un guante en la nieve y le hiciste darse cuenta para que lo recogiera. O quizá dejaste que una persona de la tercera edad o embarazada pudiera adelantarse en la fila para pagar primero en el supermercado. O posiblemente hayas hecho algo a mayor escala, como pintar el apartamento de tu tía.

Sea lo que fuese, tómate un minuto ahora para reflexionar. ¿A quién ayudaste? ¿Cuáles fueron sus circunstancias? ¿Cuáles fueron las tuyas? ¿Qué hiciste? ¿Cómo lo hiciste?

Ahora recuerda cómo te sentiste cuando viste cómo tu acción les ayudó. Los participantes en mis talleres disfrutan pensando en estos momentos. Sienten una sensación de satisfacción al recordar la ocasión en que brindaron un servicio a alguien con una necesidad temporal. Cuando conectaron con la esperanza de la otra persona, esa otra persona lo apreció, se sintió agradecida y tal vez incluso correspondió.

El punto esencial de este ejercicio es que, en lo más profundo, todo el mundo quiere ayudar a los demás a que cumplan sus esperanzas. Puedes estar seguro de ello. Cuando les ofrecemos una oportunidad —sin obligarlos— para ayudarnos a satisfacer nuestras esperanzas es probable que respondan positivamente.

Para practicar tu propia habla consciente ahora puedes completar el ejemplo que comenzaste anteriormente en donde se te pidió pensar en algo que hizo alguien que no te gustó y escribirlo como un hecho. Practica todos los elementos de habla consciente en el formulario de la siguiente página. Puedes fotocopiarlo para usarlo una y otra.

He aquí una buena manera de obtener retroalimentación sobre tu comunicación: Haz una grabación de tu conversación con otra persona durante una situación de conflicto. Escucha la grabación y transcribe el diálogo en el margen izquierdo de la página. Entonces escribe lo que estabas pensando en el lado derecho.

La retroalimentación que obtendrás al escuchar las palabras que usas será valiosa. La primera vez que lo intenté tuve un "shock" al oír la discrepancia entre lo que pensé que había comunicado y lo que en realidad estaba diciendo. Tras examinar tu transcripción, piensa cómo puedes decir las palabras de otro modo usando la Comunicación Consciente.

Ninguno de nosotros es perfecto. Una de las mejores maneras de aprender las destrezas del habla consciente es observar los momentos en que cometes errores. Entonces vuelve a escuchar en tu mente cómo habrías reformulado aquello. En la tabla 12 (siguiente página) encontrarás un resumen de algunos de nuestros errores más comunes:

HOJA DE TRABAJO PARA EL DIÁLOGO CONSCIENTE

· APERTURA

Nombre de la persona con quien estás en conflicto

_____

Tu esperanza para la conversación "Yo _____

_____

Prueba su disposición _____

("¿Es un buen momento?")

· HECHO

"Cuando tu _____

_____

_____

· SENTIMIENTO

"Yo sentí _____ emoción

· ESPERANZA

"Porque yo _____ (tenía la esperanza, quería)

_____

_____ (esperanza)

· SOLICITUD

"¿Estarías dispuesto a _____

_____

_____ ?".

Tabla 12 Los errores y sus efectos

ERROR	EFECTO
1. Análisis, juicio o evaluación de otra persona.	Viola su derecho a sus propios sentimientos, esperanzas o intenciones.
2. Preguntar "¿por qué?" alguien hizo, sintió o pensó algo.	Señal de que viene un análisis o interpretación, lo cual hace que la otra persona se ponga a la defensiva.
3. No expresar tus sentimientos de molestia, para evitar herir a la otra persona o evitar un conflicto.	Te quedas con esa energía emocional atrapada, te sientes mal contigo mismo y comienzas a resentir a la otra persona.
4. Usar una palabra de ataque disfrazada de sentimiento, como "me siento rechazado".	Es una forma encubierta de esconder tu juicio sobre la intención del otro (que quiso rechazarte).
5. Usar un juicio en lugar de un sentimiento, como "siento que eres injusto".	Es otra forma sutil de esconder tu evaluación o juicio sobre la otra persona detrás de un "siento".
6. Vincular directamente a la otra persona con tu sentimiento, como "me siento triste porque dijiste eso".	Estás culpando a la otra persona de causar lo que sientes.
7. Conectarte al sentimiento del otro, "Tú te sientes enojado porque he cambiado de opinión".	Estás diciendo que tú causaste sus sentimientos. Te quedaste atascado en una "esclavitud emocional".
8. Amenazar, culpar, coaccionar, inducir culpa o exigir.	Puede que la otra persona haga lo que tú quieres en el corto plazo, pero guardará resentimiento y eso tendrá consecuencias más adelante.
9. No expresar tu esperanza.	La otra persona puede pensar que la estás culpando o juzgando.
10. No hacer una petición de conexión.	Las personas no saben lo que quieres de ellos. Tal vez asuman que lo trajiste a colación sólo para hacerles sentir mal.

11. Decir lo que no quieres.	Ellos no saben lo que sí quieres; eliminar lo que no quieres puede conllevar a una solución violenta.
12. Querer resolver el problema o dar consejos antes de conectar con los sentimientos y la esperanza.	La persona no ha sentido conexión contigo; está llena de su propia energía emocional, no confía en ti y no puede escucharte.

El ideal del arte de ser guerrero es que el guerrero debe estar triste y ser tierno y, debido a ello, el guerrero puede ser muy valiente también.

—CHÖGYAM TRUNGPA

CAPÍTULO SIETE
La verdadera empatía y el enojo

Una mañana de primavera en 1998 dos niños observaban desde el bosque el momento en que que unos estudiantes salían de sus clases en una escuela de secundaria de Jonesboro, Arkansas. La alarma contra incendios que los muchachos habían activado seguía sonando. El niño de once años le pasó un rifle a su amigo de trece años de edad. Cada uno apuntó y abrió fuego, matando a cuatro chicas y a una maestra e hiriendo a otros once chicos. Apenas unos meses antes, en Paducah, Kentucky, un chico de catorce años había disparado contra estudiantes en un grupo de oración en una escuela secundaria, matando a tres chicas, paralizando a una e hiriendo a cuatro estudiantes más. Le siguieron más masacres escolares.

Lo que más sorprendió a la nación acerca de esta ola de tiroteos fue la edad de los perpetradores, no su género. Es sabido que la gran mayoría de los crímenes violentos son causados por hombres. Los muchachos que hicieron el tiroteo no mostraron remordimiento ni tenían empatía por aquellos a quienes dispararon.

¿Por qué ocurre un tipo de violencia como éste y porqué es que los hombres están más propensos a actuar violentamente y atacar a otros?

Muchos hombres aprenden, cómo lo hice yo, a "enterrar" sus emociones. Al crecer en un suburbio acomodado aprendí a temprana edad que si mostraba miedo o tristeza yo era un "marica". Al crecer, traicionar aunque fuese una pizca de esas emociones me marcaba como un "cobarde". Si expresaba compasión para con otra persona del género masculino me calificaban de "homosexual".

Es difícil sobreestimar los efectos de esas palabras sobre un muchacho que está batallando para formar su identidad y que lo vean como una buena persona. Las palabras marica", "cobarde" y "homosexual" lo despojan de su identidad masculina. Ha sido juzgado como malo, pierde el respeto de los demás y, a esa edad tan importante, el respeto de sí mismo.

La siguiente historia ilustra los extremos a los cuales estaba dispuesto a llegar para evitar ese juicio negativo. Yo estaba caminando en la parte de atrás de la escuela un día cuando vi a un chico "rudo", Bernardo, tirando piedras y rompiendo ventana tras ventana en la escuela. Al día siguiente, el director entró a mi salón de clases y preguntó si cualquiera de nosotros sabía algo acerca de ello. Yo levanté mi mano con cierta ansiedad. El director me llevó al pasillo y me pidió confirmar lo que ya sabía: que Bernardo lo había hecho. Asentí con la cabeza.

Más tarde, en el patio de recreo, Bernardo se me acercó por detrás y me atrapó con una llave de estrangulamiento por detrás con su antebrazo en mi garganta, cortándome el aire. Él era varios años mayor que yo. A medida que me levantaba del suelo, yo luché tan fuerte como pude, pero no podía zafarme de sus garras. Entonces todo alrededor de mí se puso de color negro. Cuando volví en mí, ya estaba tirado sobre el suelo.

No lloré. Mis padres me habían enseñado a no hacerlo. Estaba aterrado, pero también avergonzado de haber sido derrotado totalmente. Me sentí como un cobarde. No le dije a nadie lo que había pasado; tampoco volví al patio de recreo, para así evitar todo recordatorio de aquella tremenda humillación. Yo hubiera preferido que me mataran antes de ser etiquetado como un cobarde.

Vivimos en una sociedad violenta. La socialización masculina en México se basa en el machismo. Un hombre no debe mostrar debilidad o duda. Para empeorar las cosas, cada vez más hombres están siendo entrenados como soldados o como miembros de pandillas. Su trabajo final es matar gente. Para esto, la ira es útil. Los soldados no matarán a las personas si empatizan con ellas, por lo que se les debe enseñar a negar sus sentimientos. Deben negar su miedo a la batalla, la tristeza y la culpa de matar, su empatía con los sentimientos de aquellos a quienes hieren o matan, así como los sentimientos de la familia y los amigos que sobreviven. En una sociedad de soldados, de jueces entrenados para la guerra, ¿es de extrañar que haya una epidemia de violencia?

Debido a este entrenamiento, los padres infligen castigo emocional y físico sobre sus hijos. Aprender a reprimir el miedo y la tristeza ante este trauma es la característica distintiva del rito de iniciación de niño a hombre. Cuando los niños reprimen su lado emocional y su corazón para convertirse en "hombres", la energía emocional reprimida debe encontrar una salida. Como las bebidas alcohólicas que se fermentan en casa con las tapas demasiado selladas: las botellas eventualmente explotan.

Los hombres adoloridos: Un caso especial

Es difícil tener empatía por un hombre que está muy enojado. Sabemos que en nuestra cultura los hombres tienen dificultades expresando sus sentimientos, pero la profundidad y ubicuidad de esta condición es alarmante. Se estima que el ochenta por ciento de ellos experimentan un grado de desconexión emocional, que va de leve a severo, lo cual refleja una tendencia a evitar o reprimir sus emociones. Como resultado de ello, según el psicoterapeuta

Terrence Real, Ph.D., autor de *I Don't Want to Talk About It: Overcoming the Legacy of Male Depression*, la mayoría de los hombres sin saberlo sufren de "depresión encubierta". Este tipo de depresión ocurre cuando el enojo se revierte hacia uno mismo. La "depresión encubierta" es una forma insidiosa y sutil de depresión que carece de los síntomas usuales de desaliento.

Esta enfermedad es invisible. Como la pérdida de la capacidad de sentir es su principal síntoma, la mayoría de los hombres están inconscientes de su condición deprimida. Al estar inconscientes de lo que está sucediendo dentro de ellos, se sienten muertos, incapaces de conectar o formar relaciones íntimas. El Dr. Real ha declarado que tales hombres tienen mayor propensión a externar su dolor a través de la violencia y son menos capaces de sentir empatía por sus víctimas.

La depresión encubierta comienza en la niñez. Antes de los cuatro o cinco años, los niños en realidad son más sensibles que las niñas. A partir de este punto, no obstante, son sistemáticamente traumatizados. Primero está el trauma *pasivo*. Los padres tratan a los varones con mayor frialdad y con mayor distancia física que a las niñas. Se entrena a los varones a separarse de sus madres y a renunciar a sus cualidades cariñosas y expresivas.

Entonces la mayoría de los muchachos son activamente traumatizados a través de la disciplina violenta. A golpes, los padres transmiten su miseria no reconocida a sus hijos. Los varones se la tragan, se vuelven encubiertamente deprimidos y eventualmente llegan a identificarse con el enojo y desvergüenza de sus padres. El único sentimiento tolerado en ellos es el enojo. Al intentar ocultar sus sentimientos expresan su dolor a través de las adicciones y la violencia. Es imposible que los varones eviten completamente el proceso violento de la aculturación masculina.

Como hombres su sentido de la estima no proviene de un buen sentido de sí mismos, ya que son extremadamente severos con ellos mismos. Ni tampoco proviene de las relaciones íntimas, porque su incapacidad para expresar sus sentimientos los vuelve incompetentes. Cualquier sentido de estima frágil que tengan proviene de sus logros externos y cuánto dinero ganan.

Sin embargo, de acuerdo con el Dr. Real, hay razones para tener esperanzas. Hay tratamientos para los hombres que les ayudan a detener las conductas de adicción y a liberar terapéuticamente el dolor "enterrado" de la niñez. Es posible establecer empatía por el niño vulnerable que llevan dentro de ellos y así aprender y practicar el arte de la conexión con los demás. Al hacer esto, logran sanar.

No es de sorprender que la mayoría de los hombres no puedan hacer esto solos. El entrenamiento de por vida que han tenido no les permite arriesgarse a mostrar miedo ni debilidad ni tristeza. Algunos hombres intentan encontrar una mujer para que se vuelva su voz emocional, pero sus propios sentimientos permanecen enterrados. Únicamente volverse conscientes de sus propios sentimientos y compartirlos les restaura al bienestar.

La Comunicación Consciente permite que esto suceda. Hoy en día tenemos una oportunidad de ayudar a que los hombres despierten y estén vivos. Para que ellos asuman este riesgo deben creer que nosotros escucharemos sus temores y tristezas y los validemos sin implicar que sean cobardes. Nuestro desafío es escuchar la esperanza detrás de las palabras de un hombre iracundo. La Comunicación Consciente requiere de una genuina valentía de parte tanto del que habla como del que escucha. La palabra coraje o valentía proviene de la palabra indo-europea que significa "corazón". El coraje o la valentía es la fuerza de estar dentro del corazón de uno y no refugiarse en la mente que emite juicios.

Entonces, ¿cómo escuchamos a los hombres que viven en el dolor?

Escuchar el enojo, ofrecer una verdadera empatía

La comprensión de lo que está sucediendo a nivel psicológico nos puede ayudar a superar nuestro miedo hacia las personas en extremo enojadas. Cuando alguien está muy enojado tendemos a tomar su enojo como algo personal. Por ejemplo, en la reunión del personal médico, Tomás tenía la esperanza de recibir ayuda para que sus pacientes estuvieran seguros. Pero él no sabía lo que estaba sintiendo ni por qué. Más rápido que el pensamiento consciente, su juez saltó y culpó a Silvia de no hacer su trabajo. Tomás aparentaba estar enojado y atacaba verbalmente. Y al principio Silvia se lo tomó como algo personal.

La buena noticia es que cuando alguien está molesto no somos nosotros los que hemos causado su dolor. Ellos desean paz mental; ellos desean que se cumpla su esperanza. No lo comprenden conscientemente, pero eso no importa porque les podemos ayudar a identificarlo.

Primero necesitamos manejar nuestro propio terror encontrando nuestro centro. De modo que tomamos una respiración profunda, como hizo Silvia. Recordamos que el ataque aparente no es contra nosotros. Es un error tomarlo de manera personal. La otra persona está enojada porque una de sus esperanzas no se está cumpliendo.

Entonces hacemos una suposición o conjetura fundamentada sobre sus sentimientos y esperanza: "¿Estás frustrado porque te gustaría recibir más apoyo?".

Esta suposición claramente muestra que nos importa la angustia de la otra persona y que no la estamos juzgando negativamente. Así se desarma a su juez. Nuestra suposición les ayuda a pasar de una reacción inconsciente de culpar a un estado de pensamiento consciente. Cuando se da cuenta que su molestia está relacionada con su intención positiva, se siente complacido. No hubo ataque. ¡Qué alivio para ambas partes!

La cláusula "por que yo" es crucial en este momento. Esto conecta sus sentimientos con su esperanza, mostrando que realmente no está atacando sino que está molesto por su esperanza no cumplida.

La otra persona en realidad nos está ofreciendo un regalo, aunque de manera poco elegante: una oportunidad de nosotros poder ayudarlo. Si escuchamos cualquier cosa excepto un regalo en el mensaje de la otra persona, no nos hemos vuelto conscientes ni les hemos escuchado.

Esta es la diferencia entre la empatía común y la verdadera empatía. La empatía común se define en el diccionario como "identificación y comprensión de la situación, sentimientos y motivos de la otra persona". Cuando lidiamos con el enojo, este tipo de empatía se refiere a estar de acuerdo con el juez de la otra persona. Un ejemplo de empatía común sería "de modo que estás enfadado porque te traté de forma irrespetuosa". Tal comentario le da poder a su juez para culparnos por hacer algo malo. Al decir esto, hemos aceptado que somos la causa de la molestia de la otra persona. Después de decir esto, tal vez necesitemos esquivar la reacción del otro después de decirlo.

La verdadera empatía, en cambio, es una elección consciente. Vamos más allá de los juicios negativos inconscientes y de las percepciones de los demás para conectar con sus motivos reales. Así decimos algo como "¿Estás molesto porque querías (esperanza)?". Para contestar nuestra suposición, la otra persona debe darle un giro a su pensamiento para determinar lo que realmente quiere: Deja ir la culpa de su juez y se vuelve más centrado y consciente.

Muchas depresiones provienen de estar emocionalmente atascados. Tal como hemos notado, la raíz latina de emoción es *motere* (moverse). Entrar en contacto con el dolor y poder expresarlo junto con la tristeza subyacente mueve y alivia la depresión. Aprender a comunicarse ayuda a los hombres a crear mejores relaciones y encontrar alternativas pacíficas a la violencia.

A continuación se presenta un clásico ejemplo de escucha consciente de un hombre iracundo:

Terry Dobson estaba estudiando el arte marcial conocido como Aikido en Japón. Su maestro le había enseñado que "el Aikido es el arte de la reconciliación. Quien sea que tenga en mente pelear ha roto su conexión con el universo. Si intentas dominar a las personas, ya estás derrotado. Aquí estudiamos cómo resolver conflictos, no cómo comenzarlos".

Un día, cuando Terry estaba en un tren en Tokio, un hombre enorme, ebrio y furioso subió y comenzó a atacar y aterrorizar a los pasajeros. En ese momento sintió el llamado a intervenir antes de que alguien fuese seriamente lesionado. Todos los demás pasajeros permanecían tiesos, inmóviles, en sus asientos. Entonces Terry se puso de pie lentamente.

Cuando lo vio, el borracho rugió: "¡Ajá! ¡Un extranjero! ¡Necesitas una lección de modales japoneses!". Y se preparó para atacar a Terry.

En aquel momento alguien gritó en voz fuerte y con júbilo: "¡Hey!". Había sido el tono alegre de alguien que de repente se encuentra con un buen amigo. El borracho, sorprendido, se volteó para ver un diminuto hombre japonés de 70 años mirándole con deleite. Con un gesto de su mano y un feliz "ven para acá" el viejo hombre le pidió al ebrio que se acercara.

El borracho caminó hacia él y dijo: "¿Por qué diablos debo hablar contigo?".

"¿Qué has estado bebiendo?", preguntó el hombre viejo, sonriendo.

"He estado bebiendo *sake* y no es asunto tuyo", respondió el ebrio.

"Oh, eso es maravilloso, absolutamente maravilloso", contestó el viejo cálidamente. "Sabes, a mí también me encanta el *sake*. Cada noche mi esposa y yo calentamos una botella, la llevamos al jardín y nos sentamos en un viejo banquito de madera".

El viejo continuó hablando por un rato. La cara del ebrio comenzó a suavizarse y sus puños comenzaron a aflojarse. Entonces aquél le dijo: "Estoy seguro que tienes una esposa maravillosa".

"No", dijo el ebrio. "Mi esposa falleció", dijo sollozando. Luego comenzó a hablar de su triste historia de perder a su esposa, su hogar, su trabajo, de sentirse avergonzado de sí mismo.

Para el momento en que Terry se bajó del tren el borracho estaba tumbado en el asiento con su cabeza en el regazo del viejo. Donde Terry hubiera atacado, el viejo demostró la verdadera empatía con los sentimientos y esperanzas del ebrio, lo cual transformó la situación por completo.

Cuando estuve en Suiza, Georges, un refugiado de Ruanda, me contó su historia. Su padre había sido asesinado por unos vecinos en su aldea durante las masacres genocidas que sufrió ese país. La policía de Ruanda había rehusado ayudar a Georges a llevar a los asesinos a la justicia. Mientras más recordaba esos horribles momentos, más subía su tono de voz y más se tensaban sus músculos. "*Debo* vengar esta deshonra hecha a mi padre", pronunció con gran fuerza.

Le escuché atentamente cuán iracundo estaba con los asesinos, su angustia por la injusticia y su frustración porque las más altas autoridades policiacas se burlaban de él. Luego de quince minutos comenzó a sentirse escuchado y gradualmente se calmó. Le dije que desearía haber podido ayudarle en ese momento. Para el final de nuestra sesión me dijo que ya no quería matar a nadie. En su lugar, me expresó su gratitud. Esta fue una de mis primeras experiencias para darme cuenta del poder de la verdadera empatía.

Todos podemos hacer esto, incluso cuando las personas aparentan estar enojadas con nosotros. Primero anulamos conscientemente el temor de nuestro juez y recordamos: "Estoy bien. Puedo con esto. En realidad, no están enojados conmigo; simplemente no logran identificar su esperanza no satisfecha ni recibir empatía por ella. Así que no me lo tomaré como algo personal".

Entonces les ayudamos, escuchando e identificando estos elementos clave:

		PROPÓSITO
Hecho	"*¿Estás reaccionando a...?*".	Aclara el punto de inicio.
Sentimiento	"*¿Te estás sintiendo molesto porque?*"	Se conecta con su emoción.
Esperanza	"*¿Querías...?*"	Identifica la motivación positiva.
Solicitud	*¿Y ahora quisieras...?*"	Muestra un modo fácil de estar de acuerdo.

Rápidamente descubrimos que su intención era positiva. A medida que lo comprende junto con nosotros, retorna a un estado consciente equilibrado y se vuelve capaz de hacer cumplir su esperanza.

Una vez que conectamos con la esperanza en otra persona el enojo desaparece, lo cual nos ayuda a restaurar la paz interna. Sin embargo, en cuanto se ha resuelto el primer malestar, de manera frecuente la persona se vuelve consciente de un sentimiento subyacente que también está conectado con una esperanza. Así que vamos quitando una a una las capas de sentimientos hasta que llegan a sentir paz. La persona se siente más aliviada y deja de hablar.

Transformar nuestro enojo, lograr una verdadera empatía para con nosotros

Tal vez el mayor desafío que enfrentamos como seres humanos es cómo manejar nuestra propia ira o enojo. El enojo es un desafío porque es inevitable y usualmente conlleva a alguna forma de ataque. Nuestro juez lo genera en el instante en que percibimos que nosotros, o alguien que queremos, está siendo amenazado. Si bien nuestro primer sentimiento puede ser temor o tristeza, nuestro juez instantáneamente proyecta la responsabilidad por nuestro sentimiento sobre alguien más. Atribuimos un motivo malvado a la otra persona, echándole la culpa y queriendo que pague por ello.

El enojo es la emoción que prepara nuestro cuerpo y mente para atacar. La avalancha hormonal nos impide pensar conscientemente y, por ende, se vuelve más difícil cambiar de opinión.

Rara vez está lista la otra persona para sobreponerse a nuestro ataque de enojo. Su juez está a cargo y no está interesado en nuestra esperanza. El enojo es trágico porque asegura que no se cumplirán nuestras expectativas. Nos impide conectarnos con los demás, destruyendo nuestras relaciones con ellos y con nosotros mismos.

Nos sentimos tristes tras un arrebato de enojo porque hemos fallado en ver lo bueno en la otra persona y en nosotros mismos. Pero el enojo se puede transformar y puede ser visto como un regalo porque nos despierta a una elección muy importante: atacar o conectar. ¿Cuál de estas opciones nos dará lo que realmente queremos? ¿Cuál es más poderosa?

John Bargh ofrece una definición útil del poder: "El poder en una situación es la capacidad de alcanzar nuestros propios objetivos personales". Nuestra verdadera meta en cualquier interacción es satisfacer nuestras esperanzas, no atacar. Por ende, el verdadero poder no es la fuerza. No podemos conseguir que se cumplan nuestras expectativas mediante la coacción. La ira y el uso de la fuerza no son signos de poder, sino señales de que creemos ser débiles. Detrás de ellas, suele esconderse un profundo sentimiento de impotencia.

El poder radica en estar en contacto con nuestras esperanzas. Éstas y los sentimientos están más cerca a nuestra energía vital que nuestros pensamientos de juicio. Son más poderosos. Cuando aprendemos a identificar y expresar nuestras esperanzas de forma no coercitiva, descubrimos una gran dicha y libertad. He visto en repetidas ocasiones esta satisfacción en las caras de las personas en talleres de Comunicación Consciente cuando las conexiones validan su bondad y humanidad.

Nuestro pensamiento causa nuestro enojo. Así que, para transformarlo, cambiamos nuestra manera de pensar y, al hacerlo, cambiamos cómo nos sentimos. Aquí te explico cómo hacerlo:

Los pensamientos de enojo ocurren cuando pensamos que una persona nos ha ofendido o traicionado. Vemos a la otra persona como el problema y pensamos que debería estar actuando de manera diferente para con nosotros.

Imagina que estás en medio de una conversación con Erica y ella sale de la habitación. Esta es una forma típica de pensar al respecto:

Erica actuó groseramente conmigo, debió haberme escuchado.

Si piensas que Erica fue grosera contigo y te enfocas en lo que hizo mal, es probable que sientas enojo contra ella. Y si hablas desde tu enojo y dices *"Erica, me siento herido cuando me tratas de manera grosera"*, ella probablemente se pondrá a la defensiva.

Los pensamientos conscientes ocurren cuando te enfocas en tus esperanzas no cumplidas:

"Realmente quería ser escuchado, respetado, que lo que estaba diciendo fuera tomado en cuenta".

Entonces observas cómo te sientes internamente cuando no te escuchan y tal vez te sientas triste. Si hablas desde esta consciencia y dices *"Erica, me siento triste porque realmente quería ser escuchado"* es más probable que te escuche con compasión. Ella puede escuchar tu invitación no agresiva y se abren más posibilidades para ti de poder satisfacer tu esperanza.

Pensar conscientemente acerca de nuestras propias esperanzas es importante porque cuando éstas no son cumplidas, experimentamos una pérdida. La respuesta emocional a una pérdida es la tristeza, no el enojo. Expresar nuestra tristeza y esperanza ayuda a sanar nuestra psique y permite llegar a una resolución con la otra persona.

A continuación presentamos cuatro pasos para transformar y usar la energía del enojo:

1. Cuando te vuelves consciente de tu enojo, deja de hablar y hazte consciente de ti mismo. Respira. Encuentra tu centro.
2. Observa tus pensamientos; date cuenta que encontraste algo mal en lo que hizo la otra persona. *"Estoy enojada porque esta persona debió haber…"*. Toma nota de la manera en que estás culpando al otro por tus sentimientos.
3. Olvídate de la otra persona e identifica lo que realmente querías en la situación, tu esperanza no cumplida: *"Tenía la esperanza de…"*.

    Al identificar tu esperanza no cumplida te estás dando a ti mismo verdadera empatía. Este es un modo muy poderoso de dar un giro en tu nivel de consciencia hacia una verdad más profunda.
4. Observa cómo te sientes ahora en relación con esta esperanza no cumplida: *"Cuando me enfoco en esta esperanza no cumplida me siento…"*.

Y descubres el sentimiento que estaba debajo de tu enojo.

Veamos cómo puedes poner en práctica este proceso en tu vida. Imagina que trabajas en una pequeña compañía y Cleo, la propietaria, les pide a ti y a tres compañeros tuyos que piensen en algunas ideas creativas para mejorar la publicidad de la empresa. Tras reflexionar un largo rato te llega una inspiración repentina y escribes un anuncio para la radio. Lo refinas varias veces y estás sumamente complacido con el resultado. Tu esposa piensa que es magnífico.

En la reunión con Cleo tus compañeros de trabajo se limitaron a dar algunas sugerencias generales de publicidad. Entonces, tú presentas tu anuncio y todo el mundo se ríe.

"Eso es fantástico", dice Cleo. "Ahora, me gustaría platicarles mi idea. Nuestro mejor enfoque es enviar volantes a los periódicos locales. He hecho un borrador de estas dos muestras y me gustaría recibir sus opiniones".

Después que el grupo revisa los volantes, Cleo dice "Bueno, muchas gracias. Sus opiniones han sido de gran ayuda".

He aquí cómo puedes transformar tu enojo:

1. Toma nota de que te sientes enojado; haz una pausa y respira profundo.
2. Vuélvete consciente de lo que estás pensando, *Ella hizo una solicitud y yo propuse una idea muy buena. Ella debió haber considerado mi aportación.*
3. Ahora olvídate de Cleo y lleva tu atención hacia ti mismo. ¿Cuál era mi esperanza? Tenía la esperanza de que mi idea fuera apreciada.
4. Toma nota de tu nuevo sentimiento. *Me siento decepcionado.*

Una vez que has transformado tu enojo, tienes cuatro opciones sobre cómo proseguir.

En este caso sería apropiado:

- **Comunicar** tus nuevos sentimientos y esperanzas a la persona:

    "Cuando... siento... porque yo... ¿y ahora estarías dispuesto a...?

    Por ejemplo: "Cleo, cuando dijiste 'eso es fantástico' y a continuación nos compartiste tus ideas, me sentí decepcionado porque tenía la esperanza de que mi contribución fuera reconocida. ¿Estarías dispuesta a decirme si ves algún valor en ella?

En otra situación, si la otra persona está demasiado enfadada o molesta para escucharte, podrías hacer lo siguiente:

- **Escuchar** a la otra persona para descubrir su esperanza.

"Cleo, ¿te sentías presionada en la reunión para encontrar una solución que resolviera el problema lo más pronto posible?".

Si la situación es peligrosa o si te sientes abrumado y necesitas recuperarte obteniendo verdadera empatía de un amigo o de ti mismo, sería sabio actuar de la siguiente manera:

- **Irte**

O si la situación no es tan grave y deseas aligerarla...

- **Reírte**

"Si tenemos más reuniones locas como esta, deberíamos vender boletos de entrada".

En la siguiente página encontrarás **La Hoja de Trabajo Para Explorar el Enojo**. Copia este formulario práctico para transformar tu enojo y aplícalo cada vez que lo necesites

Marshall Rosenberg cuenta la siguiente historia que nos demuestra lo que sucede cuando entramos en contacto con la esperanza que está detrás de nuestro enojo. Un facilitador estaba trabajando con un grupo de prisioneros y acababa de explicar que nuestros sentimientos no son solo el resultado de lo que alguien más hace.

Entonces uno de los reos preguntó "¿Qué quieres decir cuando dices que otras personas no pueden hacerte sentir como te sientes?". El facilitador pudo ver por la expresión en los ojos del prisionero y en el tono de su voz que la respuesta a esta pregunta era muy importante para él.

"Piensa en una ocasión reciente en la que sentiste ira", dijo el facilitador.

"Estoy realmente enojado con el personal de la prisión", respondió el reo.

Entonces le preguntó qué era lo que lo hacía sentir tan enojado.

HOJA DE TRABAJO PARA EXPLORAR EL ENOJO

1. Me sentí enojado/a cuando... (describe lo que la otra persona hizo o no hizo).

   _____

   _____

   _____

2. En esta situación me sentí enojado/a porque pensaba que la otra persona debería haber:

   _____

   _____

   _____

Ahora borra mentalmente a la otra persona y cambia tu pensamiento hacia tu interior.

3. En esta situación mi esperanza general era _____

   _____

   _____

4. Cuando pongo mi atención en esta esperanza y pienso en que no se cumplió, ¿qué sentimiento experimento? _____

   _____

Ahora completa un enunciado sobre el mismo evento desde tu nueva perspectiva:

Cuando _____

_____

Me sentí _____

_____

Por que yo _____

_____

"Les pregunté hace tres semanas si podía tomar una capacitación y no me han dado una respuesta aún".

El facilitador contestó: "Tu respuesta sugiere que la falta de respuesta de ellos a tu solicitud es la única causa de tu ira".

"Lo es", dijo el prisionero.

"Me preocupa que digas que ellos son la causa de tu enojo. Me gustaría que observes lo que está pasando dentro de ti que también está contribuyendo a la ira", señaló el facilitador.

¿Qué quieres decir?", preguntó.

"Cuéntame qué piensas sobre que el personal aún no te haya dado respuesta sobre la capacitación".

"Es típico de algunos miembros del personal", replicó. "Son totalmente insensibles a las necesidades de los prisioneros. Nos tratan como si no existiéramos".

"Creo que son esas cosas que te dices a ti mismo sobre el personal las que te están haciendo enojar, no solo lo que el personal está haciendo. ¿Lo ves?".

"¿Cómo debo pensar acerca de ello?", preguntó el reo.

"Cada vez que sientas ira, creo que descubrirás que es porque estás pensando en términos de juicio sobre lo que otros están haciendo. De una forma u otra, estás pensando que están equivocados y que no deberían hacer lo que están haciendo".

"¿Cómo podría pensarlo de otra manera?".

"Quiero mostrarte lo que sucede cuando enfocas tu atención en tus necesidades no satisfechas en lugar de interpretar las acciones de los demás. Ahora, enfócate en lo que quisieras en esta situación y que no estás obteniendo y dime qué es".

"Necesito la capacitación que pedí porque el trabajo que quiero hacer cuando salga de aquí depende de haber recibido esa capacitación. Si no tengo esa capacitación, es probable que termine de nuevo aquí poco después de salir", dijo el prisionero.

"Ahora que tu atención está enfocada en tu necesidad de tener un buen trabajo y mantener tu libertad, dime cómo te sientes cuando piensas en no obtenerlo".

"Me siento asustado", confesó el reo.

"Observa que cuando tu atención está enfocada en tus deseos no cumplidos, te sientes asustado. Cuando tu atención se dirige a juzgar lo que está mal con el personal por no cumplir con tus necesidades, te sientes enojado", explicó el facilitador.

En ese momento, el prisionero se veía muy triste y bajó la cabeza. Entonces el facilitador le preguntó: "¿Qué está pasando?".

Aquél respondió: "Si hubiera podido aclarar lo que ocurría dentro de mí hace dos años, no habría matado a mi mejor amigo".

La ira es un síntoma del intento por parte de nuestro juez de echarle la culpa a alguien, hacer que alguien pague o se sienta culpable. Se basa en la interpretación errada. La ira lleva únicamente al ataque, lo cual garantiza que no se cumplirán nuestras esperanzas. También evita que podamos conectarnos con los demás. Afortunadamente, cuando experimentamos enojo, podemos transformar la energía y usarla positivamente, dando un giro a nuestra atención hacia nuestras esperanzas no cumplidas.

Hablar poderosamente, lograr la verdadera empatía de los demás

"¡No voy a dejar que me pisen como si fuera un tapete! Basta de escuchar al otro. ¿Cómo *obtengo yo* la satisfacción en un conflicto? ¿Por qué están los demás tan a la defensiva? ¿Y si no saben cómo escucharme?". Estas preguntas surgen en talleres todo el tiempo y deben recibir respuesta.

Renunciar a nuestra ira no nos deja como víctimas o "tapetes" sin voz. Al contrario, nos da la única forma efectiva de que nuestras esperanzas se cumplan, hablar de manera asertiva desde nuestra pasión, desde el poder de nuestros sentimientos y esperanzas. Veamos un ejemplo.

Laura se había estado sintiendo impotente en el trabajo desde hacía meses. Como jefa de enfermeras de un gran consultorio médico, ella tenía que interactuar regularmente con un médico de alto nivel, el Dr. Ovalle, quien frecuentemente la criticaba a ella y a su personal de enfermería. Los arrebatos del médico, fuertes e iracundos, eran muy intimidantes. Después de tomar el programa de Comunicación Consciente, Laura decidió que tenía las herramientas que necesitaba para confrontarlo de manera más efectiva.

Concertó una reunión con el Dr. Ovalle en la oficina de ella. Antes de la reunión, Laura reflexionó sobre sus esperanzas: entablar una conexión genuina con él, permanecer centrada a pesar de sus críticas y pedirle que tanto ella como su personal fueran tratados respetuosamente. A continuación se presenta la conversación, ligeramente condensada:

Sus palabras	Elementos de comunicación
Laura: "Pedí hablar con usted hoy porque me gustaría que pudiéramos trabajar conjuntamente hacia el bienestar de nuestros pacientes. Quiero que estemos en el mismo equipo. Cuando le escucho decir que el personal de aquí no hace una buena labor, me siento contrariada".	Apertura Hecho Sentimiento
Dr. Ovalle: "Bueno, francamente la atención prestada aquí no es lo que debería ser. Las personas no están haciendo las cosas correctamente. Usted necesita entrenar mejor a las personas y supervisarlos más de cerca".	Culpa
Laura: "Entiendo que a usted le gustaría que hubiera más supervisión. De hecho, ya se incrementaron las horas de supervisión de las enfermeras desde la semana pasada. Estoy trabajando en varios proyectos que al final se traducirá en **más y mejor entrenamiento**".	Escuchar su esperanza Proporcionar información

"Pero cuando usted critica al personal delante de los pacientes, me siento muy contrariada. Necesito que nos respete a mí y a mi personal".	Hecho Sentimiento Esperanza
Dr. Ovalle: "Es que no me gusta lo que veo. No creo que usted esté manteniendo los estándares efectivamente. De todos modos, ¿qué es lo que usted hace?".	Culpa
Laura tomó una respiración profunda, pensó en cuáles podrían ser las esperanzas del doctor que estaban detrás de sus palabras de ataque. Como primer paso reconoció lo que pensó era importante para él.	Concentración
Laura: "Dr. Ovalle, usted es un médico muy exigente y le da una excelente atención a nuestros pacientes. Ambos queremos lo mejor para ellos y, a menos que trabajemos juntos, va a ser difícil alcanzar esa meta. Mi personal necesita ser tratado con respeto. Cuando usted tiene inquietudes y las lleva directamente al Director Médico, en lugar de hablar conmigo, me siento frustrada".	Sus valores Esperanzas comunes. Esperanza Hecho Sentimiento
Dr. Ovalle: "Lo hago porque de todos modos usted tiene que consultarlo todo con él".	Ataque
Laura: "Me gustaría que hablara directamente conmigo. Necesito que entienda cómo funciona el sistema, que lo respete y que respete mi posición. Sus estándares son importantes y trabajando juntos podemos mantenerlos".	Solicitud Esperanza Esperanza

Dr. Ovalle: "No solo estoy molesto con usted y su equipo de enfermería. Tampoco me gusta mucho cómo trabajan los otros médicos de la práctica. Así que no es solo el personal de enfermería. ¡Simplemente no voy a comprometer mis estándares!".	Divulgación Evaluación personal

Esperanza dicha con emoción |
| Laura: "Dr. Ovalle, ¿no se siente contento con el grupo con el cual está trabajando?". | Suposición del sentimiento |
| Dr. Ovalle: "No estoy contento con muchas cosas". | Sentimiento |
| Laura: "Valoro que tenga estándares tan altos cuando se trata de nuestros pacientes. Yo comparto esos mismos estándares. Nunca esperaría que comprometiera sus principios. ¿Podría trabajar con nosotros para lograr una atención de calidad? ¿Estaría dispuesto a participar en alguna capacitación con el personal? ¿Le parecería bien que nos reuniéramos al inicio de su turno para ponerlo al tanto de lo que ha estado ocurriendo en la unidad y al final del mes para que pueda darme su retroalimentación? Esto nos permitiría mantenernos informados sobre temas y preocupaciones importantes". | Escuchar la esperanza

Esperanza

Solicitud
Solicitud |
| Dr. Ovalle: "Sí, pienso que eso sería útil". Y se acercó y le estrechó la mano a Laura. | Empatía |

La jefa de enfermería estaba encantada. A partir de entonces, ella y el Dr. Ovalle se reunían regularmente. Comenzaron a compartir a nivel profesional y en poco tiempo ella empezó a sentir el respeto que deseaba para ella y su personal. Los beneficios de esta nueva cooperación derivaron en un ambiente más positivo en la unidad para el personal y los pacientes.

Laura confrontó exitosamente al Dr. Ovalle, esquivó sus ataques y se ganó su respeto y cooperación. Al reflexionar sobre la conversación, se dio cuenta que inicialmente él estaba demasiado molesto como para escucharla. Hasta que ella le hizo saber que escuchaba sus sentimientos y esperanzas fue que ellos pudieron hablar de verdad.

Es posible que nos encontremos en una situación donde queramos con ahínco influenciar a alguien, aunque la otra persona no parezca querer oírnos ni darnos a entender que le importamos. En esos momentos es posible que "gritemos" en la comunicación consciente para que la otra persona preste atención a nuestra esperanza. La comunicación asertiva incluye una expresión concisa y robusta de nuestros sentimientos y esperanzas. Usamos el lenguaje empático, el tono, el volumen, el contacto visual y los gestos para hacerle saber a la otra persona con qué intensidad sentimos nuestros sentimientos y esperanzas. Por ejemplo, imaginemos que encontraste drogas en la habitación de tu hijo de 16 años. Es posible que "grites":

Tú: *"¡Esto realmente me asusta, Benjamín! Hablemos al respecto".*
Hijo: *"¿Cuál es el problema?".*
Tú: *"Siento temor de que podrías morir y yo realmente te amo".*

Tu "grito" es tu enunciado empático de tus sentimientos y/o esperanza.

Insistir en una verdadera empatía

Después de habernos expresado frente a otra persona, queremos saber que nuestros sentimientos y esperanzas fueron escuchados con exactitud. Queremos comprensión empática. Lo necesitamos para que nuestras emociones vuelvan a su centro. Para obtener esto, tal vez digamos algo como "Repite lo que te dije".

Por ejemplo, si después de que dijiste "Siento temor de que puedas morir y yo realmente te amo" tu hijo respondiera "Oye mamá, estoy bien. Tengo que ir a reunirme con un amigo ahora" la conexión a nivel de sentimientos y esperanzas no ha ocurrido. Así que insistes en ello diciendo:

"Esto es importante para mí. Necesito saber que has escuchado lo que te estoy diciendo. Dije: "Siento temor de que puedas morir y yo realmente te amo". Por favor, ¿me podrías decir lo que me escuchaste decir?"

"Sí, estás preocupada por mí, pero no necesitas estarlo. ¿Ya me puedo ir?".

"No, eso no es lo que dije. No estoy solamente preocupada. Yo dije *"Siento temor de que puedas morir y yo realmente te amo"*. ¿Qué me escuchaste decir?".

"Tú dijiste que estabas temerosa de que yo podría morir y que me amas".

"Sí. Gracias".

Cuando tu hijo dijo "Tú dijiste que estabas temerosa de que yo podría morir y que me amas" algo cambió. Él ya no puede desestimar lo que dijiste. Al repetirlo, lo ha entendido. Se ha dado una comunicación. Ahora ambos se sienten más cercanos a un centro consciente. Tú insististe y recibiste una verdadera empatía de su parte.

Cuando necesitamos una verdadera empatía persistimos hasta que la otra persona pueda repetir nuestros sentimientos y alcanzar esperanza a nuestra satisfacción. Les agradecemos y entonces les preguntamos cómo se sienten cuando nos escuchan decir eso. De este modo, podemos averiguar sus propios sentimientos y esperanzas. Cuando los sentimientos y esperanzas de ambos se mantienen presentes, podemos encontrar soluciones.

Decir "no"

Otra destreza importante de comunicación asertiva es ser capaces de decir "no" sin que suene como un juicio negativo. He aquí el problema: Decir "no" es decir lo que no queremos y la otra persona se siente rechazada y no querida..

Imagina que un amigo te ha hecho esta petición: *"Me gustaría pasar por tu casa esta noche y contarte lo que ha estado pasando en mis relaciones."* He aquí cómo puedes decir "no" y a la vez ser consciente de no ser negativo:

1. Demostrar empatía con la solicitud que se ha hecho.
   "Suena como si estás preocupado por tus relaciones y quieres charlar".
2. Expresar la esperanza que te previene de decir "sí".
   "He estado realmente agotado y necesito tiempo esta tarde para cuidar de mí mismo".
3. Conéctate con la otra persona en una forma que indique tu disposición a resolver el problema hasta que ambos puedan encontrar un modo de cumplir con sus esperanzas.
   "¿Podemos buscar otro momento para reunirnos?".

Esto establece una conexión y comunica más que decir "No, no puedes venir a charlar". La esperanza de la otra persona no ha sido rechazada; simplemente tiene que buscar cumplirla de modo diferente o en otro momento.

Hemos visto el poder de la verdadera empatía para transformar el enojo y como un modo de reafirmarnos y ser asertivos sin atacar. Pero en algunos casos podemos tener dudas persistentes acerca de poder aplicarla. Es posible que pensemos "¿Acaso no existen algunas personas y acciones que son realmente tan terribles que no queremos extenderles nuestra empatía?".

"La pregunta más importante que un ser humano se puede hacer es la siguiente: ¿el universo en el que vivo es hostil o amigo?".

—*ALBERT EINSTEIN*

CAPÍTULO OCHO
El perdón

Es posible que hayas experimentado que es difícil renunciar a tu enojo, especialmente cuando te sientes muy lastimado. ¿Cómo puedes simplemente "borrar mentalmente" a la otra persona? Es posible que pienses "existen ciertas personas, ciertos actos, que sencillamente no puedo olvidar". A continuación se presentan dos pensamientos específicos que son difíciles de dejar pasar después de un conflicto grave:
- La otra persona lo hizo intencionalmente.
- El dolor o herida fue tan grande que es irreparable.

Cuando tenemos estos pensamientos sentimos ira y resentimiento. Tenemos la certeza de que la Comunicación Consciente no puede cambiar esta situación. Sin embargo, también sabemos que la ira y el resentimiento envenenan nuestros cuerpos y nos encierran en el nivel de consciencia de juicio. No podemos cambiar lo que vemos como el hecho del asunto, así que estamos atascados. Y pensar que el responsable de nuestro dolor tiene el poder de hacernos sentir miserables por ello —robando la alegría de nuestra vida— y puede hacernos sentir aún más enfadados. ¡No somos los perpetradores! ¡Somos inocentes! Nos sentimos frustrados e impotentes.

Para empeorar las cosas, parte de nosotros sabe que debemos actuar con más nobleza amando a nuestro prójimo como a nosotros mismos. Las mayores enseñanzas religiosas y espirituales del mundo parecen estar de acuerdo con esto, tal como se ve en la siguiente tabla.

Tabla 13 - La Regla de Oro en las religiones del mundo

Siempre debemos tratar a los demás como ellos quisieran ser tratados.	**Hinduismo**
Amarás a tu prójimo como a tí mismo.	**Judaismo**
Lo que sea desagradable para tí, no se lo hagas a los demás.	**Zoroastrismo**
No causes daño a otros con lo que te da dolor a tí.	**Budismo**
No hagas a los demás lo que no quieres que te hagan a tí.	**Confucionismo**
Lo que deseas que otros te hagan a tí, hazlo a los demás.	**Cristiandad**
Ninguno de ustedes es creyente hasta que ame al prójimo como a sí mismo.	**Islam**

Yo también he experimentado grandes agravios y me he enojado mucho. Sentí que mi ira estaba justificada y que tenía razón al desear que el responsable fuera castigado. Cuando comparo mi modo de pensar con la regla de oro, siento confusión. O bien hay muchas excepciones a la regla de oro o yo soy mezquino y no soy capaz de alcanzar este estándar.

Necesitamos movernos más allá de la superficie de la regla de oro y entender la profunda lección que nos enseña. La lección se centra en los dos modos de visualizar el perdón.

En el idioma actual la palabra perdonar tiene dos significados. La primera definición en el diccionario es: "Disculpar a alguien por una falla u ofensa, perdonar". Me referiré a esto como "perdón común", una interpretación del juez. Esto implica que la otra persona hizo algo mal, lo que nosotros decidimos no castigar porque estamos moralmente por encima de la otra persona, al menos por ahora. Sin embargo, guardamos su transgresión en nuestra memoria para sacarla la próxima vez que queramos coaccionarla con culpa. No vemos su error como un simple desacierto, sino como un acto malintencionado, lo que hace que la otra persona parezca diferente e inferior a nosotros.

Este es un truco insidioso del juez. Nuestro juez le está diciendo a la otra persona: "Soy tan bueno (y tan superior) que no te haré pagar por tu maldad". Naturalmente, nuestro juicio provoca una reacción defensiva en ella. Pero eso es solo parte del daño. Si la gente es esencialmente toda igual, cada vez que vemos maldad o malicia en otra persona la estamos viendo en nosotros mismos.

¿Es posible perdonar realmente un daño que estamos seguros que alguien nos hizo?Cuando culpamos a alguien, queremos que sepan que son responsables de haber hecho algo malo. Si hicieron algo malo, entonces son malos, y queremos que sufran por su error. "El castigo" es infligir una pena dolorosa por un error y vemos el castigo como un ataque justificado hacia el culpable.

He aquí una verdad psicológica que tu juez no quiere admitir: Castigar a alguien es como activar una bomba en un espacio cerrado, es decir, causa daño a ambas partes.

Cuando buscamos castigar a alguien nos afectamos a nosotros mismos porque estamos usando el ataque como autodefensa. Cuando elegimos atacar, estamos eligiendo ser crueles. Esto tiene dos efectos psicológicos negativos sobre nosotros.

Primero, en lugar de reducir nuestro miedo, éste crece. Cuando nos defendemos contra las amenazas, les damos legitimidad. Segundo, cuando elegimos ser crueles, hemos renunciado a nuestra imagen de ser buenos. Las personas buenas no atacan ni causan daño a los demás. El estrés psicológico de intentar mantener la fachada de ser bueno a la vez de ser cruel genera tensión; nos puede quitar el sueño por las noches.

Desafortunadamente esto refuerza nuestra creencia de un universo no amigable y continuamos culpando a los demás y saboteando nuestras relaciones. Cuando no revertimos un juicio negativo, estamos optando por permanecer en modo de ataque. Entonces el perdón no es posible porque estamos guardando los agravios de la otra persona como prueba de su maldad. Se convierten en armas para nuestros ataques.

Así, quedamos atascados en un círculo vicioso. La raíz del problema yace en lo más profundo de nosotros, en dos creencias medulares del inconsciente colectivo que hemos llegado a tener sobre nosotros:

- Creemos que somos vulnerables.
- Creemos que somos impotentes.

Son estas creencias inconscientes acerca de nosotros mismos las que dan origen a nuestras actitudes defensivas temerosas. ¿Qué podemos hacer al respecto? Albert Einstein dijo que no es posible resolver un problema con el mismo tipo de pensamiento que creó dicho problema.

Los dos niveles

Podemos aprender a ver el universo como amigable y a nosotros mismos vernos como invulnerables al cambiar nuestras ideas de quiénes somos. Las creencias de que somos vulnerables e impotentes surgen de la idea de que somos cuerpos. Esta idea es solo parcialmente cierta. Nuestros cuerpos son los hogares de nuestras mentes inconscientes.

Candace Pert, Ph.D., autora de *Molecules of Emotion: Why You Feel the Way You Feel*, describe en su libro la red de péptidos y receptores que componen los sistemas de información y de emociones del cuerpo. Sus investigaciones prueban que la información es procesada no solamente en el cerebro, sino también en "puntos nodales" a lo largo de todo el cuerpo y cada uno contiene muchos receptores. Estos puntos nodales procesan nuestra información de los sentidos, la filtran, le asigna prioridades y sesgos causando cambios químicos y emocionales en nosotros. De este modo el cuerpo es la fuente de nuestras emociones y nuestras percepciones. Nuestras emociones deciden a lo que vale prestar atención y regulan lo que experimentamos como realidad. El Dr. Pert dijo: "El cuerpo es nuestra mente inconsciente."

La realidad corporal es el mundo inconsciente que habitamos el 99 por ciento del tiempo. El juez se siente perfectamente en casa ahí. Los cuerpos no son todos iguales; obviamente difieren el uno del otro y el juez se deleita en juzgarlos. Los cuerpos pueden atacar y herir a otros cuerpos. Si nos contemplamos a nosotros mismos solo como cuerpos nos vemos vulnerables a los ataques. El inconsciente es un vecindario familiar, pero no es un lugar seguro ni agradable donde vivir. Entonces, ¿dónde está nuestra mente *consciente*?

El espíritu se define como "el principio vital o fuerza animadora dentro de los seres vivos; un nivel de consciencia incorpóreo". Incorpóreo significa "carente de forma material", así que, por definición, la fuente del pensamiento consciente no está en el cuerpo. Nuestras mentes conscientes no están atrapadas en nuestros cuerpos. "Tengo un cuerpo, pero no soy mi cuerpo. Soy más que eso. Soy el que está consciente".

¿Alguna vez has tenido la experiencia de sentirte en unidad con el universo? Casi todas las personas pueden recordar un momento de maravillosa unidad. Puede haber sido un momento de paz en un entorno natural o puede haber sido un instante de total conexión con otra persona. Estas experiencias de consciencia pura nos dejan con una indescriptible sensación de maravilla, asombro, milagro y dicha acerca del misterio de la vida. Nos dan un sentido de lo espiritual.

¿Y será acaso que un espíritu es lo que realmente somos? Este es un modo de pensar acerca de nuestras vidas que nos puede ayudar enormemente con nuestra imagen propia y nuestras relaciones. Tenemos el hábito de creer que somos esencialmente cuerpos. ¿Y si nos viéramos como esencialmente espíritus? La creencia de que somos espíritus ha ayudado a muchas personas a perdonar a otros completamente y a ver el universo como amigable. Decir que somos esencialmente espíritu es decir que reconocemos una fuerza vital en nosotros que representa algo más que nuestros simples cuerpos.

Imagina que el espíritu es el nivel esencial e invisible en el cual todos nosotros somos iguales y buenos. Como el espíritu no tiene forma física, no puede atacar y no puede ser herido. El espíritu no puede temer; solamente puede amar. Como espíritus, somos invulnerables.

Otros nombres para el espíritu son "presencia", "conciencia" y "mente consciente.". Todos deseamos resolver conflictos y crear relaciones sanas y duraderas. Así que, por un momento, supongamos que estamos dispuestos a considerar la creencia de que somos espíritu o consciencia, que usamos nuestra mente consciente para aplicar la "Anulación Consciente" a nuestros juicios del ego. ¿Cómo podríamos usar esta creencia para construir y fortalecer nuestras relaciones? La herramienta más poderosa de aprendizaje es la experiencia práctica. Tenemos que probarlo para ver si funciona. Aquí hay un ejemplo de un hombre que decidió vivirlo.

Roberto Gass, un hombre que cree implícitamente en su realidad como espíritu o consciencia, me contó su historia. Durante un invierno alquiló una casa rodante en San Diego para ir de vacaciones con su esposa e hija pequeña. Hablaba algo de español y estaba ansioso por experimentar los desiertos poblados de cactus en la costa occidental de México.

Una tarde, la familia se encontraba en un sitio bello en la playa con mesas rosadas por un lado y la puesta del sol sobre el Pacífico por el otro. No había ningún pueblo ni parque de casas rodantes a kilómetros y el lugar era tan sereno que decidieron acampar allí.

Entrada la noche, cuatro hombres irrumpieron en su casa rodante gritando que les dieran todo el dinero que tuvieran. Traían consigo un rifle y grandes cuchillos blandiendo. Roberto estaba aterrorizado, especialmente por su esposa e hija que observaba con los ojos muy abiertos y estaba sentada en su litera. ¿Cómo podía obligar a estos intrusos que se fueran y que la familia pudiera salir ilesa de este suceso? El cabecilla del grupo delictivo aparentemente le leyó la mente y se acercó a la niñita. Roberto tomó una respiración profunda. Roberto inhaló profundo y se detuvo. Supo que tenía que hacer un cambio interno: pasar del miedo a la generosidad, de la defensa a la presencia amorosa. Entonces, sacó su cartera y la entregó.

El líder le gritó pidiéndole más mientras emanaba olor a cerveza. Roberto ubicó la billetera de su esposa y también les dio ese dinero a los asaltantes. Al hacerlo, pudo echar un mejor vistazo a los hombres. Eran jóvenes y uno de ellos permanecía rezagado, echando miradas al cabecilla del grupo pidiendo instrucciones. Roberto le sonrió, se quitó el reloj de pulsera y su anillo de bodas y se lo entregó. La mano del joven estaba temblando.

"¡Más!" gritó el líder. Roberto lo miró, asintió con la cabeza obedeciendo y fue a un cajón pequeño. Sacó todas las joyas de su esposa y se las entregó. Roberto entonces le hizo señas a su esposa de entregar el anillo de bodas y el reloj de pulsera, a lo cual procedió.

Roberto puso su mano en su barbilla por un segundo. "Mi cámara", dijo. La sacó de su chaqueta que estaba colgando y la entregó.

Entonces, sonrió y desplegó una mesa. Fue al mini-refrigerador y sacó cerveza y comida. Mientras los bandidos observaban, abrió las cervezas, le entregó una a cada hombre y comenzó a prepararles sandwiches. Les pidió que se sentaran. Uno se sentó; los demás se quedaron de pie. Roberto les encontró una bolsa de lona para su botín y metió también un radio.

En tono jovial, les habló de algunas de las bellas vistas que su familia había disfrutado en México y pudo percibir cierto reconocimiento en sus rostros. Les preguntó en donde más había lugares hermosos y uno le dijo "La Bufadora". Le pidió al hombre que les contara al respecto. A medida que conversaban, comían y bebían, todo el mundo se relajó. Les preguntó cómo llegar a "La Bufadora" y uno de ellos le señaló la dirección. Roberto no tenía claro cómo llegar ahí y le preguntó al hombre que se lo mostrara. Ya afuera, Roberto se sorprendió al ver que los maleantes no tenían vehículo.

Entonces les ofreció un aventón. Se miraron los unos a los otros y el líder dijo que le diría a donde dirigirse. Roberto condujo el vehículo por caminos de tierra durante un tiempo hasta que le dijeron que se detuviera. Al salir del vehículo, Roberto les entregó una caja de galletas. Se dijeron "*adiós*". Cuando se cerró la puerta se sentó en la cama de su hija y toda la familia se abrazó.

Unos minutos después, alguien tocó a la puerta. Era uno de los hombres jóvenes.

"Lo lamento", dijo, devolviéndole sus tarjetas de crédito, anillos de bodas y parte del dinero. "Usted es un buen hombre. Espero que disfrute su estancia en México".

"Muchas gracias, amigo", respondió Roberto. "Adiós". Y les escuchó reír mientras se alejaban caminando en la oscuridad de la noche.

En un nivel físico, Roberto y su familia estaban vulnerables. Pero su creencia de que, en esencia, es espíritu, se reflejó en su forma libre y amorosa de actuar. Al mostrarse sin miedo, les transmitió que no eran una amenaza para él, que podía ver en ellos algo bueno. Y ellos, al sentirse vistos de esa manera, se mostraron agradecidos.

Esta idea de que las personas, en el fondo, son espíritu o bondad puede ser de gran ayuda en la Comunicación Consciente. Nos permite dar ese salto de fe que ocurre cuando soltamos nuestras propias interpretaciones y elegimos intuir la esperanza que el otro guarda en su interior. Si bien esta presunción no es requerida para comunicarse conscientemente, sí puede facilitar el tomar el salto de fe que realizamos cuando negamos nuestra percepción y adivinamos la esperanza del otro.

Este libro tiene como propósito acompañarte a vivir la experiencia de amar a tu prójimo como a ti mismo. Ver a los demás como consciencia o espíritu es una herramienta mental que nos permite recordar que no somos solo un cuerpo frágil y vulnerable, sino presencia viva, esencia que no puede ser amenazada. Desde ahí, reconocemos que el universo es un lugar amigable. No tenemos nada que temer, y no necesitamos cambiar a nadie. Solo necesitamos ver a los demás como lo que realmente son: seres dormidos a su amor interno, pero que anhelan, aunque no lo sepan, volver a recordarlo.

Podemos vivir la experiencia real de dar y recibir amor. Este libro quiere que lo experimentes, que vivas en carne propia lo que significa amar al prójimo como a ti mismo. Al hacerlo, verás que no estás solo, que el universo es tu aliado y que todos, en el fondo, somos amor esperando ser reconocido.

El poder del Amor

La regla de oro es impulsada por el amor. Al actuar conforme a ella, el amor nos ayuda. El amor: un sentimiento profundo, tierno e inefable de afecto y solicitud hacia una persona, ya sea nacido del parentesco, del reconocimiento de cualidades atractivas o de una sensación de unidad esencial, que acepta a los demás como buenos y semejantes. "Inefable" significa que no podemos probar que el amor existe, así que cae en el ámbito de lo espiritual. Pero sabemos por experiencia que el amor mejora nuestra sensación de bienestar y nuestra visión del mundo.

Creamos amor y aprendemos a amarnos a medida que lo hacemos extenso a otros. Cuando tomamos ese gran salto de fe y elegimos extender nuestra comprensión positiva a alguien, entonces aparece. Esta creación indirecta del amor frecuentemente nos sorprende.-Cuando dejamos de aferrarnos al juez y asumimos las esperanzas del otro, las manos invisibles del amor nos conectan con seguridad a las manos de la otra persona y ambos nos ubicamos en un sitio seguro.

Luego de resolver amorosamente un conflicto, nos sentimos felices, en paz y en plenitud. Nuestros sentimientos, junto con la satisfacción experimentada por la otra persona, nos permiten saber que hemos dado amor y que solamente podemos dar lo que tenemos. Por ende, nos damos cuenta que somos conductos para el amor. Éste fluye a través de nosotros en el instante en que elegimos conectar en lugar de defendernos.

Dando amor, lo creamos. Esto es un milagro. El conocimiento de quienes realmente somos nos permite tomar este salto de fe.

Mientras más frecuentemente saltamos, más nos conectaremos. La creencia de que somos espíritu y podemos convocar el poder del amor nos ayuda a perdonar completamente.

Esta historia se publicó recientemente en un periódico de Florida. Mientras el Dr. Jasper Becker estaba manejando de vuelta a la casa con su familia después de ver una película, un auto deportivo chocó contra su camioneta e hizo que se volcara. Su esposa Kathy se quedó atrapada dentro de la camioneta. Repetidamente gritó el nombre de su hija pero no obtuvo respuesta. Loren, de diecisiete años, estaba muerta. El conductor del auto deportivo huyó de la escena pero posteriormente fue arrestado.

"El lenguaje humano es inadecuado para expresar la angustia y la sensación de vacío que sentí durante las semanas siguientes" reportó Kathy. "Sentí que había perdido a Loren para siempre. Ya nada volvería a ser igual."

Sin embargo, cuando Kathy se enteró que Jorge, el conductor adolescente que provocó el accidente estaba emocionalmente devastado, balanceándose para atrás y adelante en posición fetal, ella vio un niño inocente. Ella lo perdonó y, al hacerlo "una ola de amor me inundó. Una gran carga se evaporó de mis hombros. Me sentí más liviana. El dolor cambió. Aún extrañaba a Loren. Aún quería que regresara pero… perdonar a Jorge, significaba que ya no tenía que vivir el resto de mi vida llena de culpas y amargura. También facilitó que Jorge se perdonara a sí mismo".

Jorge había pensado que Kathy quería matarlo y dijo: "Ella me quería ayudar. Sentí levantarse un peso de mí. ¡Ella no me odiaba! Me sentí como un ser humano otra vez". Kathy pidió clemencia a la Corte y, tras cumplir un año en la cárcel, Jorge salió y empezó sus estudios universitarios.

Este es el resultado del perdón completo: una paz interna llena de dicha junto con la realización de que somos esencialmente seres amorosos.

Entonces, ¿qué hacemos con las personas que hacen cosas malas? Las perdonamos. Sí, ciertamente no permitimos que los criminales anden sueltos por las calles, y ciertamente hacemos todo para prevenir que causen daño a otros, pero lo hacemos sin ira ni venganza. Para sanarlos y sanarnos a nosotros mismos, nos conectamos con sus seres conscientes para que puedan despertar y los reconocemos como buenos y amorosos. Pueden haber cometido errores, pero los espíritus no pueden ser lesionados ni morir. Nunca es demasiado tarde para despertar y experimentar amor.

Hasta antes de su muerte en 2021, el arzobispo Desmond Tutu de Sudáfrica era creyente del principio de que las personas son esencialmente iguales y están interconectadas, que "mi humanidad está entrelazada con tu humanidad". Como presidente de la comisión sobre la verdad y la reconciliación, dijo en una ocasión que "la reconciliación, el perdón y la confesión no son la moneda de cambio habitual de la política, pero si de verdad te interesa una catarsis, una experiencia terapéutica... se trata de sanar las memorias, sanar las actitudes, sanar el corazón, sanar el espíritu. Cualquier otro tipo (de proceso) sería superficial, casi espurio, quizá incluso muy peligroso".

Nuestro desafío diario no está en encarar a los asesinos. Está con nuestras familias y amigos. El amor es una realidad. Al perdonar a otra persona, experimentamos esta verdad del amor, la paz y la dicha. Nos unimos a Albert Einstein en un mundo amigable.

El perdón ocurre primero en la mente, en el instante en que damos el salto de fe para adivinar la esperanza de la otra persona.

¡Pero para aprender a perdonar buscamos cambiar nuestras mentes!

Diálogo consciente con uno mismo

Hemos aprendido que existe dentro de nosotros un yo consciente, un yo sabio y amoroso. ¿Cómo accedemos a este yo consciente y amoroso cuando estamos atrapados en la ira y la desesperación? Cuando estamos atrapados en la ira y la desesperación, estamos escuchando a nuestro juez. Sin embargo, el yo consciente también está en nuestra mente. Accedemos al yo consciente sin pensar mediante el proceso del diálogo consciente con uno mismo. Se basa en la comunicación consciente con uno mismo y es una herramienta muy poderosa. Aquí hay tres ejemplos:

El caso de Margarita: Un proceso de liberación

Este es el caso de Margarita. Últimamente se ha sentido desanimada. Su vida no resultó como la había planeado y, aunque se esfuerza, no termina de hacer las paces con su pasado ni con la vida que lleva hoy. Es una mujer divorciada que busca salir adelante, pero está por cumplir sesenta años y conseguir empleo a su edad se ha vuelto una tarea difícil. Por eso ha intentado emprender, aunque esto le exige mucha organización, enfoque y constancia. Si bien comienza sus proyectos con entusiasmo, suele perder el impulso cuando no ve resultados o surgen obstáculos y termina regresando a su zona de confort.

Margarita está en un proceso de autoconocimiento, y al observarse con honestidad, se ha dado cuenta de que su voz crítica —su juez interior— interfiere constantemente, llenándola de dudas sobre su capacidad y proyectando escenarios catastróficos que la distraen de sus objetivos y que, a veces, la arrastran nuevamente al miedo.

Desde pequeña fue una niña obediente y bien portada. Era la mayor de cinco hermanos y cargaba con la expectativa de sus padres de ser un ejemplo para los demás. Se esforzaba por ser buena estudiante, hermana y amiga. Más tarde, en su vida adulta, también intentó ser una buena esposa y madre. Pero a pesar de todos sus esfuerzos, su matrimonio terminó y con ello también desapareció la sensación de seguridad que había tenido hasta entonces. No estaba preparada para salir adelante sola: la habían educado para ser esposa, ama de casa y estar al servicio de su familia.

Ese "fracaso" pesaba mucho en su mente y en su forma de verse a sí misma. A veces pensaba que si hubiera nacido en otra cultura y no en una sociedad latina, tradicional y patriarcal, las puertas no se le habrían cerrado de esa manera por salirse del rol que se esperaba de ella. Sin embargo, Margarita se dio cuenta de que ese tipo de pensamiento solo la mantenía en un lugar de víctima, sin poder personal. También reconoció que guardaba muchos rencores y resentimientos que le estaban robando la alegría y la capacidad de imaginar o creer en un futuro mejor.

Fue entonces cuando comenzó a explorar herramientas como la Comunicación Consciente y algo que le llamó profundamente la atención fue el concepto del diálogo consciente con uno mismo. Como en ese capítulo hablo sobre el perdón, quiero compartir aquí un ejemplo de cómo Margarita usó este tipo de diálogo para procesar sus emociones y pensamientos, reconciliarse consigo misma y comenzar a retomar el control de su mente y su vida.

Una mañana despertó inquieta a las 5:30 a.m. Había soñado algo que la dejó removida y se sorprendió al ver que otra vez estaba juzgando y culpando a sus padres por lo que no le habían dado. Entonces tomó su libreta —una herramienta que le ayuda mucho a ver con claridad sus pensamientos y calmar su mente antes de creer en las historias que ésta le cuenta— y escribió el siguiente diálogo entre su voz 1 (su parte compasiva y consciente) y su voz 2 (la parte que expresa su dolor y sus miedos):

Voz 1: Parece que hoy amaneciste con el corazón inquieto… como si algo adentro te doliera.

Voz 2: Sí, me siento desesperada… y muy sola. Como si no hubiera salida.

Voz 1: ¿Puedes decirme más sobre eso?

Voz 2: He estado intentando salir adelante, pero nada parece funcionar. Ahora, mientras me recupero de esta enfermedad, no puedo ofrecer mis servicios y siento que dependo de otros. Me asusta quedarme sola y no poder sostenerme por mí misma.

Voz 1: Entiendo ese miedo. Pero dime, ¿realmente crees que tienes que cargar con todo tú sola?

Voz 2: No quiero ser una carga. Todos tienen su vida… Y además, fui educada para depender. Esa forma de pensar solo me ha traído frustración.

Voz 1: Suena a que estás deseando profundamente ser independiente… pero al mismo tiempo, te castigas si necesitas apoyo. ¿Es así?

Voz 2: Sí… Cuando me divorcié, mi papá me juzgó muy fuerte. Como si yo lo hubiera traicionado. En vez de sentir su respaldo, me sentí rechazada, incomprendida. Eso me cerró. Me alejé de mi familia justo cuando más los necesitaba.

Voz 1: Veo que hay mucho dolor guardado ahí. Muchos enojos que no has podido soltar del todo…

Voz 2: Es cierto. Me educaron para ser una buena esposa, madre, ama de casa. Para quedarme, pasara lo que pasara. Pero también entiendo que ellos solo repitieron lo que habían aprendido. Sus padres hicieron lo mismo.

Voz 1: ¿Te duele haber tenido que tomar un camino distinto sin sentirte sostenida ni comprendida por ellos?

Voz 2: Me hubiera gustado que mi papá reaccionara diferente… Que me hubiera dicho: "Estoy contigo", que me entendiera. En vez de eso, sentí sus juicios.

Voz 1: Parece que al romper con las creencias familiares y religiosas, tocaste miedos muy profundos, tanto tuyos como de él.

Voz 2: Sí… Fue muy fuerte. Yo tenía miedo, y mi papá probablemente también. Pero hoy veo que culparlo por mi situación actual no es justo. Él me dio lo que pudo dar. A su manera, siguió estando cerca.

Voz 1: ¿Y cómo te hace sentir darte cuenta de eso? ¿Estás lista para soltar esa carga?

Voz 2: Sí. Quiero soltar el enojo y el resentimiento. Siento que me han impedido hacer las paces con mi historia… y con mi decisión. Hoy entiendo que separarme fue un acto de amor propio, de coherencia. Escucharme fue el primer paso para sanar.

Voz 1: Qué poderoso es reconocer eso.

Voz 2: Hoy elijo darme a mí misma lo que por años esperé que otros me dieran: atención, comprensión, apoyo. Eso me libera. Eso me fortalece. Ya no necesito pelear con el pasado para avanzar. Ahora puedo caminar con más ligereza.

Elena y su miedo al rechazo (relaciones personales)

Contexto: Elena tiene 52 años, está separada y ha comenzado a abrirse a nuevas relaciones. Recientemente conoció a alguien que le interesa, pero ha comenzado a alejarse porque tiene miedo de volver a ser herida.

Voz 1: Parece que estás empezando a desconfiar. ¿Te sientes en peligro?

Voz 2: Me da miedo encariñarme y que luego me rechacen. No quiero pasar por lo mismo de antes.

Voz 1: ¿Crees que el dolor pasado puede repetirse exactamente igual?

Voz 2: No lo sé... pero a veces siento que es mejor no esperar nada para no decepcionarme.

Voz 1: Entonces, ¿para protegerte, prefieres no abrir el corazón?

Voz 2: Sí... aunque eso también me hace sentir sola.

Voz 1: Tal vez hay una parte tuya que quiere amar, y otra que aún necesita sentirse segura.

Voz 2: Puede ser. Tal vez necesito darme el permiso de avanzar despacio, sin forzarme, pero sin cerrarme del todo.

Voz 1: ¿Qué podrías hacer hoy para honrar ese deseo de amor sin traicionar tu necesidad de cuidado?

Voz 2: Podría hablar con él desde la honestidad. Compartirle mis miedos, pero también mi interés.

Voz 1: Suena a un buen paso. Estás aprendiendo a cuidarte sin levantar muros. Eso también es valentía.

Rosa y la culpa por poner límites (entorno familiar)

Contexto: Rosa, de 65 años, ha comenzado a poner límites con su hija adulta que vive con ella y que constantemente le exige tiempo, dinero y atención. Aunque se siente más en paz cuando pone límites, también le asalta la culpa.

Voz 1: ¿Qué sientes cuando le dices "no" a tu hija?

Voz 2: Me siento mala madre. Como si la estuviera abandonando.

Voz 1: ¿Crees que poner límites es abandonarla?

Voz 2: No, en el fondo sé que no... pero crecí pensando que una buena madre da todo, sin medida.

Voz 1: ¿Y eso cómo te ha hecho sentir a lo largo de los años?

Voz 2: Agotada. Invisible. Como si yo no importara.

Voz 1: Entonces, ¿quién cuida de ti?

Voz 2: Nadie, la verdad... hasta ahora estoy empezando a hacerlo yo misma.

Voz 1: Tal vez este límite no es un rechazo a tu hija, sino una afirmación de tu propio valor. ¿Podrías ver esto como un acto de amor para las dos?

Voz 2: Sí... si yo me cuido, también le enseño a ella a cuidarse y a respetar a los demás.

Voz 1: Exacto. Estás rompiendo un patrón, y eso también requiere compasión para ti. No es egoísmo, es crecimiento.

Tabla14 - La conciencia del juez

Evento: Abuso sexual

⇩

El juez decide:

Culpar al perpetrador, Sentir enojo.   **Sentir pena por sí mismo, victimizarse, sentir tristeza y debilidad.**

⇩

No hay perdón.

⇩

Se mantiene atorado.

Autocuración

Un principio clave en la autocuración es, primero, reconocer cómo nos sentimos y luego permitirnos sentir plenamente sin juzgar ni rechazar la experiencia; simplemente observándola como es, con la conciencia de que "esto también pasará". Podemos encontrar un gran alivio al permitir que las emociones surjan y se sientan sin que la mente intervenga para analizarlas o controlarlas. Más adelante, mediante la auto-observación continua, podemos empezar a reconocer qué hábitos o patrones de pensamiento no nos benefician y cuáles nuevos podríamos desear integrar en nuestras vidas. En el caso de alguien como Margarita, por ejemplo, ella podría comenzar su proceso de sanación:

- Permitiéndose sentir sin juzgarse. Expresar la emoción, ya sea llorando, respirando profundamente o simplemente sintiéndola hasta que pase.
- Dejar de compararse con los demás.
- Dejar de juzgar a los demás y a sí misma.
- Aceptar su situación actual.
- Liberarse del perfeccionismo y de las voces internas demasiado exigentes.
- Escribir en un diario.
- Escribir libremente todo lo que piensa y siente durante 10 minutos y luego romper la hoja de papel.
- Practicar la atención plena.
- Hacer cosas que disfruta.
- Equilibrar el descanso con el trabajo.
- Ser compasiva y amorosa consigo misma.
- Renovar el compromiso de tomar las riendas de su vida liberando el resentimiento.
- Centrarse en lo que quiere crear, establecer un plan con bases sólidas y practicar la disciplina, la concentración y la constancia.
- Amarse tal como es.

Tabla 15 - Diálogo consciente con uno mismo

Evento: Abuso sexual

Voz del juez	Anulación consciente
El juez dice:	Diálogo con la voz consciente:

Yo juzgo	Considera y responde:
• Culpa.	• ¿Es realmente cierto?.
• Ataque	• ¿Qué hubieras preferido que ocurriera?.
• Desesperación.	• ¿Qué te haría feliz ahora?.
• Duelo/pena profunda.	• Sigue adelante / Avanza.
• Lamento.	• ¿Cómo me hace sentir esto?.
• Desolación.	• ¿Puedo permitirme sentirlo, sabiendo que pasará?.
• Miedo al futuro.	
• Retraimiento/Aislamiento.	

Estados que emergen:
- Libertad.
- Soltar.
- Sentirse con confianza en uno mismo.
- Un perdón auténtico (o perdón con consciencia).

Límites saludables:
- Mantener límites claros.
- No confiar en la otra persona.

Estos sencillos pasos han demostrado ser muy efectivos en el trabajo de sanación interior.

Si tu felicidad depende de lo que otra persona hace... tienes un problema.

—*RICHARD BACH*

CAPÍTULO NUEVE
Creando relaciones íntimas dichosas

La calidad de nuestras relaciones íntimas determina la calidad de nuestras vidas. No hay prioridad mayor qué atender. El Dr. John Cacioppo, un psicólogo en Ohio State University, encontró que "son las relaciones más importantes de tu vida, las personas que ves todos los días, las que parecen ser cruciales para tu salud. Y mientras más significativa sea la relación en tu vida, más importancia tiene para tu salud". Sin embargo, no existe área con más presunciones falsas del juez que conlleva el auto-sabotaje y a los malentendidos trágicos e innecesarios.

Nuestra relación primaria es un espejo de nuestro estado mental. Nuestros pensamientos determinan la naturaleza de nuestras interacciones con nuestros seres queridos, así que veamos primero las falsas presunciones que tenemos acerca de las relaciones. Debemos saber lo que estamos pensando que no sea de ayuda. Entonces lo podremos reconocer. Una vez que nuestro pensamiento ha cambiado, podemos revisar nuestro comportamiento y alcanzar resultados positivos.

Cinco suposiciones perjudiciales en las relaciones

En nuestro primer viaje juntos como familia extendida, Elizabeth, Evan y yo fuimos a Washington, D.C. Al dirigirnos hacia el centro de la ciudad en el Metro yo estaba leyendo sobre Thomas Jefferson en un libro de guía turística. Más tarde, en el Jefferson Memorial escuché por casualidad a Elizabeth decirle a Evan "Jefferson escribió la Declaración de la Independencia".

Yo agregué: "Jefferson fue el autor primario, pero la Declaración fue redactada por un comité que incluyó a John Adams, Benjamin Franklin y un par de otras personas".

Unos minutos después Elizabeth le dijo a Evan: "Jefferson fue un erudito y científico brillante. El presidente Ronald Reagan una vez le dijo a un grupo de visitantes ganadores del Premio Nobel que ellos eran el grupo de talento más impresionante en la Casa Blanca desde que Jefferson había cenado allí en solitud".

Nuevamente salté y dije: "En realidad fue Kennedy quien dijo eso, no Reagan."

Algunas veces más durante aquella mañana, impartí mi sabiduría. La siguiente vez que estuvimos solos, Elizabeth me dijo: "No me gusta cuando me corriges delante de Evan todo el tiempo."

"Pero" alegué, "no quiero que él tenga la información incorrecta".

"Mira Andy: Evan y yo no nos conocemos muy bien todavía y estoy intentando compartir cosas con él para crear una relación. Cuando tú me corriges todo el tiempo me siento irritada. Me hace ver menos competente y le enseña a Evan que no tiene que tomar en serio a las mujeres. ¿Qué estás intentando demostrar?".

Yo recordé que mi razón principal para hacer este viaje fue para que todos pudiéramos crecer juntos como familia. Inconscientemente había estado saboteando esa meta. Mi juez había vuelto a sus viejas andanzas, encontrando pequeñas fallas. Cuando estoy inconsciente, prevalecen las prioridades de mi juez. Había caído presa a la primera presunción falsa.

Primera presunción falsa en las relaciones: **Soy consciente.**

Yo me sentí avergonzado cuando me di cuenta de lo que le había estado haciendo a Elizabeth, pero ahora tenía una elección. Podía continuar teniendo la razón acerca de los nombres y las fechas o podía darle su espacio para construir una familia feliz. Me disculpé y le dije que con mucho gusto dejaría de corregirla delante de Evan.

Podemos elegir volvernos conscientes en cualquier momento. La persona que está más atenta en el momento lo puede hacer. Podemos ver esto al revisar la historia del capítulo 7. Amanda estaba leyendo su revista y David caminó delante de ella sin hablar. Amanda originalmente dijo: "Me siento herida cuando me ignoras. ¿Por qué no hablas conmigo?". Él escuchó esto como un ataque. Si David hubiese estado familiarizado con la comunicación consciente, él podía haberse centrado al darse cuenta de su irritación y elegido estar consciente. Entonces pudo haber percibido lo que estaba pasando dentro de Amanda:

"Cuando fui al garaje ¿te sentiste decepcionada porque querías charlar?".

Amanda probablemente habría respondido: "Bueno, sí, quería que pasáramos tiempo acercándonos este fin de semana". Ahora David sabe que su intención no era criticarlo sino acercarse a él.

La solución es detenerse, centrarse y pensar: "¿Qué quiero realmente que salga de esta situación en términos de mis esperanzas?".

Entonces invalidamos a nuestros jueces y cambiamos nuestra meta hacia la conexión guiando nuestros pensamientos y acciones para obtener lo que realmente queremos. Al experimentar la paz y la dicha que vienen de estar en armonía con la otra persona nos damos cuenta de que "Sí, esto *es* lo que realmente quería."

***

El otro día tenía mi cuello tenso y quería un masaje. Le dije a Elizabeth: "Mi cuello está realmente tenso".

"¿Ah, sí? Lamento oír esto", respondió.

Me sentí decepcionado. Quería que ella se *ofreciera* a darme un masaje. Mis pensamientos fueron: *Yo me ofrezco a darle masaje a su cuello todo el tiempo. Esto no es justo.* Pero yo no le había dicho lo que quería.

Segunda presunción falsa en las relaciones: **Mi pareja sabe lo que yo quiero.**

En lugar de quedarme con mi resentimiento, le pedí un masaje a Elizabeth y ella dijo "Seguro."

¿Qué hacemos cuando tenemos más interés en que se cumplan nuestras esperanzas y nuestra pareja dice "No"?

Cristina era la gerente de un pequeño negocio que operaba junto con su esposo y él estaba acostumbrado a decirle qué hacer desde hacía veinte años. Ser constantemente anulada finalmente estaba afectando a Cristina. Ella se había dado cuenta que con el correr de los años ella no podía ganar ningún argumento con él y había desistido de hacerlo. Ahora se sentía tan oprimida que ya no lo podía aguantar. Estaba a punto de explotar. Afortunadamente vino a un programa de Comunicación Consciente donde aprendió el arte de confrontar poderosamente sin atacar.

En el juego de roles, Cristina practicó las siguientes expresiones: "Quiero que mis deseos sean tomados en consideración" y "Quiero ser tratada con respeto." Entonces se fue a casa y probó usar estas frases con su esposo.

En nuestra siguiente sesión ella reportó que su marido se había rehusado al principio enérgica y obstinadamente. Pero tras un tiempo, en vista de su sincera persistencia, él escuchó lo que ella quería y acordó seguir su idea de cómo dirigir el negocio y comenzó a tenerle admiración nuevamente. Cristina también ganó respeto por sí misma. No solo había salvado su matrimonio y sociedad empresarial sino que empezó a impulsarlos.

En las relaciones íntimas a menudo esperamos que nuestra pareja sepa lo que queremos sin que se lo digamos, sin asegurarnos que nos hayan escuchado. Pensamos que *si ellos nos aman sabrán lo que deseamos*. Damos por sentado que la otra persona es capaz de discernir lo que queremos pero simplemente no nos lo dará porque son crueles o incapaces.

Tenemos una visión inexacta del amor. Pensamos que el amor es algo que les permite ver dentro de nuestro interior. Creemos que es tarea de ellos percibir y amorosamente cumplir nuestras esperanzas y necesidades. Nuestro sentido de pertenencia depende de lo que ellos hacen por nosotros. Pero entonces, cuando ellos inocentemente hacen algo que no cumple con nuestras esperanzas, nos defraudan horriblemente y nos decepcionan. Nuestro juez determina su incompetencia. Esto nos encierra en la consciencia del juez y saboteamos la oportunidad de que se cumplan nuestras esperanzas. Terminamos sintiéndonos tristes o enojados.

La solución comienza por renunciar conscientemente a una expectativa no realista de que nuestra pareja debe leer nuestras mentes. En su lugar, verbalizamos una oportunidad para que ellos contribuyan a nuestro bienestar. Permitimos que nuestra pareja conozca nuestra esperanza y les damos un modo específico de ayudarnos a cumplirla, haciendo una solicitud clara.

Solución: **Decirle a mi pareja lo que estoy sintiendo y esperando y darles la oportunidad de ayudarme.**

***

Bárbara, recién casada, compartió con nuestro grupo de Comunicación Consciente que desde su luna de miel ella se había sentido miserable y llena de dudas. Cada día, cuando su esposo terminaba de trabajar, éste se iba con sus amigos a tomar unas cervezas. Volvía a casa tarde y no estaba en condiciones de tener relaciones íntimas. Ella le había dicho que quería poder conversar y compartir cosas con él y que sin esta conexión se sentía muy desdichada.

Tercera presunción falsa en las relaciones: **Mi pareja satisfará todas mis necesidades**

Corolario: **Debo sacrificarme para satisfacer las necesidades de mi pareja.**

¡No se trata de ser esclavos! Esta presunción nos causa inmenso sufrimiento. Es trágica porque con frecuencia nuestras intenciones son buenas —que nos vamos a ayudar mutuamente— pero nuestro modo de hacer esto nos condena al fracaso, y así ninguno de nosotros logra cumplir nuestras esperanzas. Tenemos la expectativa e incluso demandamos que nuestra pareja satisfaga todas nuestras necesidades.

En el programa de comunicación, Bárbara aprendió cómo conversar con su esposo a un nivel más profundo y escuchó lo que él realmente quería. Beber con sus amigos después del trabajo era muy importante para él, más importante que regresar a casa a compartir tiempo con ella. La rutina diaria de cerveza le daba una sensación de libertad y camaradería. Bárbara no lo atacó por sus preferencias. Ambos se dieron cuenta que su matrimonio no cumplía con sus diferentes esperanzas y acordaron divorciarse sin resentimientos de por medio. Bárbara se ahorró muchos años el esfuerzo de trabajar en una relación que nunca iba a cumplir sus esperanzas. Tras el divorcio ella estaba libre para buscar comprensión emocional y satisfacción de una nueva pareja.

Algo importante a notar aquí es que Bárbara no decidió simplemente dejar a su esposo. Ella demostró su valentía y compartió sus esperanzas con él. También se tomó el tiempo para descubrir y validar las esperanzas de él. Las esperanzas son solamente buenas. Tal vez su esposo no tenía las habilidades necesarias para satisfacer sus propias esperanzas de libertad y de vida en pareja. En cualquier caso, ella cumplió un propósito que todos nos debemos a nosotros mismos y a nuestras parejas: explorar ampliamente las esperanzas de ambas personas antes de decidir qué es lo que no se puede cumplir en la relación.

Si Bárbara hubiese intentado coaccionar a su esposo a cambiar a un nivel fundamental de la relación, a moverse en una dirección en la cual él no estuviese interesado o estuviese demasiado temeroso de seguir, ella habría hecho algo peor que desperdiciar su tiempo. Ella le habría pedido hacer un sacrificio. Y los sacrificios engendran resentimiento.

Cuando tememos que no tenemos suficiente y queremos que nuestra pareja sufra una pérdida para que nosotros podamos ganar, no estamos pensando conscientemente. No podemos ganar algo quitando algo de alguien. ¿Realmente Bárbara hubiese querido que su esposo volviese a casa directo del trabajo resentido con ella? Con el sacrificio, ninguna de las personas logra cumplir sus esperanzas.

La presunción de que nuestra pareja debe satisfacer todas nuestras necesidades es un subconjunto de la premisa principal del juez: no hay suficiente para todos. El juez ve la vida como un juego de todo o nada, como el póker. Hay solo una cierta cantidad de fichas. Al final de la noche hay la misma cantidad de fichas; simplemente han sido redistribuidas.

Cuando somos conscientes nos damos cuenta de que lo opuesto es verdad: que vivimos en un mundo de abundancia. Esto es aplicable en las relaciones más que en otra parte. Buscamos estar en una relación para lograr cumplir nuestras esperanzas de conexión. Existe una abundancia de esperanzas para todos, una oferta infinita. Mientras más amor damos, más hay. Tomar la elección de expresar amor a otra persona en un momento dado es el modo como se crea el amor. Es el único modo y siempre funciona.

En algunos aspectos Pedro y Susana eran intransigentes. Por ejemplo, cuando Pedro quería ver partidos de fútbol, Susana quería lanzar la televisión por la ventana. Cuando Susana asistía a su grupo semanal de mujeres, Pedro quería que ella cenara con él en la casa. Llegaron a mí casi a punto de separarse, esperando encontrar una solución mágica. En lugar de realizar una disección de sus agravios, le pedí a cada uno que escribiera sus esperanzas para con la relación. Cada uno fue a una esquina y escribió. Luego volvieron y compararon sus listas. No lo podían creer: las listas eran virtualmente iguales.

Susana le preguntó a Pedro: "¿Realmente quieres que hablemos acerca de nuestras esperanzas y miedos?"

"Sí. ¿Tú realmente piensas que si cada uno de nosotros tiene la libertad de aprender cosas fuera de la relación, esto enriquecerá nuestra relación?".

"Si, por supuesto que lo creo".

Se dieron cuenta que querían lo mismo pero el lenguaje usado por sus jueces se estaba entrometiendo. Hicieron un voto de que cuando cualquiera de ellos se sintiera molesto con el otro, él o ella declararía la petición para tener una conversación consciente. Aún siguen juntos.

El amor condicional —el decir "te amaré si tú haces lo que yo quiero"— no es amor en lo más mínimo; es manipulación y coerción. No necesitamos sacrificar o renunciar a quienes somos o lo que queremos para encontrar la felicidad. Más bien, lo opuesto es lo que es la verdad. Podemos desarrollar relaciones basadas en la libertad y en la conexión en lugar de fincarlas en la servidumbre y el resentimiento.

La solución siempre es la misma: **Me conecto a objeto de que puedan cumplirse mis esperanzas y las esperanzas de mi pareja.** Y su corolario: **Nadie necesita sacrificar nada.**

***

Un día estábamos hablando en la clase acerca de cómo es que con frecuencia los hombres se comunican de modo diferente a las mujeres. Esther dijo: "Bueno, las mujeres son las cuidadoras primarias y por tanto siempre son las que hablan de sus sentimientos. Los hombres solamente quieren hablar de lo que están haciendo".

"No necesariamente", respondió Rodolfo. "Esa no es la situación en mi hogar".

"¿Ah sí? ¿Cómo es en tu hogar?", preguntó Esther.

"Bueno, yo soy quien habla con los niños acerca de sus amistades con otros chicos y de cómo se sienten cuando sale algo mal en la escuela. Sandra está en la oficina todo el día y dedica muchas noches a adelantar su trabajo".

"Rodolfo", pregunté, "¿nos puedes dar un ejemplo de una interacción en tu hogar con las palabras exactas que usaron las personas?".

Rodolfo pensó por un minuto y luego dijo: "Sí, el domingo pasado, Sandra y yo estábamos sentados en la cocina y el pequeño José entró corriendo, llorando. Pasó al lado de Sandra directo hacia mí. Le di un enorme abrazo y le pregunté qué le pasaba.

"Me caí y me raspé la rodilla", me dijo y empezó a llorar.

"Ay, eso *realmente* debe doler. Déjame limpiarla y ponerte una curita".

"Dale un beso y así se mejora", dijo José secándose las lágrimas con su pequeño puño.

"Muy bien." Y así lo hice.

Al oír esto muchos miembros de la clase levantaron las cejas y algunos sonrieron ampliamente mientras miraban a Rodolfo. Él les sonrió de vuelta, con su cabeza rapada y hombros de fuertes músculos reflejando las luminarias del techo. Rodolfo había sido un padre que se quedaba en casa desde hacía ocho años y le encantaba. A los chicos también les encantaba que estuviera en casa.

Cuarta presunción falsa en las relaciones: **Existe una diferencia esencial entre los hombres y las mujeres.**

Algunos libros populares sobre la comunicación sostienen que los hombres y las mujeres son tan diferentes que parecen venir de distintos planetas. Si bien los estereotipos son el pan de cada día del juez, muchas personas los encuentran limitantes. Rodolfo, por ejemplo, tendría que estar en desacuerdo con el estereotipo de que expresar cariño es cosa de mujeres. Estar en el rol de "Señor Mamá" le ha permitido desarrollar su capacidad natural de amar y ser cariñoso. Y Rodolfo no es un caso especial. En un estudio emblemático, el Dr. Kyle Pruett de Yale University ha demostrado que, al ser obligados por las circunstancias a ejercer el rol de cuidadores primarios, virtualmente todos los hombres demostraron la capacidad innata de cuidar y criar. Y lo hacen tan bien como las mujeres.

William Pollack, Ph.D., profesor clínico adjunto de psiquiatría en la Facultad Médica de Harvard, escribe: "En estudios recientes que observan los marcadores biológicos (en lugar de los conductuales) de la respuesta empática… los investigadores han encontrado que cuando se responde a los llantos urgentes de un infante no existen diferencias entre el modo cómo reaccionan los hombres y las mujeres". Los estereotipos no son quienes realmente somos. Son el folklore del juez, que puede convertirse en una profecía autocumplida que se cumple por voluntad de quien la formula.

Los hombres y las mujeres se comunican de modo diferente porque sus jueces fueron entrenados de modo diferente. La forma de sanar y tener relaciones felices es reconocer la verdad de nuestra humanidad compartida que permanece subyacente. Y la esencia de dicha humanidad es la capacidad para amar.

Solución: **Recordar que somos esencialmente iguales con las mismas esperanzas positivas. Los hombres y las mujeres son "iguales biológicos" en el reino de los sentimientos.**

***

Carlos era un hombre de complexión robusta con una cálida sonrisa que contagiaba a otros. Se había casado recientemente y amaba a su esposa. Era generoso, apasionado, tierno y amable con ella, pero nunca le había dicho en voz alta las palabras "te amo". Él sabía que ella quería escuchar esas palabras, pero se sentía muy avergonzado y temeroso de decírselo. Él nunca había pronunciado esas palabras y tenía miedo de que ella se burlara o lo viera menoscabado.

Nuestro grupo le dio confianza. Persuadimos a Carlos a que interpretara un rol en el que le decía. "Elena, te amo" a Tere de cincuenta y dos años, quien gustosamente adoptó el papel de Elena. Le alentamos a decir las palabras desde su corazón, con total contacto visual, hasta que todos sintieran su sinceridad. Le tomó a Carlos unos cuantos intentos, pero finalmente lo dijo en un modo que convenció a todos en el salón.

Cuando Carlos vino a la siguiente clase era incapaz de ocultar su enorme sonrisa. Después de fingir renuencia de platicarnos cómo le había ido, nos contó que cuando se lo dijo a su esposa a ella se le llenaron los ojos de lágrimas y lo había abrazado fuertemente. Ella había estado deseando escucharle decir esas palabras desde hacía mucho tiempo. Carlos sonrió triunfante ante nuestros vítores y aplausos.

Quinta presunción falsa en las relaciones: **Mi pareja sabe que yo lo/la amo.**

La solución: **Decírselo a tu pareja.**

Una intención amorosa

Hay un solo pensamiento que necesitamos recordar para tener relaciones saludables y gratificantes: **Yo tomo plena responsabilidad de extender la dicha en mis relaciones.** Buscar sólo lo bueno en tu pareja es la clave. Un estudio de parejas felizmente casadas por más de cincuenta años mostró que ofrecen consistentemente las interpretaciones más benévolas para las intenciones del otro.

Inicia con la parte positiva. Por ejemplo, mostrar aprecio es una manera poderosa de decir "te amo". Cuando alguien cumple nuestra esperanza nos sentimos felices y el aprecio verbal es un modo de reconocerlo.

Muchas veces responder con sinceridad "gracias" satisface la necesidad. Otras veces tal vez queramos crear dicha mutua y mejorar la calidad de la conexión expresando nuestro aprecio con más claridad. Nuestro motivo es compartir nuestra felicidad acerca de cómo se han enriquecido nuestras vidas, no para recibir nada a cambio ni evaluarlos. Lo decimos del modo siguiente:

"Cuando me preparaste la cena"	La(s) acción(es) que tomó la otra persona (hecho)
"me conmovió y me sentí feliz"	Nuestro(s) sentimiento(s)

*Porque realmente deseaba
descansar cuando llegué a casa
y me encanta cuando
me demuestras que te importo.*

Nuestra(s) esperanza(s)
cumplida(s)

La declaración de nuestras esperanzas cumplidas es la frase que le permite a nuestra pareja darse cuenta plenamente de la dicha con que apreciamos su gesto. La siguiente historia muestra el efecto del aprecio de un esposo sobre su esposa.

Eduardo y Carmen eran una pareja común. Como a todas las otras parejas, se les hacía difícil llegar a fin de mes y hacer lo correcto para sus hijos. Eran una pareja común en otro ámbito también: tenían sus rencillas. Gran parte de sus conversaciones se centraban en lo que iba mal en el matrimonio y quién tenía la culpa. Hasta que un día ocurrió un evento muy extraordinario.

"Sabes, Carmen, tengo unos cajones mágicos. Cada vez que los abro, están repletos de calcetas y calzoncillos" dijo Eduardo. "Quiero agradecerte por haberlos llenado todos estos años."

Carmen miró fijamente a su esposo por encima de sus lentes. "¿Qué quieres, Eduardo?"

"Nada. Solamente quiero que sepas que aprecio esos cajones mágicos".

Esta no era la primera vez que Eduardo hacía algo raro, así que Carmen sacó por unos días de su mente lo ocurrido.

"Carmen, gracias por registrar tantos cheques de manera correcta en el libro de contabilidad este mes. Pusiste el número correcto 15 de 16 veces. Eso es un récord".

Sin poder creer lo que había escuchado, Carmen alzó la mirada y dejó por un momento el zurcido que estaba realizando. "Eduardo, siempre te estás quejando de cómo hago los registros de los números equivocados de cheques. ¿Por qué dejaste de hacerlo?".

"No tengo ninguna razón. Simplemente quería que supieras que aprecio el esfuerzo que estás haciendo"

Carmen sacudió la cabeza y continuó zurciendo. "¿Qué será lo que le está pasando?", pensó para sus adentros.

No obstante, al día siguiente cuando Carmen escribió un cheque en la tienda de comestibles miró su chequera para confirmar que había puesto el número de cheque correcto. "¿Por qué de repente me importan esos estúpidos números de cheque?", se preguntó a sí misma. Trató de no darle importancia al incidente, pero el comportamiento raro de Eduardo se intensificó.

"Carmen, esta fue una maravillosa cena", dijo una noche. "Aprecio todos tus esfuerzos. No lo puedo creer, en los últimos 15 años debes haber cocinado más de 14 mil comidas para mí y nuestros hijos".

Y luego: "Carmen, la casa se ve fantásticamente bien. Realmente has trabajado duro para que se vea tan bien". Y otro más: "Gracias Carmen, simplemente por ser tú. Realmente disfruto tu compañía".

Ella comenzó a preocuparse. "¿Dónde está el sarcasmo y la crítica?", se preguntaba.

Sus temores de que algo extraño le estaba pasando a su esposo fueron confirmados por su hija Dany, de 16 años, quien se quejó: "Papá se ha vuelto loco, mamá. Me acaba de decir que me veo bonita. Con todo este maquillaje y estas ropas holgadas, me lo dijo. Ese no es papá, mamá. ¿Qué le pasa?".

Estuviese errado o mal, Eduardo no se contuvo. Día tras día continuó enfocándose en lo positivo. Con el correr de las semanas, Carmen se acostumbró más al comportamiento inusual de su pareja y ocasionalmente hasta le decía a regañadientes "gracias." Se enorgullecía de tomarlo con calma, hasta que un día sucedió algo tan peculiar que quedó completamente confundida:

"Quiero que te tomes un descanso", dijo Eduardo. "Yo voy a lavar los platos. Así que por favor suelta esa sartén y sal de la cocina".

(Pausa larga, larga). "Gracias, Eduardo. ¡Muchísimas gracias!".

Ahora Carmen se sentía más relajada, su auto-confianza era mayor y hasta de vez en cuando canturreaba. No parecía tener tantos momentos de tristeza como antes. "Creo que me está comenzando a gustar mucho el nuevo comportamiento de Eduardo", pensaba.

Ese sería el final del de la historia, excepto que un día ocurrió otro evento extraordinario. Esta vez fue Carmen quien habló.

"Eduardo", dijo, "quiero agradecerte por ir a trabajar y proveer el sustento para todos nosotros durante todos estos años. Creo que nunca te dije cuánto lo aprecio".

Eduardo nunca ha revelado la razón de su dramático cambio de conducta, no importa cuántas veces Carmen le haya pedido una explicación al respecto, así que es probable que se quede como uno más de los misterios de la vida. Sin embargo, es un misterio con el que Carmen está agradecida de lidiar.

La libertad

Somos completamente libres. No tenemos que hacer nada que no queramos hacer. De hecho nadie hace nada que no eligen hacer. Una manera simple de ver esto es hacer una lista de cosas que haces porque las "tienes que hacer."

En uno de mis grupos discutimos esto. Daniel dijo que tenía que comer algo y yo dije que no lo tenía que hacer. Él dijo "pero me moriré de hambre si no como."

"Es correcto" dije, "es posible. Pero no *tienes que* comer. Tú *eliges* comer porque prefieres las consecuencias de comer a no comer. Así que eliges comer". El grupo vio que este razonamiento se podía aplicar a cualquier "tengo que" cómo pagar impuestos y lavar ropa. Aprendieron a expresar sus esperanzas de manera positiva. Por ejemplo "elijo pagar impuestos porque disfruto mi libertad física" en lugar de "evitar ir a la cárcel" o "Elijo lavar la ropa porque me gusta usar ropa limpia."

Cuando nos damos cuenta que estamos eligiendo hacer algo, también podemos ver *por qu*é elegimos hacerlo. Si nuestra meta es la paz interna logrando cumplir nuestras esperanzas, una de las cuales es experimentar y extender dicha, entonces podemos ver lo que estamos eligiendo hacer en ese contexto. *Yo elijo comer porque me da la energía física para disfrutar muchas cosas.* Las motivaciones negativas están en el reino del juez; las motivaciones amorosas y positivas son nuestra verdadera naturaleza.

"Pero ¿qué nos dices de las relaciones abusivas?", preguntó Clara. "¿Qué pasa si estás viviendo con un criminal? ¿O si eres la única que está dispuesta a dar? Con algunas personas puedes dar y ellos solamente reciben y reciben sin dar".

Solo hay dos modos de escuchar esta pregunta. Una es enfocarse en responderla como "experto", alguien más inteligente que ella. Tal respuesta sería: "Entonces busca ayuda. Si estás luchando con una situación donde no te sientes psicológicamente en control, busca asesoría apropiada. Si temes por tu seguridad y no te puedes ir, llama a la policía". Clara, por supuesto, ya sabía todo esto y que mis consejos serían denigrantes.

En lugar de ello elegí conectarme con la energía de su sentir y la percepción de la esperanza detrás de sus palabras en ese momento. Le dije: ¿Te sientes ansiosa porque quieres saber si alguien con menor poder en una relación que estás pensando puede estar seguro?".

"Tengo una amiga que va de una mala relación abusiva a la siguiente", respondió Clara. "¿Qué puede hacer *ella*?".

"Cuando ves que esto le pasa a ella, ¿te sientes frustrada porque quieres ser capaz de ayudarla?".

"Sí, ella pasa de una mala relación a otra y luego me llama toda emocionada por la nueva relación y me invita a conocer a este nuevo hombre que es maravilloso. El último tipo que le conocí fue un motociclista con tatuajes que no tenía un hogar permanente. Se estaba quedando en la casa de ella".

"Así que realmente te importa ella y sientes temor a veces cuando ves en quien confía".

"Sí, ¿qué puedo hacer?".

"Dudo que la puedas cambiar. Pienso que somos de mayor ayuda a los demás cuando les escuchamos y nos conectamos con ellos en lugar de juzgar. Si te sientes incómoda acerca de su conducta entonces se lo puedes decir en función de tus sentimientos y esperanzas".

"¿Cómo puedo hacer eso?".

"Puedes decirle 'Cuando conocí a tu nueva pareja me sentí asustada porque quiero que estés a salvo y feliz'. ¿Qué piensas que te contestaría?".

"Probablemente se reiría y diría 'Bueno, gracias por tu preocupación, Clara. Él me gusta y quisiera que confíes en mi decisión sobre esto'".

"¿Y cómo te sentirías escuchando eso?", pregunté.

"Que su vida no es mi responsabilidad".

"¿Puedes vivir sin problema sabiendo eso?".

"Supongo que sí. Me ayuda si le puedo decir cómo me siento sin juzgarla".

Sofía entonces alzó la voz y dijo: "Sabes, no son mis amigos los que me sacan de quicio. Es mi esposo. Él sabe cómo tocar mis puntos sensibles como nadie más".

"¿Cuándo te saca de quicio?".

Este grupo había creado mucha confianza y Sofía respondió. "Bueno, sucedió el domingo por la mañana cuando yo quería hacer el amor y él no quiso".

"¿Cómo te sentiste?".

"Terrible. Completamente rechazada. Absolutamente miserable".

"¿Qué estabas buscando? Me refiero a la esperanza abstracta, de la que hacer el amor sería una demostración".

"Me gusta el placer y me gusta estar acostada allí después sintiéndome en un estado de éxtasis".

"¿Y qué esperanza de conexión se cumpliría de tu parte?".

"Sentirme realmente en paz, una sensación de pertenencia, de que soy amada".

Entonces, ¿Qué le dirías a tu esposo?".

"Dante, cuando dijiste que no querías hacer el amor me sentí horrible porque quiero tener la sensación de que pertenezco, de sentirme conectada y saber que soy amada. ¿Estarías dispuesto a contarme cómo te sientes cuando te digo esto?".

"¿Cómo crees que te va a responder?".

"Probablemente me daría un gran abrazo y me diría 'vamos a planearlo para esta noche'" (sonrisa).

"¿Y cuál es la dificultad de hacer esto?".

"Lo difícil es que me siento tan rechazada en ese momento que simplemente no puedo decirle eso".

"¿Así que necesitas encontrar un modo de volver a tu centro?".

"Sí".

El dedo del juez está sobre el gatillo

Tenemos la expectativa de que nuestras parejas cumplirán todas nuestras necesidades, especialmente nuestras mayores exigencias de amor, atención y sentido de pertenencia. Pero para muchos de nosotros, nuestras parejas desencadenan respuestas emocionales que están fuera de proporción con respecto a lo que sucedió, como cuando Dante no quiso hacer el amor con Sofía un domingo por la mañana. Tocó algo en Sofía que trajo a la superficie sentimientos poderosos, probablemente arraigados en su pasado. Como es tan difícil dejar de culpar a nuestras parejas cuando el desencadenante se ha detonado, necesitamos practicar la desactivación consciente en forma deliberada:

1. **Reconoce cuando hayas sido "activado".** Una de las creencias centrales de nuestro juez ha sido pisoteada. La magnitud de nuestro enojo, temor o tristeza es nuestra mejor pista.

2. **Detente, respira y céntrate.** Tal vez necesitemos tiempo a solas para hacer esto, tomando respiraciones profundas y pronunciando un mantra, como "respirando hacia dentro, calmo mi cuerpo; respirando hacia fuera, sonrío." Mentalmente nos repetimos la verdad a nosotros mismos: "Estoy bien. No voy a morir. Mi pareja es inocente". Visualmente podemos imaginar una luz llenándonos y extendiéndola a ellos.

3. **Establece la meta de conectar con la libertad.** "No hay nada contra lo cual tengo que defenderme. Elijo ver solo solo lo bueno en mi pareja. Elijo conectar".
4. **Comunícate escuchando o hablando.** Di algo como "Cuando hiciste eso me sentí muy molesta porque disparó en mí unos sentimientos poderosos. Necesito unos minutos para despejar la mente. ¿Estarías dispuesto a charlar sobre esto más tarde?".

Nuestros jueces son infantiles, tanto en sus deseos como en su modo de culpar. Rápidamente sustituyen a nuestras parejas íntimas de hoy por nuestros padres y proyectan todos nuestros deseos no cumplidos y miedos sobre ellos. Así que las acciones inocentes de nuestras parejas nos pueden lanzar en arrebatos de tristeza o enojo. Llamar estas acciones nuestros "detonantes" es apropiado porque precipitan una respuesta emocional desproporcionada en nosotros, como sería la acción de jalar ligeramente el gatillo que dispararía la bala en una pistola.

Muchos de nosotros intentamos prevenir el dolor y el disgusto de ser detonados controlando las acciones de nuestras parejas para que no se comporten de cierta manera. Esta estrategia está destinada al fracaso porque el problema no está en nuestras parejas sino dentro de nosotros.

Quizá nada sea tan difícil como el acto de comunicarnos con nuestras parejas cuando hemos sido provocados. La tentación de aceptar lo que diga nuestro juez parece estar tan claramente justificada. *Quiero decir, de todas las personas, ¿acaso mi pareja no debería saber cómo me siento acerca de esto? ¿No debería amarme lo suficiente como para comportarse de modo diferente?*

El camino a la infelicidad es juzgar a nuestras parejas e intentar obligarlos a cambiar. Ellos resienten ser juzgados y se resisten activamente a nuestros intentos por cambiarlos. No obstante, lo que crea un cambio es la consideración positiva incondicional, es decir, permitir a los demás estar centrados y crecer y evolucionar como ellos quieran.

El camino a la felicidad personal es tomar responsabilidad por detonar y manejar nuestros sentimientos. Podemos practicar esto en todo momento, diciéndonos a nosotros mismos "no soy una víctima; soy fuerte y libre" y realizar meditaciones de empoderamiento personal o ejercicios para incrementar nuestra energía. Entonces podemos practicar elegir la dicha para nosotros al cumplir nuestras esperanzas a través de la comunicación consciente.

El amor es relacional. El amor acepta y libera, no coacciona. Las relaciones íntimas nos presentan una maravillosa oportunidad para practicar la confianza, expresas temores y decepciones, confrontar, escuchar sin tratar de resolver o arreglar, pedir lo que queremos y perdonar. El amor es una elección de ver la luz en nuestra pareja en lugar de "la sombra". Y cuando elijamos verla, allí estará la luz.

No es suficiente estudiarlos como escarabajos bajo un microscopio; necesitas saber cómo se siente ser un escarabajo.

—*ROGER FISHER y WILLIAM URY*

CAPÍTULO DIEZ
Cómo conectarse con los adolescentes

Si bien podríamos estar dispuestos a darle a nuestras parejas íntimas el beneficio de la duda, es menos probable que seamos tan generosos en el mismo caso con un adolescente. Comencemos estudiando una presunción común del juez acerca de los adolescentes. Como el desarrollo moral de los jóvenes está incompleto, éstos son por lo general irresponsables y por ende debemos coaccionarlos de una manera diferente a como lo haríamos con un adulto. Con esta presunción como excusa, nuestros jueces se dan permiso para juzgar y ejercer presión sobre ellos.

La etapa del desarrollo de los 13 y 19 años es un tiempo de transición que representa el paso del control parental a la toma de responsabilidad personal y la libertad que conlleva. Pero los adolescentes son personas que también quieren cumplir sus esperanzas en la vida. ¿Cómo deseamos que logren esto? ¿Queremos que sean agresivamente competitivos y solitarios o queremos que conecten, formen relaciones saludables y encuentren su paz interna?

Su vitalidad nos puede incomodar. Si comienzo a darles un sermón ellos le inyectan vida a la situación haciendo bromas. Los adolescentes tienen detectores de mentiras altamente sensibles. Instantáneamente detectan los juicios negativos y las reglas que se les aplica generalmente a ellos y no a los adultos. Nos sentimos incómodos en su presencia porque a menudo tienen menos tacto al hacernos notar este tipo de cosas además acompañados de un juicio hacia nosotros. Sus jueces aún son torpes, ya que aún no han aprendido a esconderse detrás de lenguaje más refinado.

Desde el lado positivo los adolescentes responden muy bien a compartir los sentimientos y esperanzas personales. Un día, Sara estaba interrumpiendo constantemente y saboteando mi clase de comunicación para adolescentes. Me molesté tanto que hablé desde mi corazón: "Sara, ¡me siento frustrado! Estoy intentando compartir algo contigo que creo es importante y quiero que me respetes. Por favor escucha". Sara volteó hacia mí y me dedicó toda su atención.

He aquí otro ejemplo. Marco les estaba contando a sus amigos en el salón cómo había golpeado a su hermano menor, mientras ignoraba totalmente mis esfuerzos por impartir la clase. Me volteé y le dije a Marco: "Me siento triste de escuchar cómo golpeaste a tu hermano menor porque yo recibí mucho de mi hermano. Quiero que escuches lo que te tengo que decir acerca de mi hermano. Él me enseñó a jugar al ajedrez y a manejar motocicletas". Marco volteó a verme mientras apartaba el mechón de cabello de sus ojos.

Nuestras dos opciones

Cuando nos enfrentamos a tener que motivar a un adolescente renuente sería bueno recordar que tenemos poder sobre ellos. Esto nos presenta con una elección importante. Nuestra primera opción es que podemos motivarlos a hacer lo que queremos que hagan desde el miedo porque somos la autoridad. Podemos coaccionarlos. En este caso es posible que se resistan, de que traten de evadir el tener que hacerlo o más tarde traten de vengarse de nosotros. Estamos lidiando con ellos al nivel del juez. Cuando son obligados a hacer lo que nosotros queremos puede que lo hagan esta vez pero es improbable que lo hagan por cuenta propia en el futuro.

Yo pude haberle dicho a Sara: "Cállate o si no te expulsaré del centro juvenil". También pude haberle dicho a Marco que dejara de regodearse de golpear a su hermano porque hacerlo representa un comportamiento infantil. Además que era un cobarde por meterse con alguien más pequeño que él. Dichos comentarios me habrían hecho el verdugo y los adolescentes no habrían continuado asistiendo a mi programa voluntario.

Podemos motivar a los adolescentes respetándolos y utilizando la Comunicación Consciente para lograr una respuesta positiva. Esto implica que ellos hagan lo que nos gustaría que hicieran porque entienden cómo eso contribuye a que nuestras esperanzas se cumplan. Este enfoque es personal, no autoritario. En el proceso ellos también experimentan la satisfacción de cumplir su propia esperanza de ayudar a otros. Esta esperanza es una fuerza poderosa que, al cumplirse, les da la experiencia de haber marcado una diferencia en la vida de alguien más, fortaleciendo su autoestima y ayudándolos a darse cuenta de que importan.

Motivar a través de la coacción y motivar mediante la atracción positiva pueden funcionar a corto plazo, pero solo uno de estos métodos funciona a largo plazo y fomenta el desarrollo del carácter. Podemos proyectar los temores de nuestro "juez interior" en los adolescentes y tratarlos de manera crítica, pero solo aprenderán a condenarse a sí mismos y condenar a los demás. Por otro lado, si los tratamos con compasión, alentándolos y aprobándolos, aprenderán a confiar en sí mismos, a valorarse y a apreciar a los demás.

He enseñado la técnica de Comunicación Consciente a muchos adolescentes "en situación de riesgo". Ellos reconocen su valor para mejorar las relaciones de la misma manera que lo hacen los adultos. Una de las mayores necesidades de los adolescentes es aprender a expresar sus sentimientos y esperanzas en situaciones de conflicto sin recurrir a la agresión verbal o física.

Constanza y Anita eran amigas, pero últimamente la relación entre ambas era tensa. Un día Anita tomó la chaqueta de Constanza de su casillero y la usó sin pedir permiso. La primera reacción de Constanza fue gritarle: "¡Eres súper grosera! ¡No vuelvas a tocar mis cosas jamás!". Tan rápido como un rayo, Anita le respondió con otro ataque.

Después de calmarnos y reflexionar en grupo, Constanza reformuló su mensaje de esta manera:

> *"Anita* (inicio)
> *cuando tomaste mi chaqueta del*
> *casillero y la usaste sin pedírmelo* (hecho)
> *me sentí molesta* (sentimiento)
> *porque quiero que se respete mi*
> *privacidad y mis pertenencias.* (esperanza)
> *¿Estarías dispuesta a pedírmelo la*
> *próxima vez que quieras tomar*
> *algo mío?"* (petición)

Anita respondió de inmediato: "Sí, pero lo que realmente me enoja es cuando te cuento algo que es un secreto y de inmediato me lo echas en cara delante de otros".

Constanza contestó:

"Bueno, siempre me respondes bromeando. Pensé que no te molestaba".

"Pues sí me duele".

"Sabes, a mí también me duele cuando tú me haces lo mismo".

Así abrieron la puerta a un intercambio sincero de sentimientos. Hablaron, se escucharon y llegaron a acuerdos que fortalecieron su amistad. Al final de la clase estaban juntas en el mismo sillón, riendo mientras compartían unos audífonos.

Una vez que los adolescentes han aprendido la Comunicación Consciente con frecuencia transfieren estas destrezas a otros contextos de sus propias vidas.

Tania estaba en el octavo grado y lucía muy empoderada, tanto física como personalmente. Era inteligente, toda una líder nata y tenía un grupo de una docena de chicos de la escuela secundaria que la seguían. Eran frecuentes las soluciones violentas a los conflictos que tenía con otros estudiantes. Se juntaban para protegerse. Tania no dudaba en atacar verbalmente a los maestros delante de toda la clase. Si bien sus acusaciones acerca de las injusticias eran precisas, su manera de hablar llevaba a los adultos a sentir niveles de ira que no sabían hasta dónde podían llegar.

Entonces Tania asistió al programa de Comunicación Consciente. Hacia el final del programa, informó a las autoridades escolares que uno de los chicos en su grupo tenía drogas y un cuchillo en su casillero. Antes de hacerlo obtuvo una promesa de las autoridades escolares de que no tomarían acción contra el chico. Las autoridades rompieron su promesa y lo suspendieron. El muchacho le dijo a Tania que ella era una traidora y que nunca más le hablaría.

Usando sus nuevas destrezas de comunicación, ella le dijo: "Lo hice porque realmente me importas y temía por tu seguridad".

Luego Tania se reunió con las autoridades escolares y obtuvo una disculpa de éstas por haber roto su promesa. En una evaluación del programa semanas más tarde, su director escribió:"Tania ha pasado de ser muy confrontativa a actuar de manera muy apropiada". No solo se ganó el respeto de los adultos; el estudiante que había sido suspendido se convirtió en su novio.

Es de notar que a los chicos se les hace más difícil aplicar la Comunicación Consciente a las situaciones de la vida comparado con las chicas. Éstas entienden y aplican los preceptos casi de inmediato. Los chicos entienden igual de rápido pero, por su condicionamiento masculino, se resisten a aplicarlos en sus vidas personales.

Esto quedó ilustrado justo después del "examen final" de una clase con chicos con los que había estado trabajando por un año. Habían aprobado el examen y entendido sólidamente los conceptos de la Comunicación Consciente. Me sentía orgulloso de ellos mientras me dirigía a la calle siguiente para comprar unas pizzas para celebrar.

Cuando regresé estaban en un revuelo. Alguien había destruido un suéter perteneciente a la hermana de Noé y éste, con el rostro enrojecido, estaba por darle una tremenda paliza a un sospechoso. Los otros chicos lo estaban alentando. Si bien su hermana había dicho que lo único que quería era un suéter nuevo, Noé tardó más de media hora para volver a su centro.

Como sabemos, los chicos aprenden a ser rudos y a esconder todos sus sentimientos excepto el enojo. ¿Qué podemos hacer al respecto? El psicólogo clínico William Pollack, miembro fundador y becario de la Society for the Psychological Study of Men and Masculinity (*Sociedad para el Estudio Psicológico de los Hombres y la Masculinidad*), escribe: "Por encima de todo, podemos comenzar a enseñar la conexión como la base de un nuevo modelo de masculinidad". Sus recomendaciones para ayudar a que los varones reconecten incluyen:

1. Buscar los sentimientos más vulnerables que están detrás de su enojo.
2. Alentar a los chicos a expresar su tristeza y temores.
3. Dejarles saber que no tienen que ser fuertes o "actuar como un hombre".
4. No burlarse de ellos ni avergonzarlos.

Cuando estaba en la escuela nos relacionábamos con mucho sarcasmo, burlas y comentarios hirientes. Estas conductas no deben normalizarse como comportamientos aceptables entre chicos. Resulta dañino y tenemos una responsabilidad de modelar e impartir clases sobre un modo más positivo de comunicarnos.

En el programa de aprendizaje social y emocional que imparto para los adolescentes "en riesgo", Jorge era un gran desafío. Era mucho más alto que yo y frecuentemente me interrumpía para cambiar la conversación a temas violentos o para describir cómo él había intimidado a otros maestros. A pesar de tener solo

15 años, ya había estado en la cárcel por agresión y había dejado embarazada a su novia.

En el programa lentamente pudo conectarse a su parte emocional. A medida que se volvió honesto conmigo, se desarrolló una confianza mutua. Contó cómo su padre que traficaba drogas había tenido una relación muy breve con su madre. Las únicas veces que su madre le hablaba, aparte de gritarle, era para pedirle cigarrillos tarde en la noche cuando ella estaba drogada. Jorge aprendió destrezas importantes en el grupo acerca de cómo salir de peleas potenciales hablando y cómo comunicarse con figuras de autoridad sin usar malas palabras. Estaba encantado cuando evitó volver a ser castigado en la escuela. Más tarde, Jorge comentó —y aparentemente sin pensarlo mucho— lo siguiente: "Ese programa me salvó la vida".

Demostrando la conexión

A los adolescentes con quienes trabajo les gusta ver los métodos de resolución de conflictos actuados físicamente. Aikido, un arte marcial que tiene el objetivo de restaurar la armonía en lugar de vencer a un contrincante, nos da demostraciones físicas vívidas de lo que es la Comunicación Consciente.

Los principios clave del aikido son: Quitarse de en medio, conectar y sostener a la otra persona hasta que vuelva a su centro. Los ataques se consideran regalos de energía que deben ser usados creativa y armoniosamente.

Tom Crum, un maestro de aikido y autor, escribe: "El arte marcial de aikido ofrece una útil metáfora para cambiar nuestro modo de pensar y actuar en situaciones de conflicto. Usando el aikido, somos capaces de experimentar la resolución de conflictos físicos y ataques corporales en la vida real sin el uso de fuerza innecesaria. Los ataques son neutralizados sin sufrir lesiones. La vida es protegida y alimentada. Cuando experimentamos este singular enfoque a nivel físico, somos más capaces de dejar ir creencias solidificadas y patrones inapropiados para toda la vida".

Como padres, ¿cómo podemos ayudar a nuestros adolescentes si no les podemos enviar a un programa de Comunicación Consciente o aikido? La manera más sencilla es practicando la Comunicación Consciente con ellos. Por ejemplo, la madre de César estaba preocupada ante la mala actitud de su hijo que tenía acerca de la escuela. El diálogo a continuación muestra cómo ella posiblemente hablaba con él antes de aprender la escucha consciente.

César, tirando sus libros, dijo en voz alta: "La escuela apesta".

"Esa no es manera de hablar" corrigió su madre rápidamente.

"Odio la escuela".

"Yo me sentí igual cuando tenía tu edad" respondió su madre, "pero más tarde vi la importancia de una buena educación. Sigue y lo verás".

"¿Por qué aguantar algo que es inútil? ¿De qué me sirven los polinomios si llego a ser mesero?".

"¿Mesero? ¿Es una broma?".

" Así es. Edgar dejó la escuela y está ganando buen dinero como mesero".

"Tú no quieres serlo. Puedes hacer algo mejor que eso. Si te quedas en la escuela y obtienes una buena educación puedes conseguir un trabajo mucho mejor".

"Edgar consiguió su propio lugar donde vivir y un auto".

"César, estás queriendo dejar la escuela cuando no has hecho un verdadero esfuerzo. Tienes tanto potencial".

"Vamos, mamá. He estado dando mucho de mí en la escuela desde hace años. Es sencillamente una pérdida de tiempo. No vale la pena. Estoy harto de ello".

"No lo puedes dejar ahora, después de llegar tan lejos. Si simplemente te sentaras cada tarde a hacer tus tareas en lugar de prender la televisión..."

"Olvídalo, mamá. No quiero hablar de esto".

En este ejemplo, la madre de César estaba intentando abordar sus propias preocupaciones acerca de su hijo antes de escucharlo. Trágicamente fracasó en su oportunidad de ayudarlo. Las personas que están sufriendo no aceptan que les digamos que están equivocados y que necesitan ser corregidas. Desean compasión, conexión y comprensión.

Veamos cómo puede cambiar este escenario si la madre de César practicara la Comunicación Consciente.

"La escuela apesta".

*"Parece que estás molesto acerca
de la escuela."*　　　　　　　　　　　Refleja sentimiento

*"Lo estoy. Es una pérdida de tiempo.
No estoy recibiendo nada útil".*

"¿Así que estás molesto porque quieres　　Adivina sentimientos
algo útil?".　　　　　　　　　　　　y esperanza

*"Si. Quiero ser un mesero. Edgar dejó
la escuela. Es mesero y gana mucho
dinero".*

*"Así que te gusta lo que Edgar está
haciendo".*　　　　　　　　　　　　Parafrasea pensamiento

*"Sí, al menos no está perdiendo el
tiempo sin razón. Es exitoso".*

"¿Estás aburrido y deseas tener éxito?"　Adivina sentimiento
　　　　　　　　　　　　　　　　　y esperanza

*"Sí y estoy seguro que estoy desperdiciando
mi tiempo con álgebra".*

"Cuéntame más".　　　　　　　　　Pide más información

*"Mamá, simplemente no logro entender
álgebra.*

*Estudié por horas para el examen final
y no lo pasé".*

"Eso suena frustrante".	Adivina sentimiento
"Lo odio. ¡No quiero llevar esa materia!".	
"Realmente no quieres tomar álgebra".	Parafrasea
"Sí, mamá. ¿Qué puedo hacer?".	Conexión establecida, cambio energético
"Estoy preocupada y quiero ayudarte.	Expresa su propio sentimiento y esperanza
¿Hay algo que pueda hacer?".	Pregunta si César tiene una solicitud
"No lo sé".	
"¿Qué tal si hablo con tu maestra a ver qué dice?".	Adivina su solicitud
"Tal vez".	Empieza resolución conjunta de problema

La madre de César ha avanzado mucho en su capacidad de escuchar y conectar con su hijo. Ahora parece que hay una buena posibilidad de que puedan trabajar juntos para llegar a una solución aceptable para ambos.

Las perturbaciones emocionales de los adolescentes a menudo aparecen en la forma de comportamientos molestos que podemos aprender a ver por lo que son: un llamado de auxilio.

La familia Jiménez estaba en crisis cuando vinieron a mí para una mediación familiar. Debido a sus horarios de trabajo la madre, el padre y Tomás entraban y salían de su casa a horas diferentes y casi nunca se veían. Pero ahora Tomás, a sus quince años, estaba rompiendo las reglas del hogar y teniendo problemas en la escuela, llegando tarde frecuentemente y a veces ni siquiera asistiendo. Tomás declaró en la primera sesión que "no aguantaba" vivir en la casa de sus padres e iba a mudarse a vivir con un amigo.

Durante algunas sesiones de mediación enseñé a la familia a escucharse los unos a los otros y a expresar sus sentimientos. En la sesión final de mediación, la mamá prometió dejar de ser una "regañona" si Tomás le prometía asumir su responsabilidad de llegar a la escuela a tiempo. Lo acordaron. Planificaron compartir ciertas comidas juntos. Entonces el padre dijo: "Tomás, te amo y te respeto y me gustaría ayudarte a reparar la camioneta". Se rompió el dique.

"Pensé que yo no te importaba", sollozó Tomás dando voz a la razón por la que no aguantaba vivir en la casa. Al cierre de la sesión, estaban llorando y abrazándose. Estaré por siempre agradecido de haber sido testigo de este momento de conexión. Hace falta valor para exponer el corazón de uno y a menudo los adolescentes muestran ese valor con mayor facilidad que los adultos.

Mi meta en la vida es unir mi vocación con mi ocupación
Al igual que mis dos ojos componen una sola vista
Pues solo donde el amor y la necesidad se encuentran
Y el trabajo se convierte en juego con apuestas mortales
Es que se completa verdaderamente la tarea
Con la mirada en el cielo y el bien en el futuro

—ROBERT FROST

CAPÍTULO ONCE
Ser influyente en el trabajo

¿Alguna vez has escuchado a una persona pronunciar esta frase: "Odio mi trabajo, pero necesito el dinero?". O esta otra: "No te hagas muchas ilusiones acerca de tu propuesta innovadora; a la gerencia solo le interesa hacer dinero". O quizá: "No dejes que el jefe te vea haciendo eso". Todos esos comentarios tienen algo en común: la actitud negativa que tiene la persona que los está diciendo.

La actitud del juez hacia el trabajo es: *Tengo que hacer un trabajo sin sentido o me moriré de hambre.* Claramente esta actitud se basa en la escasez y en la idea de que estamos separados de los demás y en competencia con ellos. Aceptamos esta actitud cada vez que pensamos que tenemos que sacrificarnos, que tenemos que hacer cosas que no queremos hacer y que no es bien visto expresar la parte humana y compasiva de nosotros en el trabajo.

Nuestros pensamientos, generados a partir de esta actitud, son la fuente de nuestro estrés y sufrimiento ya que nos hacen sentir como víctimas impotentes. Y nuestras actitudes inconscientes seguirán controlándonos hasta que nos volvamos conscientes de ellas y elijamos algo diferente. Esto es de gran importancia porque pasamos gran parte de nuestras vidas en el trabajo.

Parte del problema ha sido nuestro excesivo enfoque en el dinero porque, como medio de intercambio, solo opera a nivel físico. Cuando expresamos el aprecio con dinero en lugar de expresarlo de persona a persona, esto acaba afectando a ambas personas. Hemos dejado de lado la conexión emocional. Si bien las recompensas financieras cumplen con nuestras necesidades físicas, no alimentan el corazón ni el espíritu y como seres relacionales sufrimos al estar en una dieta de dinero a expensas de la falta de conexión. Cuando nos enfocamos en algo superior—la paz mental y cumplir nuestras esperanzas—el dinero ocupa el lugar que le corresponde, una preferencia que no tiene tanta importancia.

Dick Leader realizó más de mil entrevistas con personas que se retiraron de compañías líderes tras carreras lucrativas y bien reconocidas. Dijeron que si pudieran vivir sus vidas de nuevo buscarían hacer cosas que no estuvieran guiadas por sus propios intereses financieros, sino que dieran valor a la vida de otros porque eso es lo que da la satisfacción personal. También mencionaron que serían más valientes y audaces en sus relaciones.

Encontrando nuestro propósito en el trabajo

Es posible lograr la realización personal y la dicha en el trabajo al visualizarlo como una oportunidad para dar. Primero trabajamos para ayudar a que los demás obtengan sus necesidades físicas, pero más importante, a nivel consciente trabajamos para ayudar a las personas a cumplir sus esperanzas, así como lograr cumplir las nuestras también. Viéndolo de esta manera, tomamos responsabilidad sobre nuestras vidas en el trabajo.

Muchas personas han encontrado que visualizar el trabajo como un servicio para otros lo convierte de ser una tarea ingrata en una dichosa. Albert Schweitzer dijo en una ocasión: "Serán felices aquellos que hayan buscado y encontrado el modo de servir". Podemos elegir enfocarnos en marcar una diferencia en las vidas de los demás. ¿Por qué no ahora? Sea lo que sea nuestro trabajo, podemos visualizar nuestras interacciones diarias ayudando a los demás.

Y seremos grandemente recompensados porque las esperanzas más desafiantes e importantes que las personas buscan experimentar en el trabajo son el respeto y la apreciación.

Creando respeto

Rogelio, un aprendiz de bombero, era víctima de bromas crueles por parte de sus compañeros más experimentados. Rogelio vino una tarde a nuestro grupo muy afectado tras un incidente en el que se sintió muy humillado por un bombero mayor que le mintió. Ya estaba listo para renunciar. En el grupo charlamos acerca de lo que posiblemente estuvo pensando y sintiendo el bombero mayor. Nuestro grupo modeló una dramatización de cómo Rogelio podría haber manejado la situación.

La semana siguiente Rogelio nos reportó que había confrontado al hombre y, si bien no siguió el "guion" que le dimos al pie de la letra, sí se había apegado al espíritu de la verdadera empatía. Dijo lo que tenía que decir, pero se frenó deliberadamente para evitar atacar verbalmente al otro hombre. Dijo que la actitud del bombero cambió por completo. Tras la conversación que sostuvieron, su compañero dedicó varias horas de su tiempo personal para mostrarle a Rogelio lo que realmente necesitaba saber sobre el equipo contra incendios con el fin de que se pudiera ganar el respeto de los otros hombres. Rogelio había conseguido tener un mentor y se quedó en el departamento de bomberos.

Para ver más de cerca el proceso de crear respeto revisemos el siguiente diálogo entre un gerente de ventas y un vendedor. Imagina que tú eres el vendedor y tuviste un acuerdo verbal con un cliente, pero se cayó el trato. Le acabas de informar a tu gerente de que el cliente se echó para atrás y él te dice: "Cometiste un error al no usar los formularios para obtener el consentimiento por escrito".

He aquí tres modos diferentes en los que puedes responder:

a) Juzgar al gerente: "Usted siempre me critica antes de conocer los detalles". Esto no es respetuoso para él.

b) Juzgarte a ti mismo: "Tal vez no soy lo suficientemente bueno para esto". Esto no es respetuoso para ti mismo.

c) Conectar: "¿Está preocupado porque busca la manera en que su personal de ventas aprenda a cerrar contratos sólidos?".

Esta última respuesta respetuosamente adivina las esperanzas del gerente. Conectar con él no debilita tu posición. Si bien podría requerir algunos intentos para adivinar su esperanza, cuando lo logres el gerente experimentará una sensación de haber sido totalmente comprendido y podrá retornar a su centro. Este proceso les mostrará a ambos que la intención del gerente no era atacar.

Entonces tú, como vendedor, estarás en una buena posición para declarar tus propios sentimientos y esperanzas. Por ejemplo podrías decir: "Sí, estoy molesto porque realmente tenía la esperanza de concretar esa venta" validando así su preocupación y agregando tu explicación de lo que sucedió o pidiendo ayuda, lo que sea verdad y apropiado para ti. Elegir buscar la intención positiva del gerente honra nuestra esperanza mutua de ser respetados.

En mi experiencia, los gerentes saben que las personas cometen errores y que ocurren eventos no planificados. Se sienten impresionados con aquellos que aprenden de estas situaciones en lugar de defenderse a sí mismos. A un nivel más amplio, las personas se impresionan más con quien realmente somos que con nuestros jueces.

En el entorno laboral a veces modificamos nuestra comunicación ligeramente comparado la narrativa que seguimos en casa. En este último ejemplo, el uso de la palabra "preocupado" es un término apropiado porque es más probable que el gerente lo reconozca más que si usara la palabra "asustado". De los dos elementos de Comunicación Consciente, los sentimientos y la esperanza, definir con exactitud la segunda es más importante para la conexión que identificar el sentimiento exacto.

Manejando a las personas

Ahora veamos desde la perspectiva de un gerente cómo manejar respetuosamente a las personas. La actitud del juez cuando se trata de gestionar a las personas es que los trabajadores flojos o irresponsables deben ser coaccionados a hacer lo que se supone que deben hacer. Veamos cómo esa actitud funcionó para Santiago:

Santiago era un supervisor de embarque de una gran planta dedicada a la manufactura de bocinas estereofónicas. Su jefe le pidió entrar a su oficina un día y, con considerable irritación, le dijo: "Dos clientes llamaron esta semana y se quejaron de que se dañaron sus bocinas al abrir las cajas. Rastreé ambos envíos y fueron en tu turno. Encuentra el problema y arréglalo de inmediato". Santiago fue al área de embarque y se dio cuenta que Jesús no estaba metiendo una de las piezas usuales de cartón que se colocan como protección al embalar las bocinas.

Escenario típico laboral (del Juez)

"Oye, Jesús ¿qué estás haciendo?".

"Empacando las bocinas".

"¿Por qué no estás metiendo este pedazo de cartón allí dentro? ¿No te acuerdas que apenas hace dos semanas te entrené?".

"Sí, lo recuerdo".

"Bueno, entonces hazlo. El jefe me acaba de regañar porque dos clientes dañaron sus bocinas al desempacarlas", comentó Santiago.

"Bueno, esa no es mi culpa. ¿Cómo puedo controlar la manera en que ellos lo desempacan? ¿Usted espera que yo vaya con cada envío y les diga 'ahora tenga mucho cuidado al desempacar esto?'".

"Me estoy cansando realmente de tu actitud sarcástica, Jesús. ¿Quieres empacar las cajas como se supone que debes hacerlo o quieres que te despida?".

"Los empacaré".

"Bien, y por favor vuelve a reempacar cualquier caja que no haya salido del embarcadero".

"Está bien".

Podemos percibir que Jesús reaccionó negativamente a las palabras de Santiago. Cuando Santiago se fue, Jesús puede haber estado pensando *"Si encuentro un modo de hacerte pagar a ti o a la compañía por coaccionarme, lo har*é*"*. ¿Acaso Jesús es mala persona o podría Santiago haber cometido algunos errores en la comunicación?

Explicación de los errores de Santiago

Santiago	*Tipo de Error*
"Oye, Jesús, ¿qué estás haciendo?".	Cuestionando, muestra que viene un análisis y un juicio.
"¿Por qué no estás metiendo este pedazo de cartón allí dentro? ¿No recuerdas que te entrené hace dos semanas?".	Cuestionando. Culpa en forma de pregunta. No escuchó la versión de Jesús.
"Bueno, entonces hazlo." "El jefe me acaba de regañar porque dos clientes dañaron sus bocinas al desempacarlas".	Demanda con una amenaza velada. No tomó responsabilidad.

"Me estoy cansando realmente de tu actitud sarcástica, Jesús. ¿Quieres empacar las cajas como se supone que debes hacerlo o quieres que te despida?".	Atacó, juzgó. Amenaza final en forma de pregunta.
"Bien, y por favor reempaca cualquier caja que no haya salido del embarcadero".	Demanda.

El juez de Santiago provocó una respuesta defensiva de Jesús. Sin embargo, sabemos que las personas son esencialmente buenas y cuando no hacen lo que se suponen que deben hacer, tienen una razón. Un estudio que tomó quince años en realizarse reveló las razones primarias de un pobre desempeño. He aquí dos de las más comunes:

1. Los trabajadores no saben qué se supone que deben hacer, por qué deben hacerlo o cómo hacerlo.

   Esto es generalmente porque no fueron totalmente informados acercas de las tareas específicas y cómo encajan en la tareas globales.

   Solución: Hacérselos saber de manera respetuosa usando un comentario apropiado, mostrando el hecho, con sentimiento, esperanza y sabiéndolo pedir.

2. Los trabajadores piensan que el modo del gerente de hacer la tarea no va a funcionar o que su manera es mejor.

   Solución: Pedir su opinión. Tratar de reconocer sus sentimientos y esperanzas. Cuando sean escuchados, compartir las suyas. Entonces hacer peticiones hasta que lleguen a un acuerdo.

Ahora veamos cómo Santiago pudo haber manejado la situación de manera más respetuosa usando la Comunicación Consciente.

El mismo escenario con la técnica de Comunicación Consciente:

Santiago (S) y Jesús (J)

Los pensamientos de Jesús

S: "Hola Jesús, quiero tu ayuda para encontrar un modo de resolver un problema de satisfacción de un cliente.
¿Tienes un minuto para hablar de esto ahora?".

Él necesita mi ayuda. El problema es acerca del cliente, no mio.

Tengo tiempo.

J: "Seguro".

¿Me pregunto de qué se trata?

S: "El jefe me acaba de decir que dos clientes dañaron sus bocinas mientras las desempacaban".

Hay personas torpes en el mundo.

"Me preocupa porque pienso que puede haber tenido que ver con el empaque. He notado que no estás poniendo este pedazo de cartón en la caja que acabas de empacar".

Eso es correcto.

"¿Puedes compartir lo que piensas?"

Encantado de decirte.

J: "Sí, eso sería un desperdicio de material de empaque. Vea, mire esto, el modo como lo hago en estas esquinas con el cartón fijan las bocinas para que no se muevan".

Deberían darme el crédito por ahorrar materiales a la compañía (que cuesta dinero) y por no agregar más basura innecesariamente al medio ambiente.

S: "¿De modo que has encontrado un modo más eficiente de empacar las bocinas?".

Bastante cerca, pienso que está a punto de verlo.

J: "Sí, la bocinas se fijan y se ahorra material de empaque".

Ahora debe entenderlo.

S: "Veo por qué lo dejas por fuera. Ahora ¿estarías dispuesto a escuchar lo que pienso acerca de ello?".

Seguro, ya que puedes ver la ventaja del modo como lo estoy haciendo.

J: "Está bien".

S: "Muchos clientes cortan las cajas para abrirlas. Utilizan un cuchillo a lo largo de esta línea donde está la cinta. Esa pieza de cartón encaja justo bajo la línea y no permite que el cuchillo roce la bocina".

Ay, no había pensado en eso. ¿Por qué los clientes no piensan mejor las cosas un segundo?

J: "Ah, ¿por qué no ponen una foto de un cuchillo enorme con una equis gigante en rojo encima en la caja para advertirles?".

S: "Hemos intentado eso y algunos clientes cortan las bocinas de todos modos".

Personas torpes.

J: "¿Cuán estúpido puedes ser?".

S: "¿Estás molesto por tener que poner la pieza extra?".

Sí, y avergonzado de que no lo sabía. Ahora tiene sentido para mí.

J: "Sí, pero dada la posibilidad de perjudicar las bocinas, es mejor que la pongamos".	*No soy estúpido. Le mostraré que entiendo que usar los recursos extra es necesario.*

Podemos ver que la nueva comunicación de Santiago provocó una respuesta mucho mejor de Jesús. He aquí cómo lo hizo.

Explicación de la Comunicación Consciente de Santiago:

Santiago	*Tipo de comunicación consciente*
S: "Hola Jesús, quiero tu ayuda para resolver un problema de satisfacción de un cliente".	"Apertura" positiva que muestra la esperanza del supervisor.
"¿Tienes un minuto para hablar de esto ahora?".	Solicitud respetuosa.
S: "El jefe me acaba de decir que dos clientes dañaron sus bocinas mientras las desempacaban".	Hecho.
"Estoy preocupado porque pienso que tiene que ver con el embalaje. Noté que no metiste esa pieza de cartón en la caja que acabas de empacar".	Sentimiento. Toma responsabilidad por el sentimiento.
"¿Puedes compartir lo que piensas?".	Pregunta por la versión de Jesús.

S: "¿De modo que has encontrado un modo más eficiente de empacar las bocinas?".	Adivina la posible esperanza.
S: "Veo por qué lo dejas por fuera. Ahora ¿estarías dispuesto a escuchar lo que pienso acerca de ello?".	Confirma la comprensión. Pide una oportunidad para expresar su propio punto de vista.
S: "Muchos clientes cortan las cajas para abrirlas. Utilizan un cuchillo a lo largo de esta línea donde está la cinta. Esa pieza de cartón encaja justo bajo la línea y no permite que el cuchillo roce la bocina".	Hecho.
S: "Hemos intentado eso y algunos clientes cortan las bocinas de todos modos".	Hecho.
S: "¿Te molesta tener que meter la pieza extra?".	Adivina el sentimiento. Adivina la esperanza.
Jesús se ofreció a insertar la pieza extra de cartón, de lo contrario Santiago habría hecho una petición.	Petición.

Podemos ver los beneficios de hablarle de manera respetuosa a Jesús. Él había pensado que su modo de empacar las cajas era mejor. Cuando recibió verdadera empatía de su supervisor estuvo dispuesto a agregar la pieza de cartón e incluso podría convencer a sus compañeros de trabajo a hacer lo mismo.

La importancia de la Comunicación Consciente en el trabajo no puede ser subestimada. Let Davidson, Ph.D., en su libro *Wisdom At Work: The Awakening of the Level of Consciousness in the Workplace (Sabiduría en el Trabajo: El Despertar del Nivel de Consciencia en el Entorno Laboral)* escribe: "Actuar con destreza en las relaciones interpersonales y tener una comunicación abierta, incluyendo el flujo libre de la retroalimentación constructiva y positiva, no solo mejora el desempeño de los negocios y el trabajo en equipo sino que también genera una moral intangible".

Una mejora en la capacidad de comunicarse trae beneficios a gran escala entre las compañías. Un equipo de proyectos de un fabricante multinacional de chips de circuitos integrados había fracasado en su misión de mejorar los tiempos de entrega a una importante corporación que era su cliente. El equipo había colapsado y culpó de su fracaso a la falta de apoyo de parte de la gerencia.

Reorganicé al equipo y les enseñé cómo escuchar a los demás y hablar en forma más directa. Ellos entonces confrontaron a los gerentes que sentían que les habían fallado y crearon nuevos lineamientos para el equipo. Negociaron directamente con sus contactos en la empresa que era su cliente definiendo sus necesidades específicas y hallaron modos de mejorar drásticamente el tiempo de respuesta de su compañía. Se convirtieron en héroes corporativos y se imprimió una fotografía a página completa del líder del equipo en la portada de la revista mundial de la compañía.

Liderazgo

Cada uno de nosotros puede ser un líder, una persona que vive conscientemente y da un ejemplo. Para citar a Albert Schweitzer: "Actuar con el ejemplo no es el propósito principal para influenciar a los demás, es el único propósito". Las personas son motivadas por atracción.

Los líderes son auto-conscientes. Saben cómo encontrar la paz y la dicha en ellos mismos. Y esto les permite ver esas cualidades en los demás y el mundo. Cuando hacemos esto, estamos poniendo en práctica palabras de la sabiduría antigua: *"No vemos las cosas como son. Las vemos como somos nosotros"* (El Talmud). Líderes son aquellos que se enfocan en la abundancia en lugar de la escasez. Esto les permite desapegarse de lo trivial y dar un ejemplo de integridad y humildad. Los grandes líderes escuchan a los demás y aceptan retroalimentación; admiten sus errores libremente.

Ser un líder significa expresar nuestro cuidado por los demás. Si bien hace falta tener valentía para hacer esto en el entorno laboral, los beneficios son extraordinarios. Herb Kelleher, quien fungió como presidente de Southwest Airlines, expresó en alguna ocasión su aprecio por sus empleados de muchas maneras, como entregando premios de Héroes del Corazón. Su aerolínea llegó a ganar nueve veces la "Triple Corona" por excelencia en el servicio a los pasajeros (mejor desempeño en puntualidad, menor número de maletas perdidas y menores quejas por parte de los pasajeros). Ningún competidor había logrado eso jamás. Esta actitud para con las personas también se tradujo en beneficios financieros. ¡Southwest fue *la* acción en bolsa de mejor desempeño de 1972 a 1992 con un retorno de casi el 22 por ciento!

El amor es el poder que falta en el entorno laboral. Let Davidson escribe lo siguiente: "Siendo la base emocional para el empoderamiento y los esfuerzos de alianzas, el amor significa creer en las personas y considerarlas capaces. Esto a menudo requiere una visión de rayos X para poder ver más allá de las dudas que tienen las personas acerca de sus limitaciones y así poder descubrir su potencial más profundo". Esto es exactamente lo que hacemos cuando usamos la Comunicación Consciente al centrar a los demás y descubrir sus esperanzas.

Hace unos años me llamaron de una compañía que tenía una gran crisis. El personal y los gerentes se culpaban intensamente entre sí. Los empleados rehusaban cooperar entre ellos y solo se preocupaban de sí mismos. El entorno laboral era antagonista y tenso. La calidad de servicio había disminuido drásticamente, dejando a muchos clientes insatisfechos; algunos incluso habían entablado demandas acudiendo a agencias gubernamentales. La compañía se encontraba al borde de un desastre.

Tras entrenar a los gerentes y al personal en la Comunicación Consciente, les pedí que hablaran entre sí. Primero lo hice observando su técnica en pequeños grupos y luego en pares independientes para resolver problemas específicos. Para el alivio de todos se estableció una genuina cooperación entre los individuos que previamente habían expresado gran animosidad. Dos departamentos con un largo historial de culpar y criticarse los unos a los otros aprendieron a apoyarse mutuamente. Los clientes se dieron cuenta de la diferencia y se detuvieron las quejas. A medida que el personal se dio cuenta que habían creado un entorno laboral placentero, se aminoró la rotación de personal.

Al aprender a responsabilizarse de sus pensamientos y a comunicarse respetuosamente, cada uno se había convertido en líder.

No existe acción, grande o pequeña, buena o mala, que surja de cualquier otro motivo que no sea este: la necesidad de apaciguar y contentar el propio espíritu.

—*MARK TWAIN*

CAPÍTULO DOCE
Conversando con tu Juez

Temprano, un sábado por la mañana, Elizabeth estaba dando vueltas en la cama incesantemente y eso me despertó. Aún estaba oscuro y me sentí irritado. "Demonios", pensé. "Me fui a dormir tarde; mi cabeza se siente pesada. Si me despierto ahora me sentiré miserable todo el día por la falta de sueño". Entonces me di cuenta que estaba a punto de comenzar el día enojado. Recordé que solamente mis pensamientos pueden ser la causa de mi irritación. No obstante, tuve un rápido debate en mi mente: "¿Elizabeth me está poniendo de mal humor? No, son mis pensamientos los que lo están haciendo".

Finalmente elegí la desactivación consciente y me dije a mí mismo: "Estoy bien; son mis pensamientos los que me molestan. Elizabeth es inocente. Probablemente está teniendo sentimientos de ansiedad y desea que la reconforte". Y la abracé.

Nos quedamos bien dormidos y, cuando caí en cuenta, el sol ya se asomaba por la ventana. Nos despertamos los dos sonriendo. Yo había apaciguado y contentado a mi propio espíritu al elegir cambiar mi pensamiento. Fue un acto de amor propio. Y funcionó también para Elizabeth.

Si tu elección es vivir en un estado de felicidad, el amor propio es el sitio donde debes comenzar. El camino del juez es el habitual, pero si la felicidad es nuestra meta, el otro camino es más fácil de lo que pensamos. Porque cuando elegimos la dicha en lugar del miedo, tenemos un amigo invencible, el amor, trabajando con nosotros.

Acerca del poder sanador del amor propio, Bernie Siegel, M.D., dijo: "Estoy convencido que el amor incondicional es el estimulante más poderoso conocido para el sistema inmune. Si yo les dijera a los pacientes que aumenten sus niveles de inmunoglobulinas o las células T asesinas, nadie sabría cómo. Pero si les enseño a amarse a sí mismos y a los demás totalmente, el mismo cambio ocurre automáticamente. La verdad es que el amor sana".

Hace diez años yo no habría elegido reconfortar a Elizabeth con mi abrazo. Durante los primeros cuarenta años de mi vida había intentado ser una persona amorosa y sentía que había fracasado. Lo que me motivó a encontrar, desarrollar y usar la Comunicación Consciente fue un deseo, nacido de la desesperación, de cambiarme a mí mismo. Cuando me divorcié toqué el fondo de mi autoestima. Me decía incesantemente "eres un perdedor", "eres un pedazo de ….", "suicidarte es el único camino honorable que te queda". Pero acabar con mi vida no habría mejorado el punto de vista de los demás acerca de mí, no me habría ayudado y habría sido un terrible golpe para mi hijo.

He elegido vivir y hacer mi mejor esfuerzo para crear una mejor vida para él. Para ello necesitaba convertirme en una mejor persona. Me volqué de lleno en mi recuperación del pensamiento adictivo, empecé con psicoterapia y proseguí con mi crecimiento espiritual con ahínco y determinación. Tras varios meses me di cuenta de que la pobre imagen que tenía de mí mismo había sido incorrecta. Aprendí que era bueno y bastante igual que los demás. Había sido una buena persona todo el tiempo. Comencé a quererme y eventualmente a amarme. Me decía a mí mismo "Eres bueno, amable, fuerte, saludable, amoroso y capaz de ser amado". Hallé las herramientas que necesitaba para mejorar mi vida y mi vida cambió. Las técnicas del grupo de apoyo de los doce pasos y la psicoterapia estaban a la disposición cuando eligiera buscarlos. Pero tuve más suerte encontrando las herramientas de comunicación y con agradecimiento me dediqué a compartirlas con los demás.

La importancia de nuestra imagen propia

No nacemos con una imagen propia. A medida que crecemos se va desarrollando, primero influenciada por cómo nos juzgan nuestros padres y los demás. Creemos que somos como ellos nos ven. A medida que crecemos, nos comparamos con los demás para ver si somos mejores o peores en cuanto a la apariencia, los talentos y el nivel de popularidad. Al hacer esto, le damos solidez a nuestra imagen propia. A partir de ello, los psicólogos han descubierto que buscamos confirmar esta imagen propia, no cambiarla. Las personas con alta estima buscan a las personas que confirman y refuerzan su imagen propia positiva. Las personas con baja autoestima hacen lo inverso. Renuentes a desafiar o cambiar la imagen propia que nos fue otorgada, es fácil quedar atrapados en una visión triste de nosotros mismos.

A continuación se presentan dos ejemplos que ilustran cómo nuestra imagen personal influye en nuestras respuestas a eventos positivos y negativos.

Melissa se consideraba torpe e indigna de ser amada. Un día recibió una nota de amor de un joven que había conocido recientemente. Su primera reacción fue pensar que el mensaje no podía ser cierto, que era una broma. Tras leerlo varias veces decidió que él era sincero, pero luego comenzó a enfocarse en sus defectos. Al día siguiente pensó que tal vez la nota era verdadera y que el remitente había demostrado valor en enviarla, pero temió que algo podría estropear todo y que se descubriera su supuesta falta de valía. Cuando finalmente decidió responder, se enteró de que él había seguido adelante.

Julia, por otro lado, realmente se quería a sí misma. Ella recibió una llamada anónima obscena en su contestadora y la desechó como algo a lo que no valía la pena prestar atención. El teléfono sonó de nuevo cuando estaba en casa; ella levantó el auricular y era el tipo que le había dejado el mensaje.

Ella se rió y le dijo: "Bueno, este es un modo inusual de presentarte. Suena como si quisieras tener alguien con quien hablar". Siguió una pausa y añadió: "Bueno, mi nombre es Julia. ¿Te gustaría platicar?".

Tras otra pausa ella escuchó que le contestaba: "Está bien". De modo que continuó conversando, suponiendo con tacto sus esperanzas de conexión y aceptación no satisfechos. Al final, el hombre dijo: "Gracias por hablar conmigo".

La respuesta de Julia fue excepcional porque nuestros jueces creen firmemente en los enemigos. Julia ignoró ese pensamiento. La creencia de defendernos contra los enemigos se basa en el miedo y genera más miedo, porque tememos aquello contra lo que nos defendemos o atacamos. Ver la inocencia nos pone en una posición más fuerte. Si las personas son esencialmente buenas, no hay nada que atacar.

Nuestra imagen personal es nuestra mayor profecía autocumplida. Las investigaciones demuestran que las personas que se ven a sí mismas como incompetentes sabotean sus relaciones y no buscan nuevas conexiones positivas. Aquellos que esperan ser rechazados se ven como rechazados, incluso cuando los demás no tenían la intención de hacerlo.

Además de que las personas reaccionan a nuestro tono y expresión facial, nuestra energía emocional también resuena de forma invisible con otros. Como un diapasón que vibra en *do medio* puede hacer vibrar la cuerda correspondiente en un piano, las personas creamos un campo de energía a nuestro alrededor que armoniza con lo que es similar. Si tenemos miedo, personas y eventos temerosos aparecerán en nuestras vidas.

Tener una baja imagen personal es trágico porque está basada en errores. Nuestro juez creyó en la negatividad que otros tenían sobre nosotros cuando éramos demasiado jóvenes para pensar diferente. La tragedia es que recreamos y perpetuamos sus falsas suposiciones en el presente.

El proceso de formación de la imagen personal ocurre en nuestra mente. Desde esta ubicación estratégica, podemos comenzar a cambiar la única relación que determina la naturaleza de todas nuestras relaciones: nuestra relación con nosotros mismos.

Practicar la Comunicación Consciente será más exitoso cuando tengamos una imagen personal positiva. Aquí hay un enfoque práctico en tres partes:

1. Cambiar nuestras creencias sobre nosotros mismos.
2. Conocer a nuestro yo consciente.
3. Dialogar con nuestras voces internas de juicio.

Veamos cada una en detalle.

Cambiando nuestras creencias acerca de nosotros mismos

Muchos de nosotros somos autocríticos, al menos parte del tiempo. En ciertas situaciones, nos menospreciamos diciéndonos cosas como: "No puedo hacer eso. Voy a fallar" y otras afirmaciones como:

"Soy débil".

"Tengo miedo".

"Debo ser perfecto".

"Voy a ser rechazado".

"Soy culpable".

Es importante notar que estas afirmaciones nos proporcionan un cierto beneficio psicológico. Nos permiten permanecer seguros dentro de nuestros límites familiares. Nuestro juez interno establece estos límites con la intención de protegernos, de evitar que corramos riesgos. ¡Tiene buenas intenciones! Sus declaraciones están respaldadas por creencias protectoras.

Enunciado del juez:	**Creencia del juez:**
"Soy débil".	No te pongas en una situación donde te puedan herir.
"Tengo miedo".	Cuidado con las personas que podrían atacarte
"Debo ser perfecta".	No cometas un error o te castigarán.
"Me van a rechazar".	No tomes el riesgo de ser vulnerable.
"Soy culpable".	Si he sido juzgada como mala, tal vez pueda mitigar parte del castigo al castigarme a mí misma.

En esencia, las creencias del juez se reducen a "no quiero que te lastimen". El problema es que nos limitan. Al hacernos conscientes de las creencias negativas de nuestro juez, podemos cambiar nuestro autodiálogo limitante. Nuestra intención consciente es una fuerza creativa poderosa que puede liberarnos.

Por lo tanto, no atacamos a nuestro juez bien intencionado. En cambio, le decimos "no" de manera respetuosa, validando su esperanza. Imagina que te invitan a escalar montañas y una voz en tu cabeza te dice: "Te puedes herir gravemente o te puedes perder. No vayas". Te encuentras emocionado por la idea de ir, pero también ansioso y preocupado.

Puedes responder conscientemente a esa voz en tu mente: "Gracias por tu preocupación por mi seguridad". Luego comparte tu esperanza: "Mi esperanza es crecer personalmente, disfrutar de la compañía de mis amigos y la belleza de la montaña". Después, consulta con tu juez: "¿Cómo te sientes al escuchar eso?". Y entabla un diálogo:

Juez: "Siento temor de que sufrirás un esguince en tu tobillo".

Tú: "¿Estás realmente preocupado de que tendré un accidente?".

Juez: "Sí".

Tú: "Ahora veo la razón de tus dudas. ¿Te gustaría alguna garantía de que estaré seguro?".

Juez: "Sí, y que llevarás ropa para protegerte de la lluvia".

Tú: "Tengo un buen equipo para eso; seguiré todos los procedimientos de seguridad en montañas, mis amigos estarán allí y tendré cuidado. ¿Ahora estás convencido?".

Juez: "Está bien, pero ten cuidado".

Entonces notarás que han desaparecido tus dudas. Tu voz temerosa ha sido tranquilizada al ser plenamente escuchada. Puedes escribir diálogos como éste para ti mismo, lo que los hacen aún más poderosos.

Tenemos una oportunidad aún mayor: Establecer nuevas creencias sobre nosotros mismos utilizando afirmaciones. Podemos comenzar a construir una imagen personal más fuerte para influir de manera rápida y positiva sobre nuestras voces temerosas. Podemos vivir en mayor armonía consciente con nuestro juez.

El autodiálogo afirmativo establece nuestras nuevas creencias firmemente en nuestra mente. Simplemente escribimos y repetimos el opuesto positivo de nuestros mensajes temerosos internos. Al redactar nuestras afirmaciones tenemos cuidado de expresar lo que queremos, no lo que no queremos, usando el tiempo presente y sin calificadores. Por ejemplo, en lugar de decir: "Intentaré dejar de llegar tarde", diremos: "Llego a tiempo".

Enunciado del juez:	**Nuestra afirmación amorosa:**
"Soy débil".	"Soy fuerte".
"Tengo miedo".	"Soy confiado".

"Tengo que ser perfecta".   "Estoy bien tal como soy".

"Me van a rechazar".   "Soy aceptado".

"Soy culpable".   "Soy inocente. Soy bien intencionado. Cometer un error es de humanos y es perdonable".

Puede que al principio no creamos en nuestras afirmaciones, pero la práctica es la clave para cumplirlas. La repetición genera creencia. Al enfocarnos en nuestra nueva imagen personal, la creamos. Podemos habitar en nuestros miedos, basados en una elección hecha hace mucho tiempo. O podemos centrarnos en nuestras esperanzas y traer alegría a nuestras vidas.

Existen muchas formas de practicar el autodiálogo positivo, por ejemplo: publicando nuestras afirmaciones, llevándolas con nosotros en tarjetas, grabándolas en audio o hablando de ellas en grupos de apoyo. La clave es repetirlas con frecuencia. Aquí hay un recordatorio de cómo nuestras creencias cambian nuestro mundo:

Nuestra creencia en nuestra nueva imagen personal influencia la

elección de cuáles pensamientos albergamos.

Nuestros pensamientos y sentimientos crean

nuestra realidad psicológica.

Cambiar nuestras creencias acerca de nosotros mismos es un proyecto amplio. Comenzamos un paso a la vez. Mediante la práctica podemos cambiar suavemente nuestra imagen a largo plazo de quienes somos.

Llegando a conocer a nuestro ser consciente

Nuestro pensamiento está completamente bajo nuestro control consciente. Es como nuestra respiración que ocurre todo el tiempo sin que seamos conscientes, pero podemos contenerla o cambiar su ritmo en cualquier momento que lo deseemos. Podemos hacernos conscientes de nuestro pensamiento y cambiarlo. Si decides pensar algo, nadie puede obligarte a cambiar de opinión. Sin embargo, tú puedes cambiarlo en un instante y cuando lo desees.

Nuestro juez, o mente inconsciente, habita en el cuerpo en el ámbito de nuestros sentidos donde genera el 99 por ciento de nuestros pensamientos. Para experimentar nuestra mente consciente aquietamos nuestros sentidos físicos. Podemos considerarlo como un acto de trascender el cuerpo o profundizar más allá de él.

La meditación es la práctica de la vigilia en silencio. En la meditación llegamos a apreciar cuán poco importantes son la mayoría de nuestros pensamientos a medida que pasan y se van. Nos volvemos conscientes de nuestra verdadera naturaleza pacífica. La meditación disuelve el estrés. Existen muchas escuelas de meditación. Podemos elegir el camino que resuene con nosotros, que nos traiga paz. A continuación se presenta un modo de meditar.

Cómo meditar

1. Siéntate cómodamente, cierra tus ojos y relájate.
2. Respira por la nariz y nota el aire fresco en tus fosas nasales.
3. En silencio comienza a repetir una palabra o frase de tu elección como: amor, *Om*, paz, adentro/afuera o déjalo ser.
4. Cada vez que te des cuenta que estás distraído por pensamientos, sentimientos o ruidos con gentileza vuelve a traer tu atención a repetir tu palabra o frase.
5. Continúa durante diez a veinte minutos.
6. Después, siéntate en silencio más o menos por un minuto permitiendo que regresen otros pensamientos. Lentamente abre los ojos y quédate sentado un minuto más. No juzgues

tu experiencia, independientemente de si has tenido muchos pensamientos o unos pocos.

Hay dos cosas que podemos observar. Primero, podemos notar la naturaleza de nuestros sentimientos (aburrido, ansioso) y nuestros pensamientos (recordar, analizar, imaginar). A medida que nos volvemos conscientes de ellos durante la meditación les podemos dar una etiqueta rápida, como "preocupación" o "recuerdo" y dejarlos ir. Entonces, desaparecen.

Los pensamientos a los cuales les damos una atención sostenida permanecen y se fortalecen. En la meditación elegimos conscientemente dejar ir estos pensamientos y retornar a repetir nuestra palabra. Es reconfortante experimentar nuestro poder de ignorar los pensamientos temerosos de nuestro juez. Una práctica continua de meditación crea una saludable disciplina para ser conscientes y retornar a nuestro centro.

La meditación también nos permite tomar nota del espacio entre nuestros pensamientos. Estos momentos tranquilos son experiencias no verbales de nuestro ser consciente. Son placenteras. Al observarlos suavemente retornamos nuestra atención a nuestra respiración o a repetir nuestra palabra.

Imagina comportarte amorosamente con cada pensamiento, exactamente como lo haríamos con un niño pequeño. Caminando por la acera tomados de la mano encontramos que el niño se detiene a observar cosas. No le jalamos el brazo. Le recordamos suavemente hacia dónde vamos y comenzamos a caminar de nuevo.

Después de meditar traemos un sentido elevado de conciencia al mundo. Nos damos cuenta de que nuestra mente inconsciente está generando pensamientos y que podemos observar este proceso y tomar decisiones al respecto. Al salir del flujo hemos cambiado a nuestro observador no juicioso, quien es menos reactivo y menos influenciado por nuestro juez.

La práctica de la meditación es un alivio para nuestro juez. Debido a que trabaja incluso mientras dormimos, la meditación es el único descanso real que obtiene.

Alternativas

Algunos de nosotros somos seres que aprendemos a través de lo visual en lugar de lo auditivo. Podemos usar la visualización creativa para enfocar la atención sobre imágenes mentales positivas. La imaginación genera experiencias. Nuestro juez cree que una imagen imaginada es tan real como lo que vemos. Nuestros cuerpos reaccionan a nuestros sueños, a las películas que vemos, y nuestras bocas salivan cuando imaginamos vívidamente una comida.

Shakti Gawain, en su libro *Creative Visualization (Visualización Creativa)* describe los pasos claves: Establecer una meta, crear una imagen clara de ello, enfocarnos en ello a menudo y darle energía positiva. También podemos poner visualizaciones guiadas en grabaciones. Para aquellos de nosotros que preferimos un modo kinestésico de comunicarnos con nuestro ser consciente, el yoga y el aikido son excelentes alternativas.

Dialogando con la voz de nuestro juez

Es posible que nos demos cuenta que tenemos dos voces yendo y viniendo en nuestras mentes. Una voz no está satisfecha y desea hacer algo, pero la otra está temerosa de que el cambio no funcionará. Por ejemplo, Daniel veía regularmente a Tina en la clase y se sentía atraído por ella:

Voz de Daniel #1: "Me gusta Tina y quisiera invitarla a tomar un café conmigo".

Voz de Daniel #2: "Pero no creo que yo le agrade. Ella me va a responder 'no' y me voy a ver como un idiota".

Voz de Daniel #1: "Ella se ve amigable".

Voz de Daniel #2: "Pero prefiere conversar con Vicente y Rodrigo".

Veamos otro ejemplo. Julieta tenía un negocio propio. He aquí cómo se quedó atorada cuando trató de compartirle a las personas acerca de su negocio.

Voz de Julieta #1: "Debería anunciar mis servicios".

Voz de Julieta #2: "Odio tener que vender, odio presumir. Y ¿si no les gusta mi trabajo?".

Voz de Julieta #1: "Pero yo realmente ofrezco un gran servicio y lo hago bien".

Voz de Julieta #2: "No quiero que me vean como una avariciosa".

Observa el modo como ella se habla a sí misma. "Debería" es un empuje crítico que fácilmente puede generar resistencia. "Presumir" conlleva fuertes connotaciones negativas. "Y ¿si no les gusta mi trabajo?" fácilmente crea una profecía autocumplida que se cumple por voluntad de quien la formula. "Ser avariciosa" es menospreciarse de una forma muy desagradable.

Los conflictos internos no resueltos como estos pueden desgastarnos, inmovilizarnos e incluso llevarnos a la depresión. En estos momentos tenemos una elección. Podemos hacernos conscientes y darnos cuenta de que hay un sentimiento y una esperanza detrás de cada voz. Así fue como Julieta usó la Comunicación Consciente con su primera voz:

Ser consciente a voz #1: ¿Estás molesta porque estabas esperando tener más negocios, más ingresos?".

Voz #1: "Sí, quiero hacer más del trabajo que amo, pero siento temor de que a las personas no les guste mi trabajo".

Ser consciente: "¿Temes porque realmente te gustaría que valoraran tu trabajo?".

Voz #1: "Sí".

El ser consciente de Julieta también habló con su Voz #2: "¿Te sientes incómoda con vender porque quieres que te perciban como modesta y educada?".

Voz #2: "No quiero que me vean como arrogante y tengo miedo de que si me promociono, no cumpliré sus expectativas".

Ser consciente: "¿Así que estás temerosa de ser juzgada negativamente? ¿Quieres ser honesta y que tus clientes se sientan satisfechos?".

Voz #2: "Sí".

Tras esta discusión consigo misma, el pensamiento de Julieta se volvió más claro y menos crítico. Sus dos voces encontraron modos de cooperar y Julieta empezó a sentirse entusiasmada. Elaboró un volante que describía con precisión sus servicios y los distribuyó a las personas que apreciarían su trabajo. Cuando le llegaron solicitudes programó sus tareas para asegurarse de tener suficiente tiempo de realizar un trabajo minucioso para cada cliente.

Cuando nos comunicamos conscientemente con nosotros mismos no nos apresuramos a intentar resolver nuestros problemas de inmediato. Ni tampoco juzgamos, atacamos ni luchamos con una voz. Permitimos que cada una de nuestras voces expresen sus sentimientos y esperanzas. Las escuchamos y, al hacer esto, nuestros bloqueos emocionales se disipan y nuestra energía creativa se libera para seguir adelante.

María había estado aterrorizada por la escuela y hablar en público. Estos miedos la habían limitado significativamente. Con entrenamiento aprendió a comunicarse con la voz en su mente que le decía: "Vas a hacer el ridículo". Descubrió y satisfizo la intención protectora detrás de esa voz. Poco después dio un discurso impactante en una clase universitaria. Se liberó de sus antiguos miedos.

Cuando estamos molestos sentimos culpa o tememos haber cometido un error es cuando más necesitamos aceptarnos a nosotros mismos. Los jueces actuarán como niños; esa es su naturaleza. *Para lograr un cambio—debemos amar a nuestro juez.* Momentos para centrarse y hablar silenciosamente con él incluyen estar en la fila más larga del supermercado o al conducir detrás de un auto lento.

Si descubrimos que nos preocupamos repetidamente sin ver una solución, podemos decirnos: "Una solución está emergiendo" o "Mis esperanzas seguirán cumpliéndose". Luego podemos enfocar nuestra atención en otra cosa y mantenernos receptivos. Cuando nuestro corazón está abierto a nosotros mismos se abre a los demás.

La Comunicación Consciente es un regalo de amor que reafirma a los demás y a nosotros mismos. Al iniciar este ciclo positivo de afirmación hemos creado un universo amistoso.

CAPÍTULO TRECE
Resumen

¿Cuándo usar la **Comunicación Consciente?**
Nuestro primer indicio de que se está gestando un conflicto representa el momento para hacernos conscientes, ya que el conflicto interpersonal es una señal clara de que nuestro juez ha hecho un juicio negativo. Contamos con dos alarmas internas:
- Cuando nos damos cuenta de que sentimos miedo, enojo o tristeza en relación con otra persona.
- Cuando notamos que estamos siendo críticos, guardando un rencor o teniendo un pensamiento vengativo.

- Cuando nuestro juez está en funciones, también lo está el de la otra persona, haciendo que la situación sea potencialmente volátil.

¿Qué hacemos entonces?

Nos detenemos, nos centramos y nos enfocamos en los sentimientos y esperanzas, tanto nuestras como de la otra persona. Luego escuchamos, reímos, nos retiramos o hablamos, según lo que nuestra intuición nos indique como apropiado a seguir.

Podemos hablar con nosotros mismos escuchando la voz de nuestro pensamiento crítico e intuyendo el sentimiento y la esperanza detrás de él. Descubrimos que está motivado por una esperanza positiva para nosotros mismos; el juez simplemente expresó el mensaje de manera severa. Reformulamos entonces el mensaje para satisfacer nuestra esperanza.

Pensar de esta manera redirige nuestra mente hacia el recuerdo de nuestra bondad esencial. Al hacerlo, experimentamos paz interior.

Lo que no estamos tratando de hacer y por qué

No intentamos usar la comunicación consciente para arreglar o cambiar a la otra persona. No intentamos corregir a la otra persona. No buscamos ver sus errores y perdonarlos. Eso solo nos separaría. Acusar a alguien de atacar es hacer un juicio negativo y demuestra que hemos perdido completamente de vista lo que realmente está pidiendo.

Nos damos cuenta de que el aparente "ataque" es nuestra propia interpretación errónea; el problema está en nuestra mente. Nuestra interpretación es el único error que necesita corrección. Lo emendamos eligiendo ver la bondad en la otra persona, más allá de sus palabras, y aceptándola tal como es.

Al practicar la Comunicación Consciente es mejor abordar situaciones personales reales. Los ejemplos hipotéticos son peligrosos porque son proyecciones temerosas sin una esperanza personal detrás de ellos.

No necesitamos ser conscientes en todo momento, ni usar la Comunicación Consciente todo el tiempo; quedaríamos exhaustos. Por ejemplo, si estamos en la mesa y la comida está insípida, no decimos: "Madre, ¿puedo tener tu atención un momento? Tengo una idea que creo que mejoraría mi apreciación de la comida. Cuando probé las papas me sentí decepcionado porque esperaba un sabor más intenso. ¿Podrías pasarme la sal?".

Simplemente decimos: "Por favor, pásame la sal".

Cuando hemos aprendido a anular conscientemente a nuestros jueces nos liberamos de la aplicación automática de los elementos de escucha y habla. Nuestro estilo se vuelve más fluido y usamos solo los elementos necesarios en una situación particular.

¿Por qué son tan importantes las relaciones?

Son fundamentales porque en el fondo sabemos que la calidad de nuestras relaciones determina la calidad de nuestra vida. Nuestra sospecha de que es así ha sido confirmada empíricamente por quienes evalúan la calidad de sus vidas más de cerca: las personas que saben que están a punto de morir. Cuando se les pregunta sobre lo que más importa en la vida, el noventa por ciento de los enfermos terminales pone las relaciones íntimas en la cima de la lista.

La alegría del intercambio amoroso experimentado en relaciones saludables podría parecer explicación suficiente de por qué esto es así. Pero hay una razón más convincente: cómo nos ven los demás determina nuestra imagen personal que determina si nos consideramos una buena o mala persona.

Los psicólogos han documentado que una imagen personal positiva es el factor más importante para determinar el éxito y la felicidad en la vida. Las personas con baja autoestima son incapaces de encontrar parejas que las apoyen; esperan ser rechazadas, no buscan relaciones gratificantes y sabotean las que ya tienen. También evalúan negativamente su propio desempeño y tienen dificultad para defenderse de comentarios negativos.

Desde el nacimiento, es la retroalimentación que recibimos de los demás lo que nos dice quiénes somos. A partir de millones de interacciones interpersonales, estemos conscientes de ello o no, buscamos influenciar a los demás para que nos vean positivamente.

¿Debemos rebajarnos a ser complacientes con todos? No. Las personas que lo hacen pierden el respeto por sí mismos así como el respeto de los demás. Existe un modo mucho más poderoso y efectivo. Nuestra satisfacción en la vida depende totalmente de nosotros porque el modo como nos comunicamos determina cómo los demás nos ven y cómo nos vemos a nosotros mismos. Cada interacción que tenemos con alguien construye la relación o la daña.

Aunque todos tenemos la capacidad de controlar completamente nuestra comunicación, pocas personas lo hacen bien. Para comunicar eficazmente necesitamos entender la psicología subyacente de las interacciones interpersonales y aprender nuevas habilidades. Sin estas, seguiremos cometiendo errores que lastiman a otros y a nosotros mismos.

¿Por qué parece ser difícil la Comunicación Consciente?

- Porque habitualmente escuchamos el plan del juez que es ver primero el error de la otra persona y luego intentar corregirlo o pasarlo por alto. Veremos lo que esperamos ver. De esta manera, elegimos nuestra realidad: ataque o amor.

- Porque habitualmente intentamos decirle a la gente lo que está sintiendo o deseando. Esto es percibido por ellos como arrogancia y provoca reacciones defensivas. En su lugar, humildemente y con caridad, intentamos intuir la verdad positiva de las otras personas.

- Porque tememos que la comunicación consciente sea antinatural. Cuando lo probamos por primera vez nos sentimos incómodos. El lenguaje del juez de atacar basado en el miedo es habitual, y sentimos que es natural. Pero con un poco de práctica de escuchar y hablar conscientemente nos volvemos expertos. El lenguaje consciente es nuestro modo de compartir nuestros sentimientos y esperanzas; no puede ser más natural que eso.

- Porque el juez gritará: "¡No lo puedes hacer! La Comunicación Consciente no funcionará con esta persona porque es tan desagradable que no es posible que responda positivamente a ello". Aprendemos a detenernos, a respirar y a tomar otra elección.

¿Qué necesitamos para tener éxito?

Solamente **la voluntad** de nuestra parte es lo que hace falta. Requerimos iniciar la desactivación consciente, de suponer las esperanzas y confiar en el proceso. La voluntad de los demás no hace falta, porque ahora sabemos cómo despejar la capa nubosa de miedo de parte del juez que está oscureciendo la luz en el centro de cada persona.

La práctica es la única manera de aprender una destreza de comportamiento. Ya que todos cometemos errores, es de esperarse cierto grado de incomodidad al principio. A medida que practicamos nos volvemos más fluidos en la comunicación consciente. He aquí algunas cosas para practicar a diario:

- Cada vez que tengas dificultades, escucha lo que le estás diciendo a los demás y a ti mismo.
- Escucha los ataques de tu juez.
- Vuelve a repetir la interacción en tu mente, esta vez usando la Comunicación Consciente.
- Recuerda que nunca es demasiado tarde para conectar a nivel de sentimientos y esperanzas.
- Practica con tu pareja, familia, amigos y gente que no conozcas.
- Toma una clase en Comunicación Consciente.
- Forma tu propio grupo de apoyo y reúnanse periódicamente para practicar y recibir retroalimentación.
- Sigue tu propia práctica espiritual de meditación u oración.
- Sé amable.

¿Cuál es el resultado?
- Resolución de conflictos con soluciones que funcionan bien para todos.
- Relaciones gratificantes basadas en el genuino aprecio mutuo.
- Paz interna.

Tabla 16 - Elecciones en la comunicación consciente

ESTÍMULO
⇩
ALARMA
Me doy cuenta de que estoy alterado.
Me detengo y me centro.
Elijo conectar desde la libertad.

Si la otra persona está molesta	Si la otra persona parece estar lista para escuchar	Si me siento abrumado y no puedo cambiar mi actitud
⇩	⇩	⇩
ESCUCHO • Pregunto. • Supongo los hechos. • Parafraseo los hechos. • Supongo sus sentimientos. • Supongo su esperanza. • Supongo su solicitud.	**HABLO** • Apertura. • Expreso los hechos. • Comparto cómo me siento. • Comparto mi esperanza. • Hago mi primera petición.	**ME CENTRO** Tomo una pausa para darme verdadera empatía a mí mismo o recibirla de un amigo, y así cambiar mi actitud.
Si siento que la otra persona no me ha escuchado	Si deseo verdadera empatía de la otra persona	Hacer énfasis o enfocarse en lo positivo
⇩	⇩	⇩
AFIRMO • Expreso (o grito) cómo me siento. • Expreso (o grito) mi esperanza.	**INSISTO** "Por favor, dime qué escuchaste que dije, para saber si me expresé con claridad".	**AGRADEZCO** Expreso un hecho, un sentimiento, una esperanza, o pregunto: "¿Cómo podría hacer tu vida más maravillosa?".

Ejercicios prácticos

Para aprovechar y contestar mejor los siguientes ejercicios consigue una hoja de papel y ve anotando tus respuestas.

Un amigo

Tu amigo te dice: "Me quedé tarde para terminar un trabajo para mi supervisora, pero cuando la vi al día siguiente ella ni siquiera lo mencionó".

Ahora prueba esto: ¿Qué le dirías a tu amigo?

Algunas respuestas del juez a un amigo:

- "Qué desagradecida".
- "Tal vez se haya olvidado. Le puedes dar un recordatorio casual".
- "Bueno, sabemos cuánto haces por esa compañía".

Una respuesta de Escucha Consciente:

"¿Estás decepcionado porque estabas esperando ser apreciado?"

Un Compañero de trabajo

Aceptas un nuevo trabajo y realmente estás trabajando arduamente para ponerte al corriente. Tu compañera de trabajo, Bety gradualmente comienza a darte más y más tareas. Un día ella te pide archivar carpetas y a la mañana siguiente te enteras que archivar en realidad es parte de su trabajo.

Ahora inténtalo tú. ¿Qué le dirías a Bety?

Algunas respuestas del juez a un compañero de trabajo:

- Ignóralo, esperando que algo así no suceda de nuevo.
- "Hey Bety, archivar no es parte de mi trabajo".
- "Resiento que te hayas aprovechado de mí".

Una respuesta consciente:

Tú: "Bety, tengo una idea que pienso ayudaría con el flujo de trabajo. ¿Tienes un minuto?".

Bety: "Está bien".

Tú: "No me importó archivar ayer, pero hoy me sentí un poco confundida cuando supe que eso es parte de tu trabajo".

Bety: "Ah sí, es que me dieron trabajo de alta prioridad y pensé que podrías encargarte de hacerlo tú. De ese modo podemos cumplir con todo lo que se tiene que hacer en el departamento".

Tú: "Ya veo. Bueno, me gusta la idea de apoyarnos mutuamente. La próxima vez prefiero que me preguntes. Así me sentiré bien de echarte una mano. ¿Cómo te suena eso?".

Un niño

Tu hijo de diez años está entretenido en un juego y le has dicho que ambos se tienen que ir a su cita con el dentista a las 3:45. Llega esa hora y le dices que es hora de irse.

Él grita y dice: "¡No! Tengo que terminar esto que estoy haciendo".

Ahora inténtalo tú. ¿Qué le dirías a tu hijo?

Algunas respuestas del Juez a un niño:

- "Te dije que tenías que estar listo para las 3:45. Mira, son las 3:45. ¡Vámonos ya!".
- "Puedes terminar eso cuando volvamos".
- "Ven inmediatamente o no podrás ver la televisión esta noche".

Una respuesta consciente sería:

Tú:"¿Estás molesto porque realmente deseas terminar lo que estás haciendo?".

Hijo: "¡Sí!".

Tú: "Bueno, desearía que tuvieras el tiempo ahora (pausa). Si no llegamos al dentista a tiempo perderemos la cita y entonces me sentiré muy apenada y muy molesta. Tenemos que salir de inmediato para llegar a tiempo. Me aseguraré de que tengas tiempo de terminar tu juego cuando volvamos a casa. Déjame ayudarte a ponerte tu abrigo".

Una persona deprimida

Jorge, tu amigo y compañero de padel, ha dejado de llamarte. Se divorció y más tarde te dijo que lo despidieron del trabajo. Canceló el último juego y tú has tenido la intención de llamarle.
Te encuentras a Jorge en la calle y le dices:
"Hola Jorge. Me da gusto verte. ¿Cómo estás?"
"He estado mejor".
"Tomemos un café".
"Está bien".
Al sentarse en la mesa, tú le dices:
"Dime cómo van las cosas."
Jorge brevemente ve a los ojos y luego baja la mirada hacia su taza. "Nunca me he sentido peor en mi vida", responde. "Tengo ganas de rendirme".

Ahora inténtalo tú. Anota lo que le dirías a Jorge.

Algunas respuestas del juez a una persona deprimida:

- "Jorge, no te rindas".
- Naturalmente estás afectado con todo lo que te ha sucedido. Pero nada de ello es tu culpa. Juguemos padel mañana. ¿Qué dices?"
- "Hey, las cosas no están tan mal, Jorge. Conozco un gran... (servicio de búsqueda de trabajos, mujeres disponibles, terapeuta, etc.).

Una respuesta de Escucha Consciente sería:

"¿Te sientes tan mal que te quieres rendir?" (Parafrasear)

"Nada está bien" responde Jorge, "he acabado con mi familia y ahora estoy demasiado deprimido para buscar trabajo".

"Qué pena. ¿Estás triste porque deseas el apoyo amoroso que tenías con tu familia?". (Suponer la esperanza)

"No, mi esposa no me apoyaba".

"Entonces dime lo que te está pasando". (Petición)

"Me siento terrible acerca de lo que sucedió con mis hijos. Esto ha sido bien duro para ellos".

"¿Cómo se encuentran?". (Petición)

"Esa es la peor parte. Solo los veo una vez por semana. Sé que están dolidos conmigo, pero no quieren hablar al respecto".

"Así que te sientes mal cuando los ves así. ¿Te gustaría ser capaz de hacerlos felices?". (Suponer la esperanza)

"Más que nada en este mundo".

Una pareja que no responde

Tu esposo Joaquín ha mostrado un desinterés evidente por conectar de manera más íntima. Tú deseas que él hable contigo a nivel de sentimientos.

Acabas de volver a casa muy emocionada porque fuiste a ver una película donde el amor de un maestro por una niña discapacitada inspiró a la niña a alcanzar y tener una vida maravillosa. Te encuentras a Joaquín en la cocina preparándose algo de comer.

Al comenzar a narrarle la película con entusiasmo, notas que él no parece estar muy interesado. Así que la describes con mayores detalles para darle más vida a tu relato. Joaquín se levanta y dice: "Me gustaría comer esto en la otra habitación" y te da la espalda.

Tú dices: "Joaquín, espera un minuto. Quiero compartir esta historia contigo. ¿No quieres escucharla?".

Él suspira y dice: "¿Me la puedes narrar rápidamente?".

Ahora inténtalo tú. Anota lo que le dirías a Joaquín.

Algunas respuestas del Juez serían:

- "Está bien, te lo resumiré. Pero entonces no te podré hacer entender el verdadero significado".
- "Cuando no escuchas que tengo algo importante que decirte, me siento realmente irritada".
- "¿Por qué no estás interesado en cosas que encuentro verdaderamente conmovedoras y hermosas?".

Una respuesta de Escucha Consciente sería:

"¿Prefieres tener tiempo privado para comer?". (Suponer la esperanza)

"No me importa si vienes a estar conmigo", responde Joaquín.

Ambos se sientan en la otra habitación.

"Joaquín, cuando te estaba contando de la película ¿te estabas sintiendo un poco incómodo?" (Suponer los sentimientos)

"Un poco, sí".

"Me gustaría saber cómo te estabas sintiendo para comunicarnos mejor la próxima vez. "¿Estarías dispuesto a contarme acerca de porqué te sentías incómodo?" (Solicitar hechos).

"Te pones tan dramática. ¿Por qué no me puedes decir sencillamente de qué se trataba?".

"Así que cuando me pongo dramática y me entusiasmo, ¿te sientes incómodo?". (Parafrasear hecho y sentimiento)

"Sí. No es tanto tu entusiasmo, pero mira, yo no estuve allí. No es mi tipo de películas. No me puedo emocionar tanto al respecto como a ti te gustaría que lo hiciera".

"¿Te sientes incómodo porque piensas que yo espero una respuesta de ti que sea diferente a cómo te sientes realmente?" (Suponer su esperanza, ser auténtico)

"Sí. Simplemente no estoy tan emocionado al respecto".

"¿Te gustaría que simplemente te cuente lo que hice de forma más breve y práctica?". (Suponer su petición)

"Sí".

"¿Estarías dispuesto a escuchar cómo me siento cuando escucho esto de ti?".

"Está bien".

"Me siento triste porque deseo ser capaz de compartir contigo lo que es significativo para mi a nivel de sentimientos. ¿Cómo te sientes en respuesta a esto?".

"Como aquí viene el antiguo sermón acerca de que no soy lo suficientemente bueno. ¿Cómo quieres que alguien se ponga emocional acerca de cosas que no he visto y con las que no me puedo identificar? Bueno, lo lamento. Ese sencillamente no soy yo".

"¿Así que tienes la esperanza de que te deje ser quien eres y deje ir la expectativa de que cambies?".

"Pienso que quieres que yo sea este tipo realmente sensible que se emociona, da saltos y llora de la nada cuando tú quieras".

"Ah, solo quiero poder compartir a nivel de sentimientos".

"¿Sientes temor de que si comenzamos a ahondar en nuestros sentimientos, ya no te querré? ¿Qué me daré cuenta de que no eres lo suficientemente bueno?".

"Sí".

Tanto los "mensajes-yo" como los "mensajes-tú" pueden atacar. Aquí hay una lista de expresiones comunes del juez:

Mensajes-tú que juzgan:

1. Acusar, culpar: "*Es tu culpa; Tú lo hiciste*".

2. Criticar: "*No has aprendido a desafiarlo*".

3. Cuestionar, interrogar: "*¿Por qué hiciste eso?*".

4. Aconsejar, ofrecer soluciones: "*Podías simplemente haber…*".

5. Moralizar: "*Deberías; Lo correcto es hacer …*".

6. Sermonear, enseñar: "*Necesitas pensar antes de actuar*".

7. Insultar, ridiculizar: "*Eres un tonto; Es una idea estúpida*".

8. Dar órdenes, dirigir: "*Haz lo que te diga*".

9. Demandar: "*Por favor haz esto por mí*" (*y si no lo haces te haré sentir miserable*).

10. Simpatizar con   *"Oh, pobrecito"*.

11. Amenazar: *"Si haces eso, haré que realmente lo lamentes"*.

12. Etiquetar: *"Eres un egoísta"*.

13. Categorizar, comparar: *"Eso es como... Es un caso claro de..."*.

14. Desviar, minimizar: *"Por qué no piensas en algo lindo..."* *"No es tan grave ...."*.

15. Chistes sarcásticos   *"Qué bien lo has hecho"* (cuando alguien comete un error)

16. Analizar, diagnosticar: *"Estás diciendo eso para molestarme. Realmente no crees eso. Te sientes así porque..."*.

Mensajes-yo que juzgan:

1. Ignorar, ocultar: Silencio, o *"te lo dije una vez. No lo voy a repetir"*.

2. Quejarse: *"Hago todo el trabajo por aquí"*.

3. Lloriquear: *"Nunca lo lograré entender"*.

4. Dar excusas: *"Si me sintiera mejor, estaría ahí contigo"*.

5. Pobrecita yo: *"Las cosas nunca salen como yo quiero"*.

6. Asumir la culpa: *"Todo es mi culpa"*.

7. Seudo-preguntas: *"¿No puedo divertirme de vez en cuando?"*.

8. Menospreciarse uno mismo: *Soy incompetente. Cualquier otra persona lo habría hecho bien".*

9. Arrastrar los pies: *"Lo haré en algún momento".*

10. Actuar como mártir: *"No importa. Lo puedo soportar. Ya se me pasará".*

11. Llevar la cuenta: *"Yo compré el almuerzo la vez pasada".*

12. Descalificar: *"No quise molestarte. Sabes que nunca te insultaría".*

13. Inducir culpa: *"Después de todo lo que he hecho por ti...".*

Todos estos argumentos probablemente produzcan una reacción incómoda o defensiva en la otra persona.

Referencias

Capítulo uno

Viktor E. Frankl, *Man's Search for Meaning*, New York: Simon and Schuster, Inc. 1984, pp. 86-87.

Programa de entrenamiento psicológico. Un programa en Associates for Human Resources en Concord, MA bajo los auspicios de Beacon College, acreditado con la Comisión de Educación Superior, Middle States Association of Colleges and Schools, 1982. Este programa ya no está disponible.

La Psicología Freudiana. Este resumen ha sido adaptado de Calvin S. Hall, *A Primer of Freudian Psychology*, New York: Mentor, 1979.

Capítulo dos

Bargh, John A. Artículo líder en *The Automaticity Of Everyday Life, Advances in Social Cognition, Volume X*, Robert S. Wyer, Jr., editor, Mahwah, New Jersey: Erlbaum, 1997. P. 23. El trabajo de Bargh verificó y expandió la investigación que fue realizada primero por el Dr. Russell Fazio, un psicólogo en Indiana University en Bloomington.

Fazio, R. H. "How do Attitudes Guide Behavior?" En R. M. Sorrentino & E. T. Higgins (Eds.) *Handbook of Motivation and Cognition* (Vol. 1, pp. 204-243), New York: Guilford, 1986.

La lista de palabras preferidas y no preferidas fue desarrollada por el Dr. Mahzarin Banaji en Yale University.

El procesamiento inconsciente acelerado. Neely, J. H. "Semantic Priming and Retrieval from Lexical Memory," *Journal of Experimental Psychology: General, 106, 226-254,* 1977.

Todo lo que uno se encuentra. Bargh, *Automaticity,* op. cit. P. 23.

Lo que hace nuestros inconscientes. Bargh, John A. Artículo líder en *The Automaticity Of Everyday Life, Advances in Social Cognition, Volume X,* Robert S. Wyer, Jr., editor, Mahwah, New Jersey: Erlbaum, 1997, p. 6-35.

El inconsciente determina la percepción. Revisión de la evidencia de la automaticidad de las percepciones sociales: Bargh, 1989, 1994; Brewer, 1988; Greenwald & Banaji, 1995; Higgins, 1989, Smith, 1994; Wyer & Srull, 1989.

Los juicios determinan los sentimientos. Niedenthal, Pabloa M. "Affect and Social Perception: On the Psychological Validity of Rose-Colored Glasses," en Bornstein & Puttman, Eds., *Perception Without Consciousness,* New York: Guilford, 1992.

Establecer metas. Bargh, *Automaticity*, p. 39-45

La agresión sexual y el poder. Bargh, *Automaticity*, p. 46-47

Las metas operan inconscientemente. Bargh, *Automaticity*, p. 41.

Las metas dirigen la conducta social. Bargh, *Automaticity*, p. 47.

Los juicios contrarios a la intención. Bargh, *Automaticity*, p. 43.

Influenciado para ser grosero. Bargh, J. A., Chen, M., & Burrows, L., "Automaticity of Social Behavior", *Journal of Personality and Social Psychology,* 71, 230-244, 1996.

Acercamiento y retirada. Bargh, J. A., Chen, M., & Burrows, L., "Automaticity of Social Behavior", *Journal of Personality and Social Psychology,* 71, 230-244, 1996.

Mujer hipnotizada. E. R. Hilgard, *Divided Level of consciousness,* New York: Wiley, 1977.

Noventa y nueve por ciento. Bargh, *Automaticity,* p. 2 and 244.

Sobre-estimar el control deliberado. Bargh, *Automaticity,* p. 244.

Capítulo tres

El inconsciente contiene patrones. C. G. Jung, *Basic Postulates of Analytical Psychology*, 1931, p. 349.

Historical prejudice. C. G. Jung, *The Structure of the Psyche*, 1928, p. 157.

Prejuicios. *The American Heritage Dictionary of the English Language*, tercera edición, 1992.

Creencias compartidas. Erving Goffman sugirió otro modo de observar esto. Visualizamos todo a través de nuestros "marcos de interpretación." Le damos significado a nuestras experiencias a medida que estructuramos dicha experiencia en un cuento. Usamos el lenguaje para hacer esto y nuestro lenguaje tiene muchas interpretaciones culturalmente disponibles que son consideradas apropiadas y relevantes. Erving Goffman, *Frame Analysis*, New York: Harper, 1974. Usamos un lenguaje de separación y buscar fallas, de juicio y culpa. Es un lenguaje que ve "errores" realizados por las personas con malas intenciones que necesitamos resistir, ser castigadas y/o corregidas.

La cultura dirige la percepción. Bargh, *Automaticity*, p. 244.

Experimento con estudiantes. Dov Cohen, en Wyer, loc. cit. página 123.

Marco crónico. Bargh, en Higgins, E. Tory y Kruglanski, Arie, *Social Psychology: Handbook of Basic Principles*, New York: Guilford, 1996. P. 178.

Hombre en el bosque. El profesor Dov Cohen hace referencia a este estudio por Turnbull en la página 122 de Wyer, loc. cit.

La mayor dilatación de las pupilas. E. H. Hess y J. M. Polt, "Pupil size as related to Interest Value of Visual Stimuli," *Science* 132, 1960, 349-350.

El gusto por las pupilas dilatadas. Niedenthal, P. M. & Cantor, N. "Affective Responses as Guides to category-based influences," *Motivation and Emotion*, 10, 217-259.

Detectando la expresión emocional inconscientemente. Bargh, John A. Artículo líder en *The Automaticity Of Everyday Life, Advances in Social Cognition, Volume X*, Robert S. Wyer, Jr., editor, Mahwah, New Jersey: Erlbaum, 1997. p. 20.

Significados no presentes en el mundo objetivo. Ibid. p. 9.

Explicar esto a un amigo lego. Ibid. p. 243.

Tragedia. *The American Heritage Dictionary of the English Language*, tercera edición, Boston: Houghton Mifflin Company, 1992.

Capítulo cuatro

La desactivación consciente. Bargh declara que "El único factor que afecta el[los] jucio[s] inconsciente[s] es [son] el procesamiento consciente, es decir, elegir pensar conscientemente acerca del juicio en lugar de reaccionar inconscientemente." *Automaticity,* op. cit. p. 25. En la actualidad hacemos esto aproximadamente solo un uno por ciento del tiempo. Podemos aprender a hacerlo más frecuentemente.

"Tengo un cuerpo..." Susan S. Trout, Ph.D*., To See Differently: Personal Growth and Being of Service Through Attitudinal Healing*, Washington, D.C.: Three Roses Press, 1990, pp. 95-96. Adaptado de un ejercicio de Roberto Assagioli, *The Act of Will*, New York: Viking, 1974, pp. 214-216.

"No es necesario identificarse con cada pensamiento. Ram Dass y Paul Gorman, *How Can I Help?* New York: Knopf, 1985, p. 99.

"Nos des-identificamos observando..." Piero Ferrucci, *What We May Be*, Los Angeles: Tarcher, 1982, p. 65.

Con una sensación de completitud mejoramos nuestras relaciones. Abraham H. Maslow, *Toward a Psychology of Being*, segunda edición, New York: Van Nostrand Reinhold, 1969. Maslow estudió as personas psicológicamente muy sanas y realizó dos descubrimientos básicos: que nuestra naturaleza interna es neutra o "buena" y que tenemos un impulso natural hacia la óptima salud psicológica. Asimismo encontró que las personas tenían dos niveles diferentes de necesidades.

Las necesidades deficitarias ocurren cuando una meta específica (comida, seguridad) se observa fuera del cuerpo. En este caso, se asume la escasez y el temor es el motivador. A nivel interpersonal, esto resulta en intentar "conseguir" algo de alguien o manipularlos. Existe una tendencia concurrente a clasificar o juzgar.

Las necesidades de crecimiento son abstractas (la completitud, la capacidad de disfrutar del juego) y la meta es determinada en la mente. Se asume la abundancia y la dicha es el motivador. A nivel interpersonal esto resulta en ayudar a los demás con una tendencia concurrente de verlos más objetivamente y aceptarlos tal como son. La motivación de crecimiento caracteriza a las personas "que se actualizan por sí solas" y ocurre aproximadamente un uno por ciento del tiempo.

"Ha sido mi experiencia que las personas tienen una dirección básicamente positiva… " Carl Rogers, *On Becoming A Person, pp.* 37-38.

Los ingresos suben pero la felicidad disminuye. David G. Myers, Scripps Howard News Service, Enero 17, 1998. Todos queremos ser reconocidos. Maslow, loc. cit. P. 93.

Baumeister, *Losing Control,* páginas 27 y 244.

Capítulo cinco

Re: Carl Rogers. Según Howard Kirschenbaum, autor de *On Becoming Carl Rogers,* New York: Delacorte, 1979, Rogers le dio crédito a su esposa, Helen, por darle el apoyo empático que le permitió completar su ilustre carrera.

Situación de escucha. Formulario adaptado Faber & Mazlish, *How to Talk so Kids Will Listen.*

Este modelo tiene similitudes con el marco de competencia emocional de Daniel Goleman, *Working with Emotional Intelligence,* New York: Bantam, 1998, p. 26-27.

Comprender una persona. Thich Nhat Hahn, *Living Buddha, Living Christ,* New York: Riverhead books, 1995, p. 85.

"El amor realmente es escuchar." Jampolsky, Gerald G., MD, "Surrendering to Love," *Daily Word,* Vol. 135, No. 4, p.10, Unity Village, MO: Unity School of Christianity, 1997.

Ram Dass y Paul Gorman, *How Can I Help? Stories and Reflections on Service,* New York: Alfred A. Knopf, 1993, P. 66-67, 68.

Modelo de escucha para ayudar. Robert R. Carkhuff, *The Art of Helping,* séptima edición, Amherst, MA: Human Development Press, Inc. 1993, 109-148.

Capítulo seis

Ejemplo de mensaje-yo. Dr. Thomas Gordon, *P. E. T. Parent Effectiveness Training*, New York: Peter H. Wyden, Inc., 1970. p. 136.

El concepto originó con Hiam Ginott, *Between Parent and Child*, New York: Avon Books, 1965.

El verbo "ser." Adaptado de Albert Ellis, Ph.D., *Rabia: How to Live With and Without It,* 1977.

"Piratería" de la ira, Daniel Goleman, *Emotional Intelligence,* 1995, p. 13.

"Cuando olvidaste recoger mi ropa..." Goleman declara que esto "es una expresión de inteligencia emocional básica..." *Emotional Intelligence,* 1995, Daniel Goleman, p.135.

Esclavitud emocional, un aspecto de codependencia, es una condición donde pensamos que causamos los sentimientos de los demás y buscamos encontrar la verdad acerca de nosotros mismos en el juicio de los demás. Ver *Facing Codependence* por Pia Mellody con Andrea Wells Miller y J. Keith Miller.

En el idioma francés, de la cual se deriva nuestra palabra "por favor", toda la frase, *s'il vous plait*, se sigue usando.

Ayudar a los demás a cumplir sus esperanzas. "A veces ayudar [a los demás es] sencillamente.. no algo en lo que realmente pienso, sino meramente la respuesta instintiva de un corazón abierto. Cuidar es un reflejo... Al expresar nuestra generosidad innata, experimentamos nuestra "afinidad", nuestra "amabi"-lidad. Es "nosotros." Al servir, probamos la unidad... Cuidarse mutuamente, a veces tenemos un atisbo de una cualidad esencial de nuestro ser... Recordamos quienes somos realmente y lo que tenemos para ofrecernos los unos a los otros." Ram Dass y Paul Gorman, *How Can I Help? Stories and Reflections on Service*, New York: Knopf, 1993.

Para más información sobre la generosidad, lea *Wherever You Go There You Are*, por Jon Kabat-Zinn, p. 61-64.

Capítulo siete

Es preferible que lo maten a uno que ser clasificado como un perdedor. "Como la culpa es una experiencia tan indeseable, he encontrado que los varones (y los hombres) harán lo que sea para evitar la posibilidad de experimentarlo.." William Pollack, *Real Boys: Rescuing Our Sons for the Myths of Boyhood*, New York: Random House, 1998.

Ochenta por ciento emocionalmente insensibles. Ron Levant, psicólogo, atribución de Terrence Real en *I Don't Want to Talk About It: Overcoming the Legacy of Male Depression*, New York: Scribner, 1997. Vea R. Levant y G. Kopecky, *Masculinity Reconstructed,* New York: Penguin, 1995.

Vea también Daniel Goleman, *Emotional Intelligence*, página 50

Aculturación masculina. Para un recuento histórico fascinante de la socialización masculina, lea Riane Eisler, *The Chalice and the Blade*, San Francisco: HarperSanFrancisco, 1987.

Incompetencia en las relaciones. Patrones más leves de comunicación por estereotipos masculinos descritos por Deborah Tannen,, *You Just Don't Understand: Men and Women in Conversation*, New York: Ballantine Books, 1990.

Empatía. *The American Heritage Dictionary.*

Cuento del borracho. Adaptado de Terry Dobson y Judith Shepherd-Chow, *Safe and Alive*, Los Angeles: J. P. Tarcher, Inc., 1981. Páginas 128-132.

Rabia o enojo. Daniel Goleman, en su libro *Emotional Intelligence,* describe el proceso fisiológico por el cual la rabia "secuestra" nuestras mentes.

Definición de poder. Bargh, *Automaticity*, p. 45.

Marshall B. Rosenberg, *Facilitator's Manual for Non-Violent Communication, Basic Skills Program*, 1992.

Capítulo ocho

La regla de oro en las religiones del mundo. Recopiladas por Dorothy Grant.

El cuerpo in la mente inconsciente. Candace B. Pert, Ph.D., *Molecules of Emotion: Why You Feel the Way You Do*, New York: Scribner, 1997. P. 141, 146, 147.

"Espíritu" "Incorpóreo", *The American Heritage Dictionary.*

Cuento de bandidos mejicanos. Es mi recolección del cuento que Robert me contó. Robert Gass subsiguientemente publicó el cuento "Guests in the Night," en *A 3rd Serving of Chicken Soup for the Soul*, Jack Canfield y Mark Hansen, Eds., Deerfield Beach, FL: Health Communications, Inc., 1996.

Amor. *The American Heritage Dictionary*.

Artículos conmovedores. Michaud, Stephen G., "To Bait a Killer," *Reader's Digest*, junio 1995; Jerome, Richard, con Anne Maier, Bob Stewart y Vickie Bane, "No Reprieve," *Persons*, Agosto 26, 1996.

Becker, Kathy, "The Gift of Forgiveness", *Miracles*, número seis, octubre 1993.

Desmond Tutu. Citado en artículos por Kurt Shillinger en *The Christian Science Monitor* el 3 de julio de 1998.

Ejercicio para reflexionar sobre el perdón. Adaptado de *A Course in Miracles*, Workbook lesson 134.

Ejercicio visual sobre el perdón. Adaptado de *A Course in Miracles*, Workbook lesson 121.

Elige ver el amor. En la novela de Lee Harper, *To Kill a Mockingbird*, el padre sabio y amoroso, Atticus, le dice a su hija que nunca podrá conocer a nadie hasta que haya "caminado en su piel" por un rato. Ella aprendió la lección.

Dr. John Cacioppo. *New York Times*, 15 de diciembre de 1992.

Capítulo nueve

Expectativas de las parejas. "Tú automáticamente detonas sentimientos de infelicidad cuando las personas y situaciones a tu alrededor *no encajan con tus expectativas. En otras palabras, las expectativas crean tu desdicha.* Son las *demandas respaldadas por emociones* las que te hacen sufrir—no es el mundo, las personas a tu alrededor y ni siquiera tú mismo." Ken Keyes, Jr. y Bruce Burkan, *How to Make Your Life Work Or Why Aren't You Happy?* Coos Bay, OR: Living Love Publications, 1974.

Los hombres pueden cuidar. Kyle D. Pruett, M. D., *The Loving Father*, New York: Warner, 1987.

No existen diferencias. William Pollack, *Real Boys: Rescuing Our Sons from the Myths of Boyhood*, New York: Random House, 1998, P. 116.

Las presunciones estereotipadas por género acerca de la comunicación no son de ayuda. En 1997, los becarios Daniel Canary y Tara Emmers-Sommer revisaron la investigación existente acerca de los estereotipos sexuales y por género para su libro *Sex and Gender Differences in Personal Relationships,* New York: Guilford, 1997. Si bien toda su investigación es subjetiva, declaran que no es posible predecir diferencias por sexo a menos que sean verdad todo lo siguiente: se activan las creencias relevantes del sexo, son consistentes con los estereotipos sexuales, no existen moderadores que compitan y no hay expectativas relacionales alternativas, y la conducta previa de la pareja no promovió una respuesta estereotípica sexual. Concluyeron que: "los estereotipos presentan una visión obsoleta de los hombres y las mujeres que distorsiona la comprensión científica de las interacciones entre machos y hembras, especialmente en el contexto de las relaciones personales."

Intenciones caritativas. J.C. Pearson, "Positive Distortion: The Most Beautiful Woman In The World" en *Making Connections: Readings in Interpersonal Communication,* K. M. Gavin y P. Cooper, eds. Beverly Hills, CA: Roxbury, 1996, pp. 175-181. En su libro *Lasting Love: What Keeps Couples Together,* Pearson escribe "si las personas pudieran aprender una sola lección del amor duradero, probablemente la mejor sería aprender acerca de la aceptación incondicional… las parejas que distorsionan positivamente la conducta de comunicación de sus parejas están más satisfechas con su matrimonio que las parejas que no distorsionan la conducta de sus parejas." (Páginas 54, 73) Con "distorsionar" Pearson quiere decir elegir encontrar una motivación positiva cuando no es aparente.

Jo Ann Larsen. Este cuento apareció en *Chicken Soup for the Soul,* editado por Jack Canfield y Mark Victor Hansen, Deerfield Beach, FL: Health Communications, Inc., 1993

El amor es "el deseo de extender el ser de uno para el propósito de procurar el crecimiento espiritual de uno o de otra persona." Cuando hacemos esto, las relaciones se pueden convertir en el vehículo para nuestra sanación emocional y espiritual. M. Scott Peck, *The Road Less Traveled: A New Psychology of Love, Traditional Values and Spiritual Growth,* New York: Touchstone, 1978.

El amor nos permite ver la esencia misma de otro ser humano. Podemos ver su potencial y aydarles a actualizarse   Viktor Frankl, *Man's Search for Meaning*, p. 176-177.

Capítulo diez

Conexión de enseñanza. William Pollack, *Real Boys: Rescuing Our Sons from the Myths of Boyhood,* New York: Random House, 1998, P. xxiv.

Recomendaciones adaptadas de Pollack, páginas 47-51.

Principios de Aikido. Morihei Ueshiba, el fundador de aikido dijo, acerca del uso armonioso de la energía, "Nada menos que convertirse en uno con el universo bastará."

Ataques como regalos de energía. Thomas F. Crum, *The Magic of Conflict*, New York: Simon and Schuster, 1987, p.41

Capítulo once

"Work Reflections" de una entrevista con el Dick Leader, *Fast Company* Magazine Feb/Mar, 1998

Estudio de quince años. Ferdinand F. Fournies, *Why Employees Don't Do What They're Supposed to Do And What to Do About It.* Blue Ridge Summit, PA: Liberty House, 1988.

Let Davidson, *Wisdom At Work: The Awakening of The Level of Consciousness in the Workplace,* Burdett, NY: Larson Publications, 1998. P. 19. Véase asimismo, D. A. Infante, B. L. Riddle, C. L. Horvath y S. A. Tumlin, "Verbal Aggressiveness: Messages and Reasons," *Quarterly Communication,* 40 (1992): 116-126. Se ha demostrado que aprender cómo resolver constructivamente los desacuerdos mejora el auto-concepto: A. S. Rancer, R. L. Kosberg y R. A. Baukus, "Beliefs About Arguing As Predictors of Trait Argumentativeness: Implications for Training in Argument and Conflict Management," *Education Communication* 41 (1992): 375-387.

"Triple-crown." Bridget O'Brian, "Southwest Airlines Is a Rare Carrier: It Still Makes Money," *The Wall Street Journal,* 26 de octubre de 1992. Esta referencia y la siguiente fueron tomadas de Jeffrey Pfeffer, *Competitive*

Advantage through People: Unleashing the Power of the Workforce, Boston: Harvard Business School Press, 1994.

Top stock return. "Investment Winners and Losers," *Money,* Octubre 1992, 133.

Visión de rayos X. Let Davidson, *Wisdom At Work: The Awakening of the Level of Consciousness in the Workplace,* Burdett, NY: Larson Publications, 1998. P. 89

Capítulo doce

El amor sana. Bernie Siegel, *Love, Medicine and Miracles,* New York: Harper & Row, 1986.

Confirmando la auto imagen propia. B. Bower, "Truth Aches: People Who View Themselves Poorly May Seek the Truth and Find Despair," *Science News,* 15 de Agosto de 1992: 110-111; y W. B. Swann, R. M. Wenzlaff, D. S. Krull, y B. W. Pelham, "Allure of Negative Feedback: Self-Verification Strivings Among Depressed Persons." *Journal of Abnormal Psychology* 101, 1992: p. 293-306.

Busque a las personas que lo confirman. En *The Psychology of Romantic Love,* Nathaniel Branden escribe "si no nos amamos es casi imposible creer plenamente que somos amados por otra persona... No importa lo que hace nuestra pareja para mostrar que le importas, no experimentamos la devoción como convincente porque no nos sentimos dignos de amor para con nosotros mismos."

Las investigaciones comprueban que las personas se sabotean. J. Kolligan, Jr., "Perceived Fraudulence as a Dimension of Perceived Incompetence," en *Competence Considered,* R. J. Sternberg y J. Kolligan, Jr., eds., New Haven: Yale University Press, 1990.

Ver el ser como rechazado. G. Downey y S. J. Feldman, "Implications of Rejection Sensitivity for Intimate Relations", *Journal of Personality and Social Psychology* 70, 1996, p. 1327-1343.

Auto-charla. Shad Helmstetter, *What to Say When You Talk to Yourself,* Scottsdale, AZ: Grindle Press, 1986.

Algunos libros sobre la meditación: Jon Kabat-Zinn, *Wherever You Go, There You Are: Mindfulness Meditation*, New York: Hyperion, 1994. Ram Dass, *Journey of Awakening: A Meditator's Guidebook*, revised edition, New York: Bantam Books, 1990. Joseph Goldstein, *The Experience of Perception: A Natural Unfolding*, Santa Cruz: Unity Press, 1976. Jack Kornfield, *A Path With Heart*, New York: Bantam, 1993. Lawrence LeShan, *How to Meditate: A Guide to Self-Discovery*, New York: Bantam Books, 1975.

Shakti Gawain, *Creative Visualization*, New York: Bantam, 1982.

Estudio de enfermos terminales. C. Edward Crowther y G. Stone, *Intimacy: Strategies for Successful Relations*, Santa Barbara, CA: Capra Press, 1986. P. 13.

Las personas con baja auto-estima. B. Bower, "Truth Aches: People Who View Themselves Poorly May Seek the 'Truth' and Find Despair," *Science News*, 15 de Agosto de 1992, p. 110-111.

Vea asimismo J. Kolligan, Jr., "Perceived Fraudulence as a Dimension of Perceived Incompetence," en *Competence Considered*, R. J. Sternberg y J. Kolligan, Jr., eds., New Haven, CT: Yale University Press, 1990.

El sistema inmune. "Una falta de contactos sociales diversos es un factor de riesgo mayor para los resfriados que el tabaquismo, una baja ingesta de vitamina C o elevados niveles de las hormonas del estrés... Las investigaciones sugieren que las personas con o sin el estrés de las enfermedades disfrutan de una mejor salud y una mejor calidad de vida cuando reciben apoyo emocional a través de una red de amigos, parientes y asociados o a través de grupos estructurados." *Harvard Health Letter*, Boston: Harvard Medical School Health Publications Group, abril de 1998. P. 1,3.

La vida misma. A objeto de encontrar si existió un idioma original, Fredrick II realizó un experimento con un grupo de bebés. Hizo que madres nodrizas los amamantasen y los lavasen sin hablarles. Con esta falta de comunicación interpersonal, todos los bebés fallecieron. J. B. Ross y M. M. McLaughlin, eds. *A Portable Medieval Reader*, New York: Viking, 1949.

Asimismo, los prisioneros de guerra desprovistos de comunicación fallecen más pronto, E. B. McDaniel con J. Johnson, *Scars and Stripes*, Philadelphia: A. J. Holman, 1975, p. 40.

Bibliografía

Bargh, John A., "The Automaticity of Everyday Life" in Wyer, Robert S., (Ed.) *The Automaticity of Everyday Life, Advances in Social Cognition, Volume X*, Mahwah, NJ: Erlbaum, 1997.

Benson, Herbert, *Timeless Healing: The Power and Biology of Belief*, New York: Fireside, 1996.

Berke, Diane, *Love Always Answers: Walking the Path of "Miracles,"* New York: Crossroad, 1994.

Briggs, Dorothy C., *Your Child's Self-Esteem*, New York: Doubleday, 1970.

Casarjian, Robin, *Forgiveness: A Bold Choice for a Peaceful Heart*, New York: Bantam Books, 1992.

Casarjian, Robin, *Houses of Healing: A Prisoner's Guide to Inner Power and Freedom*, Boston, MA: The Lionheart Foundation, 1995

Chappell, Tom, *The Soul of a Business: Managing for Profit and the Common Good*, New York: Bantam, 1993.

Crum, Thomas F., *The Magic of Conflict*, New York: Simon and Schuster, 1987.

Frankl, Viktor E., *Man's Search for Meaning*, New York: Simon and Schuster, Inc. 1984

Goldsmith, Joel S., *The Infinite Way*, Marina del Rey, California: DeVorss Publications, 1947.

Goleman, Daniel, *Emotional Intelligence*, New York: Bantam Books, 1995.

Goleman, Daniel, *Emotional Intelligence At Work*, New York, Bantam Books, 1998.

Gordon, Thomas, *P.E.T.: Parent Effectiveness Training*, New York: Peter Wyden, Inc., 1970.

Jampolsky, Gerald, *Change Your Mind, Change Your Life: Concepts in Attitudinal Healing*, New York: Bantam, 1993.

Jampolsky, Gerald, *Love Is Letting Go of Fear*, Millbrae, CA: Celestial Arts, 1979.

Jampolsky, Gerald, *Love Is the Answer: Creating Positive Relationships*, New York: Bantam Books, Inc. 1990.

Pollack, William, *Real Boys: Rescuing Our Sons from the Myths of Boyhood*, New York: Random House, 1998.

Powell, John, *The Secret of Staying in Love: Loving Relationships through Communication,* Allen, TX: Tabor Publishing, 1974.

Real, Terrence, *I Don't Want to Talk About It: Overcoming the Legacy of Male Depression,* New York: Scribner, 1997.

Remen, Rachel Naomi, *Kitchen Table Wisdom: Stories that Heal*, New York: Riverhead Books, 1996.

Rosenberg, Marshall, B. *Non-Violent Communication: A Language of Compassion,* Del Mar, CA: PuddleDancer Press, 1999.

Rogers, Carl R., *On Becoming a Person*, Boston: Houghton Mifflin, 1961.

Satir, Virginia, *Making Contact*, Millbrae, CA: Celestial Arts, 1976.

Spence, Jerry, *How to Argue and Win Every Time*, New York, St. Martin's Press, 1995.

Trout, Susan, *To See Differently: Personal Growth and Being of Service through Attitudinal Healing*, Washington, DC: Three Roses Press, 1990. © Institute for Attitudinal Studies.

Acerca del autor

Andrew LeCompte, con una maestría en Psicología Humanista, es el reconocido autor de *Creando Relaciones Armoniosas*. Durante años, presidió el grupo de capacitación "Let's Talk" en Portsmouth, New Hampshire, donde diseñó y dirigió programas de comunicación personalizados para empresas, comunidades y parejas. La primera edición de su libro fue un éxito y se agotó rápidamente, incluso llegando a publicarse en Turquía, donde tuvo dos tiradas. Ahora, Andrew se enorgullece de presentar la edición revisada en español, adaptada para un público más amplio.

Además, es autor de las memorias *Finding Miracles: Escape from a Cult*.

Para más información sobre su trabajo, puede visitar su sitio web: https://connectionpress.com

La versión en español de *Creando Relaciones Armoniosas* de Andrew LeCompte se terminó de editar en agosto del 2025 en la ciudad de Monterrey, Nuevo León, México.

Todos los derechos reservados.

www.ingramcontent.com/pod-product-compliance
Lightning Source LLC
Chambersburg PA
CBHW060453030426
42337CB00015B/1572